JAN-PHILIPP SENDKER

Risse in der Großen Mauer

W0190412

Buch

In zwölf eindringlichen Porträts von Menschen aus ganz unterschiedlichen Schichten und Regionen zeichnet Jan-Philipp Sendker ein Stimmungsbild des neuen China. Die Auswahl seiner Gesprächspartner bürgt für eine umfassende Innenansicht der chinesischen Gesellschaft: Was erlebt ein Mädchen vom Land, das sich in einer chinesischen Großstadt als Wanderarbeiterin verdingt? Mit welchen Schwierigkeiten hat ein katholischer Priester unter dem Kommunismus zu kämpfen? Wie sieht eine chinesische Prostituierte ihre Kunden und die Welt? Warum ist es so schwer, sich in China für Umweltschutz zu engagieren? Sendker schildert eine Gesellschaft, die von außen weit stärker und stabiler wirkt als von innen. Man erfährt, wie sehr die große Politik das Leben der Menschen auch heute noch bestimmt, aber auch, wie immer mehr Chinesen sich Freiräume zu schaffen versuchen und nach so etwas wie »Selbstverwirklichung« streben. Das Wort »Krise« wird im Chinesischen aus zwei Lauten gebildet, von denen der eine Gefahr, der andere Chance bedeutet. Das eine gibt es nicht ohne das andere.

Autor

Jan-Philipp Sendker, 1960 in Hamburg geboren, war von 1990 bis 1995 Amerika-Korrespondent und von 1995 bis 1999 Asien-Korrespondent des »Stern«. Auf rund vierzig Reisen durch die verschiedensten Provinzen Chinas hat er Informationen für dieses Buch gesammelt.

Jan-Philipp Sendker

Risse in der Großen Mauer

Gesichter eines neuen China

GOLDMANN

Umwelthinweis:
Alle bedruckten Materialien dieses Taschenbuches
sind chlorfrei und umweltschonend.

Vollständige Taschenbuchausgabe April 2002
Wilhelm Goldmann Verlag, München,
in der Verlagsgruppe Random House GmbH
© der Originalausgabe 2000 by Karl Blessing Verlag,
München, in der Verlagsgruppe Random House GmbH
Umschlaggestaltung: Design Team München
(Foto: VISUM/Michael Wolf)
Druck: Elsnerdruck, Berlin
Verlagsnummer: 15164
AM · Herstellung: Sebastian Strohmaier
Made in Germany
ISBN 3-442-15164-3
www.goldmann-verlag.de

1 3 5 7 9 10 8 6 4 2

FÜR ANNA

Inhalt

Vorwort

Es gibt für einen Journalisten kaum ein faszinierenderes Land als China. Es ist fremd und exotisch und ein Fest für die Sinne. Es steckt voller Geheimnisse, voller unbekannter Geschichten und Menschen, die nach jahrzehntelangem Schweigen bereit sind, sie zu erzählen.

Es gibt für einen Journalisten kaum ein schwierigeres Land als China. Entdecken kann er es nur unter staatlicher Aufsicht und Kontrolle. Die chinesische Regierung sieht in jedem ausländischen Journalisten nach wie vor einen potentiellen Spion, der überwacht und kontrolliert werden muss. Wer nach China kommt, um eine Geschichte zu recherchieren, benötigt ein Journalistenvisum. Er muss seine Reise vorher anmelden, die Orte und Institutionen auflisten, die er besuchen möchte, etwaige Interviewpartner benennen und nach Möglichkeit die Fragen zuvor einreichen. Er bekommt von der Regierung einen Dolmetscher gestellt, der ihn auf der gesamten Reise begleitet und aufpasst, dass der Journalist keine eigenmächtigen Recherchen anstellt. In der Provinz sitzt dann bei Interviews oft auch noch der örtliche Parteisekretär mit am Tisch. Nicht gerade ideale Bedingungen, um von einem Menschen zu erfahren, was er wirklich denkt und fühlt. Wer herausfinden möchte, was hinter der regierungsamtlichen Version der Wahrheit steckt, bewegt sich in einer Grauzone. Er kann auf eigene Faust durchs Land fahren. Dabei kann er in der Regel keine Offiziellen interviewen, keine Staatsbetriebe, Krankenhäuser oder Behörden besuchen, da dort in den meisten Fällen nach der Genehmigung gefragt wird. Aber er kann Bauern auf ihren Feldern interviewen. Er kann mit Arbeitslosen auf der Straße reden, mit Privatunternehmern, Hausfrauen, Kellnerinnen oder Studenten. Mit jedem, der bereit ist, sich auf ein Gespräch einzulassen und auf das damit verbundene Risiko.

In den vier Jahren meiner Arbeit als Asienkorrespondent des *Stern* konnte ich in China fast ungehindert recherchieren. Selbst Bürgermeister, Parteisekretäre und Regierungsbeamte sprachen mit mir, natürlich nur privat bei einem Abendessen und unter der Bedingung, dass ich ihre Namen nicht nennen würde.

Das Reich der Mitte ist nicht mehr jener Polizeistaat, der er noch vor zehn, fünfzehn Jahren war. Ein Freund, der im Büro der Öffentlichen Sicherheit arbeitet, berichtete mir, dass er meinen Namen auf einer Liste gesehen habe; es ist sehr wahrscheinlich, dass die Behörden genau wissen, was Journalisten in ihrem Land treiben. Doch solange die Reporter nicht über politisch besonders sensible Themen schreiben – dazu gehören politische Dissidenten und Menschenrechte, das Militär, illegale Organisationen oder Korruption auf höchster Ebene –, lassen sie sie gewähren. Dennoch bleibt für beide Seiten ein Risiko. Es kommt immer wieder vor, dass die Regierung einen ausländischen Korrespondenten des Landes verweist; dabei ist unklar, nach welchen Kriterien die Ausweisung erfolgt, da fast alle Journalisten zumindest gelegentlich in der Grauzone arbeiten. Die größere Gefahr droht jedoch den chinesischen Gesprächspartnern. Im Winter 1998 wurde in der Provinz Hunan ein Mann zu zehn Jahren Gefängnis verurteilt, weil er in einem nicht genehmigten Interview mit dem von den USA finanzierten Rundfunksender *Radio*

Freies Asien von Bauernprotesten berichtet hatte. Eine Ausnahme, aber kein Einzelfall.

Dieses Buch konnte nur entstehen, weil in den vergangenen Jahren viele Chinesen mutig genug waren, mir ihre Geschichten zu erzählen. Vor allem die hier porträtierten Menschen haben ein nur schwer kalkulierbares Risiko auf sich genommen. Sie waren zudem äußerst großzügig mit ihrer Zeit, haben über Monate hinweg mit unendlicher Geduld meine Fragen beantwortet. Oft saßen wir mit meiner Dolmetscherin Bessie Du stundenlang zusammen, zuweilen verbrachten wir ganze Tage miteinander. Ein Rechtsanwalt hatte die Courage, uns ganz offen über die Korruption hinter den Kulissen der chinesischen Justiz zu berichten; er machte durch seine Erzählungen deutlich, wie schwierig Chinas Weg in einen unabhängigen Rechtsstaat ist. Ein katholischer Priester lud uns ein, einige Tage in seiner Gemeinde zu verbringen und ignorierte die Tatsache, dass er jeden Kontakt zu einem Ausländer melden und sich genehmigen lassen müsste. Wir konnten mit der ersten professionellen Drag Queen in China durch Pekings langsam entstehende Schwulenszene ziehen, und eine Prostituierte beschrieb uns, wie der Handel mit der Ware Sex im Reich der Mitte funktioniert. Es gab viele Gespräche über heikle Themen, die nur dank guter Kontakte, langer Recherchen und viel Glück möglich waren. Vor ein, zwei Jahren hätte das noch nicht gereicht. Wir durften manche unserer Interviewpartner in ihren Büros besuchen, andere in ihren Unternehmen, fast alle luden uns zu sich nach Hause ein. Privatbesuche dieser Art waren vor wenigen Jahren noch gefährlich; Nachbarn hätten die Anwesenheit eines Ausländers dem Nachbarschaftskomitee gemeldet, und unsere Gastgeber hätten große Schwierigkeiten bekommen.

Die Öffnung und der Wandel Chinas sind das Thema des Buches. Oder genauer: die kritische Phase, in der diese Entwicklung sich zu Beginn des 21. Jahrhunderts befindet. Zwanzig Jahre nach Beginn des Prozesses muss sich die Führung in Peking an Reformen versuchen, die Deng Xiaoping nicht wagte: die Privatisierung der über 300 000 maroden Staatsbetriebe, die Anerkennung der Privatwirtschaft, das Ende der sozialen Versorgung durch einen allgegenwärtigen Staat mit subventionierten Mieten, einer kostenlosen Krankenversicherung und Altersversorgung. Der Staat und die Partei ziehen sich aus dem Alltagsleben der Menschen in einem Maße zurück, wie es noch vor kurzem unvorstellbar war. Die 1,3 Milliarden Chinesen müssen lernen, alleine zu gehen. Wie sie die neu gewonnenen Freiräume nutzen, wie sie mit dieser Last und diesen Möglichkeiten umgehen – danach bestimmt sich die Zukunft dieses Landes.

Ich bin seit 1995 auf mehr als drei Dutzend Reisen kreuz und quer durch das Riesenreich gefahren und habe mit hunderten von Menschen geredet, mir ihre Geschichten aufgeschrieben, ihre Sorgen und Ängste, ihre Sehnsüchte und Träume notiert, mir ihre Wut und ihre Enttäuschungen angehört. Ich habe in den Lehmhütten der Bauern in den nordwestlichen Provinzen gesessen und mir von ihrem Kampf gegen den Hunger und ihren Hoffnungen auf einen bescheidenen Wohlstand erzählen lassen. Es war bewegend, über die Arbeitsmärkte zu laufen, auf denen junge Männer und Frauen ihre Arbeit zu fast sklavenartigen Bedingungen anbieten. Es war beeindruckend und zuweilen amüsant, die Energie, die Kreativität und den Optimismus reicher Jungunternehmer zu beobachten. Und so habe ich nicht nur die verschiedenen Gesichter eines neuen China gesehen, sondern auch gelernt, dass uns mehr verbindet als trennt, dass hinter der offensichtlichen Exotik vertraute Gefühle, Ängste und Bedürfnisse stecken. Chinas Gespenster haben andere Gesichter und andere Namen. Unverständlich waren sie nur auf den ersten Blick.

Besonders deutlich wurde mir das nach einem Gespräch mit zwei jungen Autoren in Peking, die ein Pamphlet gegen den Westen, vor allem die USA, verfasst hatten. Ihr nationalistisch gefärbtes Buch *Das China, das nein sagen kann* hat in der internationalen Presse für erhebliche Aufregung gesorgt. Nachdem sie mir fast zwei Stunden lang wütende Tiraden gegen das imperialistische Amerika in den Notizblock diktiert hatten, sagten sie am Ende des Gesprächs mit entwaffnender Offenheit: »Natürlich ist der amerikanische Traum auch der chinesische Traum.« Es ist der Traum von einem freien, selbstbestimmten Leben. Ein Leben in Frieden, in dem jeder wenigstens die Chance bekommt, die Möglichkeiten, die das Leben bietet, zu nutzen. Diesen Traum teilen die Chinesen heute mit dem Rest der Welt, und sie haben sich aufgemacht, ihn zu verwirklichen.

Um ihren langen Marsch zu beschreiben, habe ich die Form des Porträts gewählt, weil es für mich keinen besseren Weg gibt, ein anderes Land, eine andere Kultur zu verstehen, als am Beispiel einzelner Menschen. Die hier porträtierten Personen kommen aus völlig unterschiedlichen Schichten und Teilen des Landes, und sie erzählen von ganz verschiedenen Aspekten des Wandels. In manchen Fällen habe ich Namen, Ortschaften oder biographische Details geändert, um meine Gesprächspartner zu schützen. Es sind mehr als ein Dutzend individueller Lebensgeschichten, aber in vielen Dingen ähneln sie zahlreichen anderen, die ich gehört habe. Sie beschreiben eine Nation auf der Suche nach ihrer Identität und ihrem Platz in der Welt. Eine Gesellschaft, in der Widersprüche das einzig Konstante sind und die von außen gesehen weit stärker und stabiler wirkt als von innen. Sie berichten von einem zerrissenen Land, das verzweifelt versucht, vom 19. wenn nicht gar 18. Jahrhundert direkt in das 21. zu springen. Das seine Bürger zwingt, in zwanzig, dreißig Jahren eine Entwicklung durchzumachen, für die der Westen sich zweihundert bis dreihundert Jahre Zeit genommen hat.

Was die zwölf Menschen, die ich beschreibe, vereint und gleichzeitig von vielen ihrer Landsleute unterscheidet, sind die Kraft und der Mut, mit dem sie sich den ständig neuen Herausforderungen stellen. Das Wort »Krise« setzt sich im Chinesischen aus zwei verschiedenen Lauten oder Silben zusammen. Der eine steht für Gefahr, der andere für Chance. Die Menschen in diesem Buch haben verstanden, manche intellektuell, andere instinktiv, dass es das eine nicht gibt ohne das andere. Sie begreifen den Umbruch vor allem als Chance.

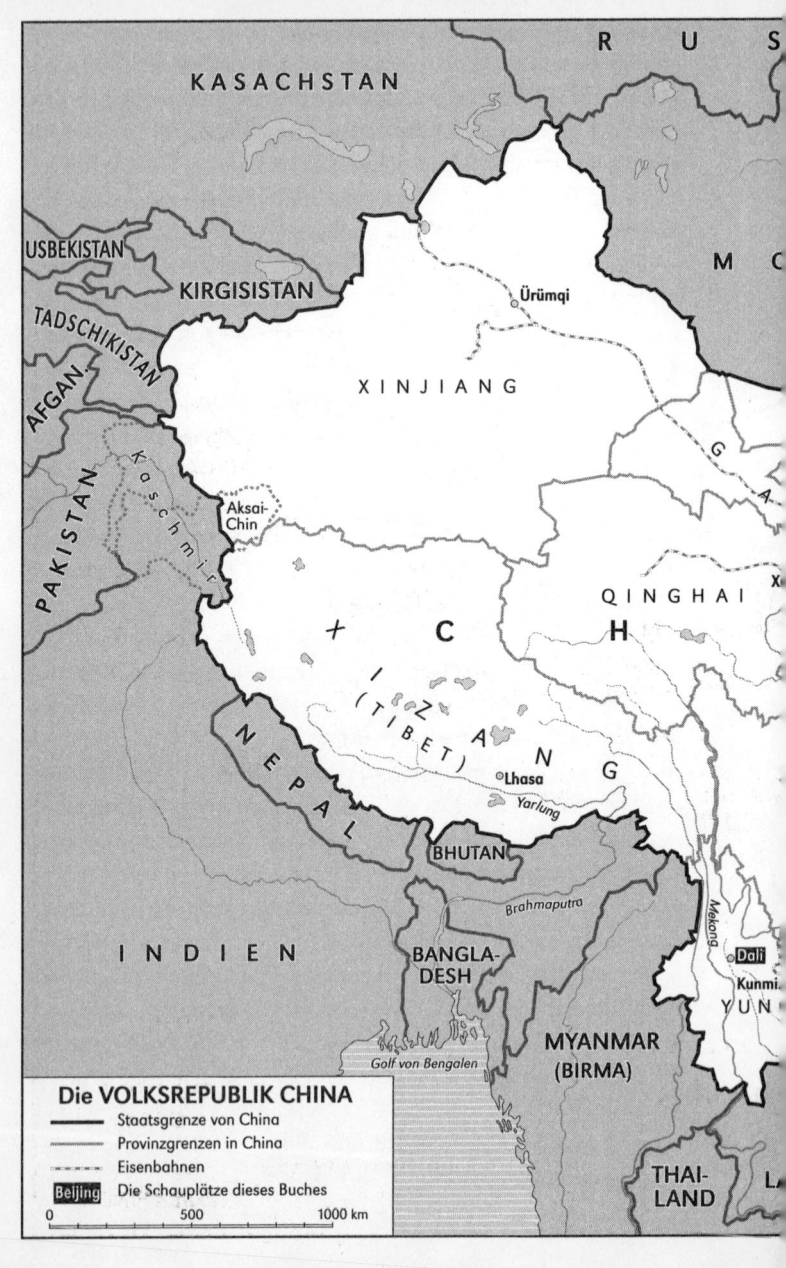

Die VOLKSREPUBLIK CHINA

— Staatsgrenze von China

— Provinzgrenzen in China

— Eisenbahnen

Beijing Die Schauplätze dieses Buches

0   500   1000 km

1

»Was nützen neue Gesetze,
wenn das Denken das alte bleibt?«

Ein ungewöhnlich heißer und feuchter Spätsommertag in Shanghai. Die Digitaluhr auf dem Armaturenbrett zeigt 6:08, draußen haben wir bereits 30 Grad und eine fast tropische Luftfeuchtigkeit. Die Hitze liegt über der Stadt wie ein schweres, nasses Tuch. Wu Ming stellt die Klimaanlage seiner Limousine etwas kühler. Er sieht müde aus und wirkt angespannt. Die Augen etwas zusammengekniffen, sitzt er hinter dem Lenkrad und gähnt. Er schiebt eine CD in einen schmalen Schlitz: Mozart, Klaviersonaten. Selbst diese Musik kann ihn nicht wirklich beruhigen, er trommelt mit den Fingern auf dem Schaltknüppel. Wir stehen im Stau auf der neuen Stadtautobahn, die auf 15, zuweilen 20 Meter hohen Stelzen quer durch Shanghai führt. Von hier oben unterscheidet sich der 15-Millionen-Moloch kaum von den monotonen Stadtlandschaften anderer asiatischer Metropolen. Hochhaus neben Hochhaus, spiegelverglast, einander gleichend, als wären sie geklont. In der Ferne die Wolkenkratzer von Pudong.

Wu nimmt die nächste Ausfahrt und versucht es mit einem Schleichweg durch die Stadt. Direkt unter der Autobahn machen an die fünfzig ältere Frauen ihren Frühsport. Sie stehen in Reih und Glied, halten große rote Fächer in den Händen, die sie in rhythmischen, fast grazilen Bewegungen über ihren Köpfen schwenken. Aus einer Stereoanlage klingt etwas scheppernd klassische chinesische Musik. Daneben haben ein paar Frauen mobile Garküchen aufgestellt, ihre Kunden sitzen auf kleinen Hockern und schlürfen Nudelsuppe zum Frühstück. Einen Block weiter tanzen mehrere Dutzend Paare zwischen den mächtigen Betonpfeilern Wiener Walzer, so ernst, so konzentriert und elegant, als wären sie auf einem Opernball.

Wu sieht die Frühsportler nicht, er ist mit seinen Gedanken woanders. In einer Stunde beginnt sein Prozess. Am Nachmittag hat er eine wichtige Besprechung mit einem Mandanten, am Abend ein Essen mit einem hochrangigen lokalen Parteifunktionär, einem alten Schulfreund. Morgen muss er nach Peking, zwei Tage später nach Shenzhen. Wu Ming ist, was man im Westen einen Staranwalt nennt. Er jettet von Prozess zu Prozess kreuz und quer durch das Riesenland, er hat eine große Kanzlei, in der über dreißig Rechtsanwälte für ihn arbeiten, und dennoch muss er Klienten abweisen. Der Termin heute morgen ärgert ihn. Er mag weder den Fall noch den Mandanten. Ein Freund bat ihn um Hilfe, da konnte er nicht nein sagen.

Wir biegen in die Toreinfahrt eines alten Backsteingebäudes ein. Irgendjemand hat es geschafft, an der maroden Fassade das chinesische Emblem zu befestigen. Ein Polizist kontrolliert Wu Mings Akkreditierung als Rechtsanwalt. Das sechsstöckige ehemalige Bürohaus dient vorübergehend als Gericht, bis ein Neubau fertiggestellt ist. Wir müssen in den vierten Stock, der Fahrstuhl ist kaputt. Wu flucht nicht, das ist nicht seine Art. Er schaut den Gerichtsdiener nur schweigend an, ein Blick, der den jungen Mann in Uniform zweimal schlucken und sich dann verhaspeln lässt. Wir steigen das wuchtige Treppenhaus hinauf. Die Flure sind dunkel und schmal und so lang, dass wir ihr Ende in der Finsternis nicht ausmachen können. Unsere Schritte hallen in der Stille.

Im Gerichtssaal Sechs warten bereits Wu Mings Assistent, der Angeklagte, seine Rechtsanwältin und über ein Dutzend Besucher. Wu vertritt seinen Mandanten, der nicht persönlich kommen wollte. Der Raum ist keine 30 Quadratmeter groß. Von den Wänden schält sich die graue Farbe wie Haut nach einem Sonnenbrand. An der einen Seite hängen zwei große, handgeschriebene Poster. »Rauchen und Trinken verboten« warnt das eine, »Richtern ist es nicht erlaubt, Geschenke jedweder Art von den Prozessbeteiligten entgegenzunehmen« erinnert das andere. Zwei große Fenster stehen weit offen, die Klimaanlage funktioniert nicht. Es ist heiß und stickig. Wu und sein Assistent tragen dunkelblaue Anzüge, weiße Hemden und Krawatten. Auf Wus hoher Stirn stehen winzige Schweißperlen.

Der Angeklagte, ein großer, schlanker Mann Mitte vierzig, betrachtet Wu respektvoll, dann zunehmend nervöser, und seine Augen flackern dabei wie Kerzenlicht im Wind. Er weiß, mit wem er es zu tun hat.

Die drei Richter treten ein, alle Anwesenden stehen schweigend auf. In ihren blauen Uniformen sehen sie zunächst aus wie Polizisten, doch beim zweiten Blick erinnern sie mit ihren dreckigen Hemdkragen, schmuddeligen Jacketts, abgewetzten Manschetten und besudelten Hosen eher an Kellner eines ziemlich heruntergekommenen Gasthofes. »Das Gericht tagt. Setzen!«, kommandiert der Vorsitzende Richter. Die drei sitzen hinter einer Art Lehrerpult; der Raum ist so voll, dass die Stühle kaum einen Meter auseinanderstehen. Man hat eher den Eindruck einer Diskussionrunde als den einer Gerichtsverhandlung. Einer der Zuschauer in der ersten Reihe schlägt die Beine übereinander. »Setzen Sie sich gefälligst anständig hin!«, schnauzt einer der Richter ihn an. Der Vorsitzende klärt beide Parteien über ihre Rechte auf: das Recht, Fragen nicht zu beantworten, zusätzliche Beweise zu liefern, die Klage zurückzuziehen. Plötzlich klopft es an der Tür, und ein Gerichtsdiener unterbricht die Verhandlung. Die Polizei verlangt nach dem Vorsitzenden Richter. Der gehorcht, verschwindet entgegen den Vorschriften und kehrt erst nach einer halben Stunde zurück. Der Prozess geht weiter.

Der Fall ist relativ einfach. Wu Mings Mandant, ein Bauunternehmer, verklagt seinen ehemaligen Manager wegen Rufschädigung auf Schadensersatz in Millionenhöhe. Der Manager hatte anonyme Briefe an Journalisten und Behörden geschickt, in denen er seinen Boss beschuldigte, beim Bau von Eigentumswohnungen zu pfuschen. In einem leidenschaftlichen Plädoyer listet er nun die Betrügereien seines ehemaligen Arbeitgebers auf. Schlechtere Materialien habe er verwendet, als in den Broschüren angegeben. Die Wohnungen seien kleiner, als behauptet, die Klimaanlagen gebraucht und nicht neu, wie den Käufern versprochen. Die Preise weit überhöht. Seine Anwältin schweigt und nickt bei jedem Satz. Die Besucher nuscheln zustimmend; sie wissen, dass dies Alltag im Baugeschäft ist.

»Haben Sie Beweise für Ihre Behauptungen«, fragt Wu. Im Raum wird es still.

»Wozu brauche ich Beweise? Ich habe alles mit eigenen Augen gesehen«, antwortet der Mann.

»Gibt es außer Ihnen noch andere Zeugen?«

Der Angeklagte schüttelt den Kopf und wiederholt seine Anschuldigungen. Zum Schluss bittet er das Gericht um Hilfe. »Ich habe Angst«, sagt er. »Mein ehemaliger Chef ist ein mächtiger Mann. Ich traue mich kaum noch aus meiner Wohnung. Ich habe Angst um mein Leben. Bitte schützen Sie mich.« Die drei Richter blicken stumm zu Boden. Nach drei Stunden gegenseitiger Beschuldigungen zieht sich das Gericht zur Beratung zurück. Das Urteil soll in der kommenden Woche verkündet werden.

Auf der Fahrt zum Mittagessen berichtet Wu über den Hintergrund des Falles. Sein Mandant ist ein reicher Chinese, der lange in Amerika lebte und vor drei Jahren zurückkehrte, um vom Bauboom zu profitieren. Er engagierte den Manager, weil der sich mit den Baufirmen und Handwerkern vor Ort bestens auskannte. Sollte sich das Geschäft nach zwei Jahren als profitabel erweisen, stünden ihm 10 Prozent des Unternehmens zu. Die

Firma verdiente vom ersten Tag an sehr gut, aber als der Mann seinen versprochenen Anteil forderte, wurde er gefeuert.

»Vermutlich sind beide Verbrecher«, sagt Wu. »Nur hatte der Gauner keine Beweise, und dann kann er solche Behauptungen nicht aufstellen.«

Wir sitzen in einem einfachen Restaurant in einer Seitenstraße im ehemaligen Französischen Viertel. Das Lokal ist voll und laut, auf allen Tischen dampft und brodelt das Essen. In der offenen Küche steht ein Mann am Wok und wendet geschmortes Gemüse in der Luft. Es riecht nach gebratenen Zwiebeln und Knoblauch. Die Kellnerinnen brüllen ihre Bestellungen durch das Lokal. Vor uns stehen Schüsseln mit Tofu und Reis, Dumplings und Huhn in scharfer Chilipfeffersoße. Wus Mobiltelefon klingelt. Er versteht kein Wort und geht vor die Tür. Als er nach fünf Minuten wiederkommt, sind seine Augen noch kleiner als sonst. In seinem Blick liegt Wut und eine Empörung, die Angst machen kann. »Das war die Tochter unseres Klienten«, sagt er mit gepresster, nur mühsam beherrschter Stimme. »Sie wollte nur sagen, dass der Exmanager gleich vor dem Gerichtsgebäude verhaftet wurde. Das Urteil ist auch schon gefällt: Schuldig.« Er schweigt und isst ein wenig Tofu. Keine Freude über einen gewonnenen Prozess?

»Nicht auf diese Art. Ich wusste, dass mein Mandant gute Beziehungen hat und bat ihn, sie nicht zu nutzen. Wir würden den Prozess auch so gewinnen«, sagt Wu. »Ich wusste, was gespielt wird, als der Richter nach fünf Minuten rausgerufen wurde. Das waren seine Vorgesetzten, die ihm sagten, wie er zu entscheiden habe. Dafür hat mein Mandant gesorgt. So ist das in China.« Er schweigt für den Rest des Mittagessens.

Der Fall ist typisch für den Alltag der chinesischen Justiz. Nichts Spektakuläres. Er wird nie irgendwo Schlagzeilen machen, nicht in der örtlichen, nicht in der internationalen Presse. Der Manager wird mehrere Jahre im Gefängnis sitzen und auf keiner Liste von Menschenrechtlern je auftauchen. Er hat tausende, vermutlich hunderttausende von Leidensgefährten. Es gibt kaum einen Chinesen, der nicht eine Geschichte über die Korruptheit des Rechtssystems erzählen könnte. Chinas Justiz hat im eigenen Land und international einen erbärmlich schlechten Ruf. Nirgendwo werden mehr Todesurteile gefällt und oft wenige Tage später auch gleich vollstreckt, der Verurteilte hat keine Chance auf eine angemessene Verteidigung oder eine gründliche Revision. 1998 starben über 1700 Menschen auf Befehl des Staates. Noch immer werden trotz weltweiter Proteste Regimekritiker in Schauprozessen, die nur wenige Stunden dauern, zu jahrelangen Haftstrafen verurteilt. Amnesty International und andere Menschenrechtsorganisationen protestieren dagegen und gelegentlich auch der eine oder andere mutige Politiker aus dem Westen, wenn er auf Staatsbesuch in China ist. Die Pekinger Führung weist solche Proteste routinemäßig als »Einmischung in die inneren Angelegenheiten eines souveränen Staates« zurück.

Problematischer für die Regierung sind die Beschwerden von internationalen Banken und Konzernen, auf deren Milliardeninvestitionen die Wirtschaft existenziell angewiesen ist. Man beklagt sich über chinesische Partner, die Verträge nicht einhalten und dabei Unterstützung bekommen von der korrupten chinesischen Justiz. Das ist einer der Gründe, warum ausländische Investitionen seit zwei Jahren drastisch zurückgegangen sind. »Die Verletzung von beruflichen Standards und die Vernachlässigung der Arbeitsmoral durch einige Beamte im Justizapparat sind so ernst, dass sie die Arbeit der Gerichte untergraben und eine Gefahr für die gesellschaftliche Stabilität darstellen«, gibt selbst der erzkonservative ehemalige chinesische Premierminister Li Peng zu, und seit zwei Jahren bekundet die politische Führung in Peking bei jeder sich bietenden Gelegenheit ihre Absicht, den Justizapparat grundlegend zu reformieren. »Eine Marktwirtschaft kann langfristig nur mit einem unabhängigen Rechtswesen funktionieren und prosperieren. Das haben unsere Politiker begriffen«, glaubt Li Dun, namhafter Juraprofessor an der chinesischen Akademie für Sozialwissenschaften.

Es gibt in der Tat Versuche, das System transparenter und öffentlicher zu machen, den Bürgern die Angst vor der Justiz zu nehmen, sie über ihre Rechte aufzuklären. In Peking ist seit einem Jahr die Mehrzahl der Prozesse öffentlich. Manche Verhandlungen strahlt das Fernsehen in voller Länge aus, Rechtsexperten, die im Studio sitzen, erklären den jeweiligen Fall und das Verfahren. Über das Land verteilt, gibt es seit kurzem knapp zweihundert Rechshilfezentren, in denen sich Bürger Rat holen können, und in Zukunft sollen in jeder Provinz über Telefon-Hotlines Rechtsanwälte und Justizangestellte rund um die Uhr Rede und Antwort stehen. In der Presse tauchen zunehmend Berichte über Justizskandale und Fehlurteile auf; nach Angaben der staatlichen Presseagentur Xinhua wurden 1998 über 2500 Richter wegen Rechtsbeugung und Korruption verurteilt und 4221 Justizangestellte wegen Inkompetenz entlassen. »Wenn einem Richter Bestechlichkeit nachgewiesen werden kann, wird in Zukunft nicht nur er zur Rechenschaft gezogen, sondern auch die nächst höhere Instanz«, droht Xiao Yang, Vorsitzender des Obersten Gerichtshofes in Peking. »Sollte dies in einem Bezirk häufiger geschehen, machen wir dafür die obersten Richter der Provinz verantwortlich.«

Wu Ming ist skeptisch. Er hat in seinem Leben zu oft erfahren, wie willkürlich, ungerecht und unberechenbar die Mächtigen in China ihre Untertanen behandeln – trotz aller Reformversprechen. Der 48-Jährige stammt aus einer Familie mit »respektabler revolutionärer Vergangenheit«, wie er es ausdrückt. Der Vater, ein angesehener Ingenieur und Brückenbauer, half den Kommunisten schon während der japanischen Besatzungszeit in den 30er und 40er Jahren und war nach dem Ende des Bürgerkrieges maßgeblich am Wiederaufbau von Städten im Süden des Landes beteiligt. Die Mutter, eine Lehrerin, trat mit achtzehn der Kommunistischen Partei bei und kämpfte im Bürgerkrieg gegen die Kuomintang. Wu selbst war eine Art Wunderkind: ein hochbegabter Klavier- und Violinspieler, ein Sportass mit dem besten Notendurchschnitt der Schule, Anführer der örtlichen Jungen Pioniere, der Kinderorganisation der KP. »Alle hörten auf mein Kommando. Ich war ein Star in der Stadt«, erinnert sich Wu. »Der Schuldirektor und der Parteisekretär nahmen mich mit zu Besprechungen und auf Konferenzen. Ich sonnte mich in der Bewunderung und Anerkennung meiner Lehrer und Mitschüler.«

Die kleine, heile Welt des 10-jährigen Wu zerbrach 1957 über Nacht. Mao hatte seine berühmte »Lasst hundert Blumen blühen«-Kampagne begonnen, in der er alle Chinesen aufforderte, die Partei zu kritisieren. Hundert Tage später wurden ihr Vertrauen und ihre Offenheit den Kritikern zum Verhängnis, als die Liberalisierungskampagne in die »Anti-Rechtsabweichler«-Kampagne umschlug. Hunderttausende verloren ihre Arbeit, fanden sich im Gefängnis oder im Arbeitslager wieder. Wu Mings Vater war einer von ihnen. »Er hatte gar keine Kritik an der Partei geübt, aber als ein strenger Chef, der Qualitätsarbeit forderte, war er nicht beliebt bei seinen Arbeitern. Sie nutzten die politische Situation, um ihn zu denunzieren.« Mit ihm verlor die ganze Familie ihren Status. Von einem Tag auf den anderen wurde Wu Ming in der Schule gemieden. Lehrer und Klassenkameraden sprachen nicht mehr mit ihm, Mitschüler wechselten die Straßenseite wenn sie ihn sahen, die Jungen Pioniere schlossen ihn aus. Niemand erklärte dem 10-Jährigen, was geschehen war.

»Ich war plötzlich völlig isoliert«, erinnert sich Wu. »Ich hatte keine Freunde, keinen Menschen, mit dem ich reden konnte. Ich fühlte mich verurteilt und entsetzlich bestraft, ohne zu wissen wofür. Was war geschehen? War alles meine Schuld? Was hatte ich verbrochen? Warum unsere Familie? Ich hatte so viele Fragen und musste sie alle für mich behalten. Nach der Schule wanderte ich oft stundenlang durch die Stadt. Nach Hause wollte ich nicht. Dort saß mein Vater, schweigend und deprimiert, oder wütend und jähzornig. Meine Mutter sagte nicht viel in dieser Zeit. Ich versuchte selber Antworten zu finden, aber ich kam nicht weiter und musste weinen und weinen. Ich wollte nicht allein sein, ich wollte dazugehören und beim Aufbau der ›neuen

Gesellschaft unter der Führung des großen Vorsitzenden Mao Zedong‹ helfen. Was gab es sonst im Leben zu tun?«

Wu Mings einzige Chance war sein musikalisches Talent. Es gab keinen vergleichbaren Violinspieler in der Stadt, deshalb durfte er weiterhin im Schulorchester mitspielen. Wu übte wie ein Besessener. Die Geige war für ihn der Schlüssel zum Rest der Welt. »Der einzige Lehrer, der bereit war, mich privat zu unterrichten, wohnte sieben Kilometer entfernt,« sagt Wu. »Jahrelang ging ich jeden Tag diesen Weg, in der brütenden Sommerhitze und im Winter, wenn der Frost die Haut auf meinen Wangen platzen ließ. Ich übte manchmal zehn Stunden am Tag, bis mir die Finger bluteten.«

Wu Ming erzählt seine Geschichte, wie sie nur jemand erzählen kann, der mehr gelitten hat, als Worte es auszudrücken vermögen. Ruhig und sachlich, aber der Schmerz ist nicht zu überhören. Wu hat seine Lektion gelernt. Wer überleben will, darf nicht vertrauen. Muss nicht verzeihen, aber vergessen können.

Seine Erlebnisse mit staatlicher Willkür und Gesetzlosigkeit, seine Ohmacht gegenüber dem despotischen Machtapparat der KP – das sind die Erfahrungen einer ganzen Generation. Während Maos 25-jähriger Herrschaft gab es in China praktisch kein Rechtssystem und keine Gesetzgebung. 1949, nach dem Sieg im Bürgerkrieg, erklärten die Kommunisten das existierende System der Kuomintang für null und nichtig. Sie verboten den Beruf des Rechtsanwaltes und schafften tausende von Gesetzen ab. Wer von den Juraprofessoren, Richtern, Rechtsanwälten und Staatsanwälten nicht rechtzeitig geflohen war, wurde zum Arbeiten aufs Land verschickt. Wenn er Glück hatte.

Bei den politischen Säuberungen in den ersten Jahren der Volksrepublik starben mindestens zwei Millionen Menschen, angebliche »Klassenfeinde« und »bourgeoise Elemente«. Mitte der 50er Jahre gab es in ganz China knapp dreitausend Anwälte, 1957, nach der »Anti-Rechsabweichler«-Kampagne, gab es praktisch keine mehr. Das Justizministerium wurde zwei Jahre später vollständig aufgelöst. Unter Mao wurde in fünfundzwanzig Jahren offiziell nicht ein einziges neues Gesetz verabschiedet.

Die wenigen Richter und Staatsanwälte, die in den Trümmern des Justizapparates arbeiteten, hatte die Partei berufen, und dabei gab es nur ein Kriterium: Loyalität der Revolution und der KP gegenüber. Erfahrung oder Bildung waren da eher hinderlich; weniger als 4 Prozent hatten eine juristische Vorbildung, zwei Drittel nicht einmal einen Schulabschluss. Zwischen 1949 und 1966, das heißt zwischen der Gründung der Volksrepublik und dem Beginn der Kulturrevolution, studierten lediglich 20 000 Studenten an der Parteischule Jura, und nicht einmal die Hälfte von ihnen schloss das Studium ab. Die KP bestimmte, was Recht und Gesetz war, und das konnte sich über Nacht ins Gegenteil verkehren, wenn sich die Machtverhältnise innerhalb der Partei verschoben.

Die Willkür fand ihren Höhepunkt in der Kulturrevolution. Auch dafür ist Wu Ming ein Zeitzeuge, sind seine Erlebnisse exemplarisch für Millionen von Chinesen. Es sind Jahre des Chaos und der Anarchie, der politischen Verfolgung und der zerbrochenen Biographien. Ein Jahrzehnt des Leidens für fast eine Milliarde Menschen – und dennoch die Voraussetzung für das heutige, offenere China.

Wus Eltern hatten damals ihre Arbeit verloren und verkauften auf der Straße Popcorn. »Als Intellektuelle waren sie miserable Geschäftsleute, und wir hatten überhaupt kein Geld«, erinnert sich Wu. »Meine Schuhe und meine Hosen waren voller Löcher und abends gingen wir hungrig zu Bett.« Zwei Wochen nach Ausbruch der Kulturrevolution wurde er als Sohn eines »Rechtsabweichlers« zum »Konterrevolutionär« erklärt und musste die Schule sofort verlassen. Drei Wochen später eroberte eine andere Fraktion der Roten Garden im Bezirk die Macht und rehabilitierte ihn.

Wu wollte von Politik nichts mehr wissen, er wollte studieren und seine Ruhe haben. Doch die Zeiten waren nicht danach. Kurz nach Beginn der Kulturrevolution wurden die Universitäten des Landes geschlossen; sie öffneten erst zehn Jahre später wieder ihre Tore. Wu gehörte 1968 zu einer der ersten Brigaden junger Leute, die von der KP zum Arbeitseinsatz aufs Land geschickt wurden. Drei Jahre musste er mit bloßen Händen Äcker pflügen, Felder bestellen und Getreide ernten. Kaum zurück in der Stadt, schickte ihn die Partei als Bergmann in eine Kohlegrube. Am Ende der Kulturrevolution arbeitete das ehemalige Wunderkind als Fahrstuhlführer in einer Textilfabrik.

»Die Kulturrevolution war ein Desaster für das Land. Für mich waren es die wichtigsten Jahre meines Lebens. Ich bin dankbar für die Zeit«, sagt er heute. »Die ständigen Machtkämpfe entlarvten die Partei. Warum waren bejubelte Helden der Revolution, treue Weggefährten Maos, plötzlich Konterrevolutionäre? Was hatten sie getan? Warum hatte es vorher niemand bemerkt? Mein Lieblingslehrer, ein überzeugter Kommunist, beging Selbstmord, weil ihn die Roten Garden zum Feind der Revolution erklärten. Ich kannte ihn, ich wusste, es war gelogen. Warum verfolgten sie ihn? So viele Intrigen, so viele Fragen und keine Antworten. Ich fühlte mich von Mao und der Partei betrogen und hintergangen. Ich verwandelte mich mit der Zeit von einem fanatischen, blinden Mitläufer in einen unabhängigen Denker. Ich lernte, dass das Schicksal unseres Landes von jedem Einzelnen abhängt; dass wir alle Verantwortung übernehmen müssen, wenn sich so etwas wie die Kulturrevolution nicht wiederholen soll.«

Es mag sein, dass irgendwann in dieser Zeit Chinas Weg in den Rechtsstaat begann. Zu den Millionen von Opfern der Anarchie und der politischen Machtkämpfe während der Kulturrevolution gehörte auch der ehemalige stellvertretende Premierminister Deng Xiaoping. Er musste in einer Landkommune Traktoren reparieren und Schweine hüten. Seinen ältesten Sohn verfolgten und misshandelten Rote Garden, bis er sich aus Verzweiflung aus dem vierten Stock stürzte; eine Querschnittslähmung war die Folge. Als Deng 1979, rehabilitiert und mächtigster Mann im Lande, das Reich der Mitte behutsam zu öffnen begann, hatte er nicht nur die Reform der maroden Wirtschaft zum Ziel. China sollte in Zukunft nicht mehr den Launen und der Willkür einzelner Führer zum Opfer fallen. Es sollte ein Rechtssystem bekommen, Gesetze, Paragrafen und Vorschriften, unabhängig von der jeweiligen politischen Führung. Ein Ziel, so revolutionär wie die Umwandlung der kommunistischen Planwirtschaft in eine freie, marktorientierte Ökonomie.

China hat keine Tradition eines unabhängigen Justizwesens. Es wurde viertausend Jahre lang, bis zum Beginn dieses Jahrhunderts, von Kaisern regiert. Ihre Wünsche und Befehle waren Gesetz, und Richter, die sich dem widersetzten, mussten dafür nicht selten mit dem Leben bezahlen. Der allmächtige Kaiser saß in der Verbotenen Stadt in Peking, die Struktur setzte sich fort bis in die Verwaltung von Provinzen und Bezirken. Auf jeder Ebene herrschten kleine Despoten, die mächtiger waren als die Justiz. Vorsichtige Reformversuche gab es erst in den letzten Jahren der Qing-Dynastie. Um die Jahrhundertwende reisten chinesische Delegationen nach Amerika, Europa und auch durch Asien, um die Rechtssysteme anderer Länder zu studieren; China begann mit der Entwicklung eines Justizwesens, als Vorbild dienten Deutschland und Japan. »Es war das erste Mal in unserer Geschichte, dass wir von einer unabhängigen Justiz redeten. Bis dahin war das Konzept der Gewaltenteilung völlig fremd für uns«, sagt Professor Li Dun.

Gesetze wurden beschlossen und veröffentlicht. Richter mussten Jura studieren und schwierige Prüfungen bestehen, ehe sie in den Staatsdienst aufgenommen wurden. Um ihre Unabhängigkeit zu gewährleisten, wurden sie auf Lebenszeit ernannt. Der Zusammenbruch der Qing-Dynastie 1911 bedeutete auch das Ende dieser Reformbemühungen. Es folgten der Zerfall des Riesenreiches, die Jahrzehnte der Besetzung und des Bürgerkrieges, die den Aufbau eines unabhängigen Justizapparates unmöglich machten.

Zaghafte Reformversuche gab es erst wieder 1979 unter Deng. Sie stellen die politische Führung heute vor kaum lösbare Probleme. Wie weit können die Reformen gehen, ohne das ganze politische System zu gefährden? Paragrafen, Vorschriften und Verordnungen sollen zu Beginn des 21. Jahrhunderts das Zusammenleben der 1,3 Milliarden Chinesen regeln. Das Parlament, der Nationale Volkskongress, hat in den vergangenen Jahren mehr als 7000 Gesetze verabschiedet; es werden von Jahr zu Jahr mehr, und sie werden zunehmend detaillierter. Zum ersten Mal in der Geschichte werden westliche Konzepte wie der Schutz von geistigem Eigentum, Konkursrecht oder Verbraucherrechte eingeführt. Bürgern ist es nun erlaubt, Staatsbetriebe, Behörden oder Verwaltungen zu verklagen. Vor diesen Gesetzen sollen alle Menschen gleich sein.

Doch die Verfassung des Landes stellt die Partei praktisch über das Gesetz, und die Kommunisten wollen ihr politisches Machtmonopol nicht aufgeben. Wie soll in einem solchen System die Gewaltenteilung funktionieren?

Ernst gemeinte Rechtsreformen bedeuten radikale politische Reformen. Dieses Dilemma erklärte die Ambivalenz der Pekinger Reformpolitik und die Widersprüche zwischen Anspruch und Wirklichkeit, zwischen Propaganda und Wahrheit, unter denen Menschen wie Wu Ming täglich leiden. Ein Beispiel ist die am 1. Januar 1997 in Kraft getretene, auf dem Papier sehr weitreichende Reform des Kriminalrechts. Sie etablierte Rechtsanwälte neben Richtern und Staatsanwälten als gleichberechtigte Mitglieder des Justizapparates. Es ist noch nicht lange her, da mussten sie Besucherkarten ausfüllen, um bei der Verhandlung überhaupt anwesend sein zu können. Verteidiger bekamen das Recht, jederzeit mit ihren Mandanten sprechen zu können, eigene Zeugen vorzuladen, die Ermittlungsakten einzusehen. Verdächtige erhielten das Recht, vor ihrer Aussage mit einem Anwalt zu reden. Der Polizei wurde verboten, bei Verhören zu foltern oder zu prügeln. Selbstverständlichkeiten im Westen – für China revolutionäre Neuerungen.

»Was nützen neue Gesetze, wenn das Denken das alte bleibt«, kommentiert Wu Ming die Reform. Wir treffen ihn in seinem wohl temperierten Büro im 22. Stock eines der neuen Wolkenkratzer in Pudong. Seine Kanzlei nimmt fast die Hälfte des gesamten Stockwerkes ein. Am Empfang sitzen zwei junge Frauen im engen Kostüm und mit einem freundlichen Was-kann-ich-für-Sie-tun-Lächeln auf den Lippen. Wir bewegen uns durch ein Labyrinth von Fluren und Gängen mit Büros und Konferenzräumen zu beiden Seiten. Wu Mings Büro hat etwas von der edlen, aber anonymen Atmosphäre eines internationalen Luxushotels. Furniere kostbarer, hellbrauner tropischer Edelhölzer bedecken die Wände, in der Ecke steht eine neue schwarze Ledergarnitur. Auf dem Schreibtisch keine Akten, stattdessen drei Telefone und zwei Handys. Seine Sekretärin serviert Jasmintee. Wu wirkt, wie bei jedem unserer Treffen, etwas müde, aber hoch konzentriert. Seine Stimme ist ruhig, fast leise und doch auf eine merkwürdige Weise durchdringend. »Auf dem Papier ist die Reform des Kriminalrechts sehr fortschrittlich«, sagt er. »Das wirkliche Leben sieht anders aus. Ich sehe meine Mandanten nie allein. Irgendjemand vom Büro der Öffentlichen Sicherheit ist immer dabei und hört mit. Ich kann als Anwalt nun Entlastungszeugen benennen. Richtig. Aber das Gericht lädt sie nicht vor. Ich muss dafür sorgen, dass sie kommen. Ich muss ihnen selbst das Fahrgeld erstatten. Wer Angst vor der Justiz hat, und das haben viele Chinesen, erscheint einfach nicht, und es gibt nichts, was ich dagegen machen kann. Oder die Polizei. Kürzlich beklagte sich ein Mandant, dass er während eines Verhörs mehrmals geschlagen wurde. Er zeigte mir die blauen Stellen am Rücken und im Nacken. Als ich den Leiter der Ermittlungen damit konfrontierte, bestritt er das gar nicht. ›Wie sollen wir denn sonst Geständnisse bekommen?‹, fragte er mich.«

Für chinesische Gerichte sind Geständnisse endgültig und unwiderrufbar, egal, unter welchen Bedingungen sie zustande kommen. Nicht nur westliche Menschenrechtsorganisationen beklagen die Brutalität der Polizei. Selbst Chinas oberster Staatsanwalt prangerte in den vergangenen Jahren in mehreren Veröffentlichungen den »systematischen Gebrauch von Folter zur Erpressung von Geständnissen« an. In einem 1997 erschienenen

Buch beschreibt er vierundsechzig Fälle, in denen Häftlinge bei Verhören zu Tode gefoltert wurden. In den Jahren 1993 und 1994, der Zeitraum aus dem die jüngsten Zahlen stammen, starben nach offiziellen Angaben annähernd 250 Menschen in Polizeigewahrsam. Die Dunkelziffer liegt vermutlich um ein Vielfaches darüber. Nach wie vor kann die Polizei Personen ohne Angabe von Gründen festnehmen und ohne Prozess für zwei Jahre ins Arbeitslager stecken.

Wu erzählt die Geschichte eines Mandanten aus der Provinz Henan. Der Mann hatte in Amerika modernes Management studiert. Nach seiner Rückkehr wurde er Chef eines alten, unprofitablen Staatsbetriebes, einer Textilfabrik. Er entließ die Hälfte der Belegschaft, zahlte statt Einheitslohn nach Leistung, führte neue Produkte und Maschinen ein, und binnen zwei Jahren verdiente das Unternehmen so gut, dass er die höchsten Gehälter im ganzen Distrikt zahlen konnte. Die örtlichen Funktionäre erwarteten von ihm, dass er ihre Kinder und Verwandten einstelle und bevorzugt behandle. Der Manager weigerte sich kompromisslos und erklärte, dass dies die Regeln des alten China seien. In seinem Betrieb zähle ausschließlich Leistung. Als er trotz zunehmenden Drucks nicht einlenkte, wurde er verhaftet. Angeblich hatte er Firmengelder veruntreut. Als Beweis galt sein Vertrag, der ihm eine Gewinnbeteiligung zusicherte. »Das ist völlig legal. Trotzdem verurteilte ihn das örtliche Gericht wegen Betruges zu mehreren Jahren Gefängnis. Wir verloren auch in der zweiten Instanz. Unsere einzige Chance liegt darin, die Revision vor ein Pekinger Gericht zu bekommen. So weit reichen die Beziehungen der lokalen Funktionäre nicht, und rechtlich ist der Fall völlig klar. Der Mann ist unschuldig.«

Ähnlich ging es einem Klienten aus der Provinz Heilongjiang. Der Chefredakteur einer Lokalzeitung lag im Streit mit den örtlichen Parteibossen. Sein Blatt hatte über mehrere Korruptionsskandale geschrieben, und die Funktionäre fanden die Berichterstattung zu kritisch. Als er trotz massiver Drohungen nicht nachgab, verhaftete ihn die Polizei wegen angeblicher Bestechung, als er in einem neuen Auto durch die Stadt fuhr. »Auch hier war die Sachlage eindeutig«, erzählt Wu Ming und seine Beine wippen unter dem Tisch, als müsse er im Akkord eine Nähmaschine betreiben. »Mein Mandant hatte ein Auto auf Raten gekauft. Er konnte den Kaufvertrag vorlegen und die regelmäßigen Zahlungen nachweisen. Es nützte nichts. Das Gericht verurteilte ihn auf Druck der Funktionäre zu vier Jahren Gefängnis.«

Vor allem für die entlegeneren Provinzen des Landes gilt, dass der gesamte Apparat der Justiz – Polizei und Staatsanwaltschaft, Richter und Gefängnisse – bis heute fast ausschließlich als Druckmittel und Instrument der Macht funktioniert. Das Reich ist zu groß, als dass die Herrscher in Peking die Machenschaften des Millionenheers lokaler Funktionäre bis in die letzten Bezirke, Städte und Dörfer kontrollieren könnten, selbst wenn sie es wollten. Damit steht dem Machtmissbrauch auch wenig im Wege. Für Rechtsanwälte in China zählt juristische Kompetenz allein nicht viel. Sie müssen »Guanxi«, Verbindungen und Beziehungen haben. Wichtiger noch: Sie müssen das Umfeld ihres Gegners kennen und genau wissen, über welche Kontakte er verfügt.

Eines der Telefone klingelt. Wu Ming hebt ab, und es beginnt ein halbstündiges Gespräch. Äußerlich bleibt er ruhig, er schreit nicht, er droht nicht. Seine Augen blicken konzentriert ins Leere. Nur die Zigaretten verraten seine Anspannung. Fast eine Schachtel in dreißig Minuten. Als er auflegt, hängen die Schultern, und der Schweiß rinnt die Schläfen hinunter. »Ein wichtiger Mandant, eine große Wirtschaftssache. Wir haben den Prozess verloren, und nun will er nicht zahlen. Er beschuldigt uns, für ihn nicht alles getan, nicht alle Kontakte genutzt zu haben. Er versteht nicht, dass das Urteil nicht von der Beweislage und nicht von der Qualität unserer Arbeit abhängt. Die Gegenseite war mächtiger. Ich könnte ihn verklagen, aber das wäre rufschädigend für mich.« Er schweigt und atmet tief durch, bevor er sich die nächste Zigarette anzündet.

Wenn die Qualität der Verteidigung nicht den Ausschlag gibt, wie gewinnt er dann seine Prozesse? Wu blickt etwas gequält, als hätte er die Frage erwartet und vielleicht auch befürchtet. »Ich kaufe keine Urteile, das ist mein Grundsatz«, antwortet er. »Natürlich habe ich auch Beziehungen. Gute Beziehungen. Zusätzlich nutze ich die begrenzte Freiheit der Presse, um Öffentlichkeit für meine Fälle zu bekommen. Außerdem genieße ich einen gewissen Ruf. Beides schüchtert Richter ein und macht sie vorsichtiger.«

Wo zieht er die Grenze? Wie weit spielt er das Spiel mit, ohne vom korrupten System völlig vereinnahmt zu werden? Wie hält er die Widersprüche aus? Zum ersten Mal sehen wir ein Lächeln auf seinem Gesicht. »Das«, sagt er, »sind Fragen, die nur ein Westler stellen kann, und ich bin nicht sicher, ob er die Antworten verstehen wird.«

Wu erzählt von seinem dreißigsten Geburtstag. Wie er alleine in einem ärmlichen Restaurant in Shanghai saß, an der Wand hing ein Mao-Porträt, um ihn herum summten Fliegen. Er hatte zwei Gerichte bestellt. Reis und Fisch und eine Flasche Reisschnaps. »Ich blickte zurück und zog Bilanz«, sagt Wu und sitzt plötzlich völlig entspannt in seinem Ledersessel. Keine Zigaretten, kein Wippen mit den Beinen mehr. »Ich hatte fünfzehn Jahre meines Lebens vergeudet. Ich hatte nichts. Keine richtige Arbeit. Keine Ausbildung. Keine Zukunft. Auf einem Fetzen Papier schrieb ich ein Gedicht: ›Dreißig Jahre leere Träume‹, nannte ich es. Es war der Tiefpunkt in meinem Leben, und es gab nur noch zwei Alternativen, beide auf ihre Weise gleich radikal: Selbstmord oder um mein Leben kämpfen. Ich beschloss, nicht auch noch den Rest meines Lebens zu verschwenden.«

Wu, der Fahrstuhlführer, wollte Jura studieren. Für ein vorbereitendes College war er zu alt. Seine einzige und letzte Chance war die direkte Bewerbung bei einer Universität. Trotz abgebrochener Schulausbildung wagte er die Aufnahmeprüfung, für die es im Falle des Scheiterns keinen zweiten Versuch gab. Er bestand als einziger von zweihundert Bewerbern. Er war sechsunddreißig, als sein Traum in Erfüllung ging. Er schloss das Studium mit Bestnoten ab und unterrichtete anschließend Jura an der Universität.

Eines Tages stand eine junge, weinende Frau in seinem Büro. Sie stammte aus der nahen Provinz Fujian und hatte gehört, er sei ein mutiger Professor. Ihr Mann war vom örtlichen Parteiboss im Streit erschlagen worden, und niemand wagte es, den einflussreichen Funktionär anzuklagen. Mehrere Anwälte hatten ihren Fall abgelehnt. Wu musste nicht lange überlegen; er war zu oft unschuldiges Opfer gewesen, um die Frau abzuweisen. Er gewann den Prozess. Wie er das geschafft hatte, will er nicht verraten. »Der Mann hatte seine Macht überschätzt und sich zu viele mächtige Feinde gemacht. Das haben wir genutzt.« Mehr sagt er nicht.

Sein Mut und sein Erfolg sprachen sich herum, und bald kamen fast wöchentlich Mandanten, die sonst keinen Anwalt fanden. Er übernahm mehr und mehr Fälle und arbeitete mit der Besessenheit eines Menschen, dem die Zeit davongelaufen ist, dessen Nachholbedürfnis keine Grenzen kennt. Im Herbst 1995 eröffnete er seine Kanzlei. Freunde rieten ihm, sich ausschließlich auf die lukrativen Wirtschaftsfälle zu spezialisieren, so wie es die meisten Anwälte in China tun. »Aber die interessieren mich nicht. Die machen wir nur, um die Zivil- und Kriminalrechtsfälle, die kaum Honorare bringen, finanzieren zu können. Ich habe in meinem Leben nicht so viel gelitten, um jetzt reich zu werden. Ich möchte Einfluss haben auf die Entwicklung unseres Rechtssystems. Meine dreißig Anwälte sind alle noch jung, ich bilde sie aus. Sie sind unsere Zukunft. Wer in China etwas verändern will, muss Geduld haben. Er muss Umwege gehen können und Dinge tun, die gegen seine Grundsätze verstoßen. Er muss Pragmatiker sein und sich verstellen können und darf dabei sein Ziel nicht aus den Augen verlieren. Jeder gewonnene Prozess ist ein kleines Stück Gerechtigkeit.«

Als Beispiel berichtet er vom Fall eines Zahnarztes in der Provinz Shanxi. Er galt als der beste Doktor der Stadt, war unbestechlich und weigerte sich beharrlich, die Familien des Bürgermeisters und des Parteisekretärs kostenlos zu behandeln. Nach einem Jahr rächten sich die Funktionäre. Der Arzt wurde wegen angeblichen Betruges verhaftet, seine Praxis geschlossen, das Vermögen beschlagnahmt. Damit ihm seine Familie nicht zur Hilfe kommen konnte, steckte man auch gleich noch seine beiden Brüder ins Gefängnis. Alle drei wurden ohne Beweise in einem zweistündigen Prozess zu mehreren Jahren Gefängnis verurteilt. Als Wu in der zweiten Instanz von dem Fall hörte, übernahm er ihn sofort.

»Wir hatten eigentlich keine Chance. Aber ich bekam für den Richter einen Brief aus dem Büro des damaligen Premierministers Li Peng. Mein Mandant wurde ohne lange Beratung freigesprochen. Das System funktioniert in beide Richtungen, und ich kenne viele reformgesinnte Politiker. Mit ihrer Hilfe kommen wir manchmal auch zu gerechten Urteilen. Selbst wenn das Verfahren noch nicht den Ansprüchen der objektiven Wahrheitsfindung genügt.«

2

»Reich werden
ist keine Sünde.«

Es gab Sommernächte, da konnte Xiao Ming auf seiner dünnen Matratze kaum stillliegen. Es war zu heiß und zu feucht in der winzigen Zweizimmerwohnung, die er mit Eltern und Schwester teilte. Die stickige Luft badete den Körper in Schweiß, und an Schlaf war nicht zu denken. An solchen Abenden setzte er sich gern an das offene Fenster. Dort brachte ein leichter Wind zuweilen etwas Linderung. Direkt unter ihm lag das Stahlwerk. In der Nacht wirkte es noch größer und mächtiger als am Tage. Es zischte und dampfte und brodelte, so weit er schauen konnte. Aus manchen Schornsteinen stiegen fette, weiße Wolken. Andere spuckten blaugelbe Flammen in den Nachthimmel. Das trübe Licht ließ das Labyrinth aus Röhren, Förderbändern, Gleisen und Pipelines wie die Eingeweide eines riesigen Tieres aussehen. Es schnaufte und brüllte rund um die Uhr. Zehn Quadratkilometer gepflastert mit Kokereien, Hochöfen und Fabrikhallen. Dort arbeiteten seit dreißig Jahren seine Eltern. Und seine Schwester. Dort arbeitete seit zwei Jahren auch Xiao.

Die Fabrik war das industrielle Aushängeschild von Chongqing, der alten Industriestadt in der Provinz Sichuan im Süden Chinas. Sie beschäftigte 40 000 Arbeiter, mit Familienangehörigen lebten über 150 000 Menschen auf ihrem Gelände. Es gab ein Dutzend werkseigene Schulen, Kindergärten, zwei Krankenhäuser, Kinos, Theater, sogar einen Fernsehsender. Wenn es nach den Plänen seiner Eltern ginge, würde ihr Sohn dort bis zur Pensionierung bleiben.

Xiao hasste diesen Gedanken. Das Stahlwerk mit seinen feuerspeienden Schloten und dampfenden Kesseln war für die ersten zweiundzwanzig Jahre seines Lebens seine Welt gewesen. Als Kind hatte er zwischen Kohlehalden laufen gelernt und hinter vollbeladenen Güterzügen Verstecken gespielt. In der Dunkelheit einer Lagerhalle hatte er zum ersten Mal ein Mädchen geküsst. Seine erste Freundin war eine Stahlarbeiterin. Alle seine Kumpel malochten an den Hochöfen. Er hatte Mathematik an einer der Mittelschulen des Stahlwerkes unterrichtet, bei der Werkspolizei gearbeitet und als Kameramann für die TV-Station. Nun langweilte ihn diese Welt. Zu klein. Zu überschaubar. Er war hungrig. Neugierig. Er sah, wie sich im China der 80er Jahre die Welt veränderte. »Es ist keine Sünde reich zu werden«, rief Deng Xiaoping seinem Volk zu, und die ersten erfolgreichen Privatunternehmen entstanden. Nur im Stahlwerk änderte sich nichts. Xiao wollte raus.

Es dauerte zwei Jahre, bis er nach vielen Diskussionen die Erlaubnis seiner Eltern bekam. »Für sie war das Werk Symbol des Fortschritts, der Macht der Arbeiter und ihres Sieges im Klassenkampf«, sagt er. »Mich interessierte die Propaganda nicht. Ich hatte erlebt, wie hart meine Eltern arbeiten mussten und wie wenig Geld sie dafür bekamen. Das war nicht mein Leben. Ich wusste genau, was ich wollte: mein eigener Herr sein. Mein eigenes Unternehmen haben und kein kleines. Groß sollte es sein. Richtig groß.«

Wir stehen auf einem Hügel über dem Stahlwerk. Es ist ein sonniger Tag, Ende März. Noch ist es angenehm kühl in der Stadt, doch in ein paar Wochen wird der heiße, schwüle Sommer Chongqing die Luft zum Atmen rauben. Neben uns spielen ein paar Kinder Fangen. Ein Mann ohne Zähne verkauft selbst gebastelte, bunte Papierdrachen, eine alte Frau klebrigsüße Limonade. Auf einem Felsvorsprung hockt ein junges Pärchen, Händchen haltend. Xiao schaut hinunter ins Tal. Er wollte uns diesen Ort zeigen, als wir von seiner Kindheit sprachen. Nun schweigt er. Hat den abwesenden Blick eines Menschen, der in Gedanken durch sein Leben reist. Melancholisch sieht er aus.

Noch immer dröhnt es von unten herauf, aber aus dem mächtigen Brüllen ist ein klägliches Röcheln geworden. Große Teile der Anlage liegen still, viele Schlote rauchen nicht mehr. Dreiviertel aller Arbeiter musste der unprofitable Staatsbetrieb in den vergangenen Jahren entlassen. Aus dem ganzen Stolz der Stadt ist ein Symbol des Niedergangs geworden. Ein Beispiel für die verfehlte Wirtschaftspolitik der Maoisten, für das Ende der Illusion einer funktionierenden Planwirtschaft. Xiao wendet sich so abrupt ab, als erwache er aus einem Traum.

Wir gehen zurück zu seinem Wagen. Vorbei an einigen Gartenparzellen, in denen Arbeiter Gemüse anbauen. Das Auto steht am Ende einer Siedlung des Stahlwerks. Xiao fährt einen schwarzen Mercedes 600, V12, S-Klasse. Fast geräuschlos gleitet die Limousine durch die schmalen Straßen. Vor den grauschwarzen dreistöckigen Häusern hocken alte Männer und Frauen in ihren Mao-Anzügen und schwatzen. Ehemalige Stahlarbeiter haben auf den Gehwegen kleine Plastikplanen und Tüten ausgebreitet und verkaufen Kleiderbügel, Kämme, Küken und Kekse – alles, was ein paar Yuan bringen könnte. Sie beachten den Mercedes nicht einmal. Dieser Anblick ist zu fremd, als dass sie darüber staunen könnten. Sie ignorieren ihn einfach. »Dort würde ich jetzt auch sitzen«, bemerkt Xiao, als wir auf die Hauptstraße biegen. »Wenn ich weniger Mut gehabt hätte und kein Risiko eingegangen wäre.«

Xiao hatte beim Stahlwerk 1992 als 27-Jähriger auf die chinesische Art »gekündigt«. Er hatte um unbegrenzten und unbezahlten Urlaub gebeten. Damit erleichterten Staatsbetriebe schon damals ihren Angestellten den Sprung in die Selbstständigkeit; es nährte die Illusion, dass man, falls etwas schief geht, selbst nach vielen Jahren noch zurück in den alten Betrieb könnte. Auch wenn so etwas nur in den seltensten Fällen möglich ist, das Gefühl der Sicherheit hilft bei der Abnabelung.

Xiao war einer der ersten in der Fabrik, der den Sprung wagte. Er wollte Privatunternehmer werden, erklärte er seinen Eltern. In ihren Ohren klang das fast wie Konterrevolutionär. »Sie liebten mich genug, um mich gehen zu lassen«, sagt er und hält vor einem einfachen Restaurant in einer Seitenstraße. Wir setzen uns auf kleine Holzschemel auf den Bürgersteig. Der Laden ist voller Arbeiter mit rußverschmierten Gesichtern und ölverschmutzten Kitteln. Ihre Helme liegen auf dem Boden neben den Tischen. Manche nicken Xiao zu, sie kennen ihn noch von früher. Äußerlich passt Xiao in das Lokal wie ein Politiker auf Stimmenfang in eine Kohlengrube. Er trägt eine graue Flanellhose, ein blaues Cerruti-T-Shirt, Cerruti-Strümpfe, italienische Lederslipper, eine goldene, mit Brillanten gepflasterte Armbanduhr. Aber die Art, wie er seine Lieblingsspeise bestellt – Tofu, Gemüsesuppe, eingelegten Kohl und Hühnerfüße –, wie er mit den Kumpels am Nachbartisch redet, ganz natürlich, ohne Scham oder aufgesetzte Brüderlichkeit, verraten seine Wurzeln. Er fühlt sich auch in dieser, seiner alten Welt noch zu Hause.

Xiaos Aufstieg ist die chinesische Version des Vom-Tellerwäscher-zum-Millionär-Mythos. Und so wie jene Legende für Amerika als das Land der unbegrenzten Möglichkeiten steht, ist seine Geschichte typisch für die Volksrepublik um die Jahrtausendwende. Ein Reich ohne Mitte, in dem die alten Werte nicht mehr gelten, ohne dass es bereits neue gäbe, die sie ersetzen könnten. In dem die Spielregeln der Wirtschaft täglich neu entstehen, und nichts so alt ist wie das Gesetz von gestern. Ein Reich der unbegrenzten Möglichkeiten für Wagemutige und fantasiebegabte Unternehmer, für Hasardeure und Falschspieler.

Xiao Ming war nach seiner Freistellung in den Stahlhandel eingestiegen. »Das war kurz nach Dengs ›Tour durch den Süden«, erinnert er sich. Der alte, aber damals mächtigste Mann im Staate war im Januar 1992 zu seiner heute berühmten »Inspektionsreise« aufgebrochen. Das Land war nach dem Massaker im Juni 1989 in einen politischen und wirtschaftlichen Stillstand verfallen, und Deng wollte den Reformprozess wiederbeleben. Er besuchte Shenzhen an der Grenze zu Hongkong und verlangte radikalere Reformen, forderte von seinen Landsleuten mehr Mut und Eigeninitiative.

»Chinas Wirtschaft boomte danach wieder. Jede Stadt, jede Gemeinde glich einer Großbaustelle und der Bedarf an Stahl war grenzenlos«, erzählt Xiao. Für Insider wie ihn ergaben sich einmalige Möglichkeiten in der chinesischen Mischung aus Plan- und Marktwirtschaft. Baufirmen beispielsweise bekamen Stahlkontingente zu staatlich festgesetzten Preisen zugewiesen; was sie zusätzlich brauchten, mussten sie auf dem freien Markt kaufen. Die Stahlproduzenten hatten kein Interesse daran, ihre Produkte zu den künstlich niedrig gehaltenen Kursen zu verkaufen und schmuggelten einen Teil ihrer Ware über Mittelsmänner auf den freien Markt. Dort stand die Nachfrage in keinem Verhältnis zum Angebot. Wer Stahl besorgen konnte, bekam fast jeden Preis dafür. Und Xiao konnte dank seiner Kontakte Stahl organisieren. Viel Stahl. Er schmunzelt und schweigt, als wir ihn nach mehr Details des Geschäftes fragen. »Nur so viel«, sagt er und kaut an einem Hühnerfuß, »in den zwei Jahren habe ich über eine Million verdient. US-Dollar. Steuerfrei.« Eine Summe, für die er im Stahlwerk rund zweitausend Jahre hätte arbeiten müssen.

Xiao war klug genug zu wissen, dass dieses Glück nicht von Dauer sein konnte. Er suchte nach Möglichkeiten, sein Geld langfristig anzulegen. Aktienspekulationen waren ihm zu riskant. Immobilien interessierten ihn nicht. Xiao, der Geschäftsmann, lebt von seinem Instinkt. Wie die meisten der Jungunternehmer in China hat er weder Betriebswirtschaft studiert noch eine kaufmännische Ausbildung gemacht. Er riecht Geschäfte. Fühlt sie im Bauch, so wie er den Stahl-Deal gespürt hatte. Ihn interessierten feine Stoffe und schöne Anzüge, und sein Gefühl sagte ihm, dass die Textilindustrie eine große Zukunft haben würde. »Wir haben jahrzehntelang nur blaue oder graue Einheitsanzüge getragen«, erzählt er. »Was Bekleidung betrifft, haben wir einen großen Nachholbedarf, und solange die Wirtschaft boomt und die Menschen mehr Geld verdienen, werden sie einen Teil davon für bessere Anzüge, Kleider, Schuhe und Hemden ausgeben.« Er lernte Chinesen kennen, die in Italien lebten, und die vermittelten ihm einen italienischen Partner, mit dem er 1997 ein Joint Venture gründete.

Wir fahren zu seiner Fabrik am Stadtrand von Chongqing. In den Außenbezirken der Städte leben überall in China die Repräsentanten einer ganz neuen und immer mehr Einfluss gewinnenden Klasse, der chinesischen Oberschicht. Sie wohnen in Neubausiedlungen voller pompöser Fertighausvillen, die an die Enklaven der Reichen in den Vereinigten Staaten von Amerika erinnern. Inseln der Ruhe und Sauberkeit mit Tennisplätzen und Swimmingpools. Künstliche Idyllen, umgeben von hohen Mauern mit Stacheldraht, patrouilliert und bewacht von privaten Sicherheitsdiensten. Xiao chauffiert uns durch die Stadt, die mit all ihren Randgemeinden 31 Millionen Einwohner zählt, ein Moloch, gegen den Metropolen wie Mexiko City oder Jakarta klein, übersichtlich und sauber wirken. Wir sehen überall die typischen Zeichen einer chinesischen Großstadt, hin und her gerissen zwischen Boom und Krise. Baukräne prägen die Skyline, hinter jeder Kurve ein neues, halb fertiges Hochhaus. Im Zentrum gibt es funkelnde Einkaufspassagen, die alles anbieten, was teuer und westlich klingt. Chanel. Versace. Cerruti. Gleichzeitig lungern in vielen Bezirken auf den Straßen Menschen herum auf der Suche nach Arbeit. Leere, ausdruckslose Gesichter haben die einen, müde und verzweifelte die anderen. Mit ihrer alten, schmutzigen Kleidung, den dreckigen Händen und ihren ungewaschenen Gesichtern sehen sie aus wie ein neues Lumpenproletariat. Es sind Bilder, wie wir sie aus der großen Depression der 30er Jahre in Amerika und Europa kennen.

Am Stadtrand biegen wir von der Hauptstraße ab, fahren durch eine hügelige Landschaft mit kleinen Dörfern und Reisfeldern und halten vor einem Fabriktor. Es öffnet sich automatisch; daneben sitzt ein Wächter, dessen Gesichtszüge sozusagen stramm stehen, als er den Mercedes sieht. Xiao führt uns in ein dreistöckiges, weißblau gekacheltes Verwaltungsgebäude, dessen Inneres so elegant ist, dass es auch beim Partner in Italien stehen könnte. In der Mitte ein großes Atrium, Marmorfußböden, die Wände getäfelt mit hellen Edelhölzern. Sein Büro liegt im ersten Stock. Ein großzügiger, halbmondförmiger Raum mit einer 180-Grad-Fensterfront und Tapeten aus feinem italienischem Tuch. Beige Ledersofas aus Italien, auf dem Schreibtisch die chinesische und die italienische Fahne, ein roter Modellferrari und vier Telefone. Xiao setzt sich in eines der Sofas, eine Sekretärin bringt grünen Tee. Warum hat er sich für seine Fabrik ausgerechnet das Hinterland mit seiner schlechten Infrastruktur ausgesucht und nicht eine der boomenden Hafenstädte an der Küste? »Dies ist meine Heimat, hier habe ich die besten Kontakte«, sagt er lächelnd. »Die Behörden sind außerordentlich hilfsbereit.«

Bei der Ansiedlung von Unternehmen und der Schaffung neuer Arbeitsplätze geht es in China heute kaum anders zu als im Westen. Viele Städte und Gemeinden locken mit Subventionen, Steuervorteilen, billigen Grundstücken und anderen Vergünstigungen. Xiao muss die ersten drei Jahre keine Steuern zahlen und auch anschließend ist der Steuersatz gering: 11 Prozent vom Gewinn des Unternehmens, 7 Prozent Einkommenssteuer. Die Parteizentrale im Distrikt hat eigens einen Sekretär abkommandiert, um ihm zu helfen. Xiao hatte einen leer stehenden Staatsbetrieb gekauft, abgerissen und auf das Grundstück seine Fabrik gesetzt. Die über hundert nötigen Stempel, Erlaubnisscheine und Genehmigungen hat er dank des Genossen an seiner Seite innerhalb von vier Wochen bekommen. Die übliche Wartezeit liegt zwischen sechs und zwölf Monaten. Der Parteisekretär hilft heute bei allen Streitigkeiten mit Funktionären und Verwaltungen, die ein Privatunternehmer in China so hat: Der

Bürgermeister, der von Xiao fordert, er müsse mehr Arbeitslose einstellen. Das Nachbarschaftskomitee, das Spenden erpressen will. Lokale Parteifunktionäre, die plötzlich Fantasiegebühren erheben. Ein Anruf genügt, und Xiao hat seine Ruhe.

»Ich habe sogar einen Kredit von einer Bank bekommen«, sagt er und muss lachen, weil er weiß, wie selbstverständlich das für westliche Ohren klingt und wie ganz und gar außergewöhnlich es im Reich der Mitte ist. Eigentlich stellen chinesische Banken Privatunternehmen kein Geld zur Verfügung. Über 90 Prozent der Darlehen der Staatsbanken gehen an die unprofitablen Staatsbetriebe, obwohl von ihnen nur noch ein Drittel der Industrieproduktion erwirtschaftet wird. Sie stehen mit über 600 Milliarden US-Dollar in der Kreide. Westliche Experten schätzen die faulen Kredite bei den chinesischen Banken auf mindestens 200 Milliarden US-Dollar, und damit fünfmal höher als das Kapitalvermögen der Kreditinstitute. Nach internationalen Maßstäben gemessen, ist das gesamte Bankensystem pleite. Dennoch muss aus politischen Gründen weiterhin Geld in die maroden Unternehmen gepumpt werden, um sie vor dem Bankrott zu bewahren. Geld, das der expandierenden Privatwirtschaft fehlt.

Regierung und Partei haben ein höchst ambivalentes Verhältnis zu Unternehmern wie Xiao Ming und ihrem Erfolg. Xiao gehört einer neuen Gesellschaftsschicht an, auf die die Partei dringend angewiesen ist und der sie gleichzeitig misstraut. Mit ihren Ideen und Investitionen, ihrer Dynamik und dem Mut zum Risiko, sind diese Menschen der Motor des chinesischen Wirtschaftswunders. Es gib heute im Reich der Mitte über 30 Millionen Privatunternehmen, die annähernd 100 Millionen Menschen beschäftigen. In den vergangenen Jahren haben sie 91 Prozent aller neuen Arbeitsplätze geschaffen. Die Privatwirtschaft wächst dreimal so schnell wie der Rest der Ökonomie. Vor zwanzig Jahren trugen die nicht staatlichen Unternehmen weniger als ein Prozent zum Bruttosozialprodukt bei. Heute erwirtschaften sie fast die Hälfte. »In fünf Jahren werden es

75 Prozent sein«, prophezeit Mao Yushi, Gründer und Leiter eines renommierten Wirtschaftsforschungsinstitutes in Peking.

Selbst die Kommunistische Partei räumt mittlerweile ein, dass die einst als Klassenfeinde verfolgten Privatunternehmer für Chinas Wirtschaftswachstum und damit für die Stabilität des Landes von entscheidender Bedeutung sind. Ohne Privatwirtschaft kein Wachstum, ohne Wachstum mehr Arbeitslose und soziale Unruhen. Gleichzeitig fürchtet die Partei die politischen Ambitionen der neuen Klasse. In anderen asiatischen Gesellschaften, wie etwa Süd-Korea, Thailand oder Taiwan, hat die Entwicklung einer unabhängigen und wirtschaftlich potenten Mittel- und Oberschicht zu demokratischen Reformen geführt. Die Diskrepanz zwischen wirtschaftlicher Macht und politischer Ohnmacht war zu groß geworden.

Wie lange noch werden sich Menschen wie Xiao von einem autoritären Regime bevormunden lassen? Es gibt zaghafte Versuche von Seiten der Partei, Unternehmer in den politischen Prozess stärker einzubinden. Zwar gibt es keinen unabhängigen Unternehmerverband, aber die örtlichen Behörden rekrutierten Xiao als Mitglied der »politisch beratenden Konferenz des chinesischen Volks«, ein Gremium, besetzt mit parteiunabhängigen Experten aus verschiedenen Berufen, das zu Gesetzesentwürfen Stellung nehmen und eigene Vorschläge machen darf. Der Einfluss der landesweiten Institution ist bescheiden. Im vergangenen Jahr tagte der lokale Verband in Chongqing dreimal. Genügt Xiao dieses eng begrenzte Mitspracherecht? »Über Politik rede ich nicht«, sagt er freundlich, aber bestimmt. Er weiß, dass es viel zu früh ist, mögliche Reformen öffentlich zu diskutieren. Zumal mit einem Ausländer.

Aber es gibt Zeichen, die auf eine weitere Liberalisierung hinweisen. In einem historischen Schritt änderte der Nationale Volkskongress im Frühjahr 1999 die Verfassung der Volksrepublik. Zuvor hieß es, »Familiengeschäfte« seien ein »Zusatz« zur »sozialistischen, volkseigenen Marktwirtschaft«. Nun sind »Privatbetriebe« ein »wichtiger Bestandteil der sozialistischen Marktwirtschaft«. In westlichen Ohren mag das wie Wortklauberei klingen, für Chinesen ist es eine kleine Revolution. Es könnte den Anfang vom Ende der Diskriminierung von Privatunternehmern bedeuten. Nicht nur, dass sie so gut wie keine Kredite bei den Staatsbanken bekommen, verboten ist auch der Gang an die Börse, um das Kapital zu erhöhen und Expansionen zu finanzieren. Zudem ist der Status von Privateigentum im offiziell kommunistischen China immer noch ungeklärt.

Hat Xiao keine Angst, seinen Reichtum so ungehemmt zur Schau zu stellen? Könnte er nicht eines Tages deshalb wieder als Bourgeois und Konterrevolutionär am Pranger stehen? Sind die Geister der Vergangenheit wirklich tot? »Ich bin stolz darauf, mit meinem Wagen durch die Stadt zu fahren. Ich habe Erfolg, und es macht mir Spaß, das zu zeigen«, platzt es nach ein paar Sekunden des Schweigens ungewöhnlich heftig aus ihm, der sonst in sanften Tönen spricht, heraus. Aber wie fühlen sich die Arbeitslosen, die von 100 Yuan im Monat leben (5 Yuan entsprechen etwa DM 1,–), wenn er in seinem 1,3 Millionen-Yuan-Auto an ihnen vorbeifährt? Schon heute ist China eines der Länder Asiens, in denen der Reichtum extrem ungerecht verteilt ist, schlimmer noch als in Indien oder Indonesien. Fürchtet Xiao die sozialen Spannungen nicht, die durch die immer größer werdenden Unterschiede zwischen Arm und Reich in China unweigerlich entstehen werden? In einem Land, in dem die Menschen vor einer Generation noch so gleich waren, dass sie Einheitskleidung trugen?

Er schaut aus dem Fenster auf seine Fabrikhalle. Er schenkt Tee ein. Er möchte etwas sagen, und seine Mimik lässt erkennen, wie er die Worte hin und her schiebt, überlegt, nach neuen sucht. »Natürlich gibt es viel Neid und Gerüchte, ich hätte mein Vermögen auf illegale Weise gemacht«, sagt er wieder mit seiner weichen Stimme, aber aus seinem Gesicht ist jede Leichtigkeit verschwunden. »Ich ignoriere das und sage meinen Eltern, sie sollen nicht darauf hören. Die Behörden helfen uns im Augenblick, aber im Herzen respektieren die Menschen uns nicht. Sie können nicht akzeptieren, dass manche Menschen schneller, klüger, fleißiger und reicher sind, und solange ist China für einen Unternehmer kein sicherer Ort.«

Xiao trifft seine eigenen Sicherheitsvorkehrungen. Für den Notfall. Er versucht ausländische Pässe für sich und seine Familie zu bekommen. Seine 8-jährige Tochter soll in ein amerikanisches Internat kommen, wenn sie dreizehn ist. »Als ehemaliger Lehrer weiß ich, dass es in unseren Schulen auf Kreativität nicht ankommt, sondern aufs Gehorchen und Auswendiglernen. Meine Tochter soll gefördert werden und ihr Potential entdecken können.« Außerdem könne es Kindern reicher Chinesen nicht schaden, eine zweite Heimat zu haben.

Xiao möchte uns seine Fabrik zeigen. Wir gehen an einem Tennisplatz ohne Netz und voller Löcher vorbei. Vor dem zweistöckigen Gebäude verspricht ein großes Schild: »Immer das Beste«. In der Halle sitzen fast dreihundert Arbeiterinnen an Maschinen und nähen Hemden, Hosen und Sakkos. Das Design kommt vom italienischen Partner, ein Teil der Stoffe stammt ebenfalls aus Europa. Ein Drittel der Produktion schickt Xiao nach Italien, den Rest verkauft er in Südostasien und China. Er besitzt eine Kette von 27 Geschäften in den südlichen Provinzen des Landes und will bis 2001 an die hundert Läden im ganzen Land haben. Die meisten seiner Angestellten haben früher im Stahlwerk gearbeitet. Bei ihm verdienen sie mit rund 1000 Yuan das Dreifache, müssen aber auch doppelt so viel arbeiten. »Es ist ganz einfach«, sagt er. »Wer hart arbeitet, verdient auch gut. Bei mir gibt es keinen Einheitslohn wie im Staatsbetrieb, und die Arbeiter finden das gut. Das alte System war unfair, weil es den Menschen keinen Anreiz bot, wirklich zu zeigen, was sie können, und ihre Fähigkeiten und Talente zu entwickeln.«

Bei ihm herrschen die Gesetze des chinesischen Kapitalismus: Wer zu oft krank ist, faulenzt, oder schlampig näht, fliegt raus. Kündigungsschutz oder Krankenversicherung gibt es nicht, eine Gewerkschaft, die dafür kämpfen könnte, verbietet die Regierung des Arbeiter- und Bauernstaates. Wir gehen durch die Fertigungshalle, die Arbeiterinnen lassen sich nicht ablenken. Am Ende des Produktionsprozesses nähen Frauen ein »Made in Italy«-Schild in die Hemdkragen. »Meine Kunden fühlen sich einfach wohler, wenn sie das Gefühl haben, ein italienisches Hemd zu tragen«, erklärt Xiao das irreführende Label ganz pragmatisch.

Am nächsten Tag lädt Xiao Ming uns ein zu einer Veranstaltung der Buddhistischen Vereinigung in Chongqing. Wir hatten über die familiären Zwänge und die soziale Verantwortung der neuen Oberschicht gesprochen. Xiao erzählte, dass er für seine Eltern eine Putzhilfe eingestellt hatte, die seine 72-jährige Mutter aber nach einer Woche wieder hinauswarf, weil sie es nicht ertragen konnte, dass jemand für sie sauber macht. Er hatte von den 150 000 Yuan berichtet, die er kürzlich einer armen Grundschule auf dem Land zukommen ließ, und auch die Buddhistische Vereinigung erwähnt, die er mit Spenden regelmäßig unterstützt. Diese halb private Wohltätigkeitsorganisation, wie es sie in China mehr und mehr gibt, hatte zu einem Treffen in den Luohan Tempel geladen.

Das tausend Jahre alte Refugium liegt versteckt in einer kleinen Gasse im Zentrum der Stadt. Wir treten durch ein rotes, rundes Tor. Die Hektik einer chinesischen Einkaufsstraße weicht der Geschäftigkeit eines buddhistischen Gotteshauses. An mehreren Ständen werden Räucherstäbchen und Souvenirs verkauft. Vor vielen kleinen Altären knien Dutzende von Gläubigen, die sich fortwährend verneigen. In den Händen halten sie Gaben für die Geister ihrer Vorfahren: Sonnenblumenkerne, Mandarinen, Bonbons. Ihre Gebete, die sie halblaut vor sich hin murmeln, klingen wie Klagelieder. Es riecht nach Räucherstäbchen, Feuer und frisch gebrühtem Tee.

Die buddhistische Hilfsorganisation tagt im obersten Stock. In einem großen, hellen Raum stehen lange Tische und Bänke mit rund sechzig Gästen. Am Kopfende sitzt der Präsident der Vereinigung, ein alter Mann in grauem Mantel und schwarzer Wollmütze. Seine asketischen Gesichtszüge verraten den Mönch. Zu seiner Rechten sitzen drei Abgeordnete des örtlichen Volkskongresses. Auf der anderen Seite ein Abgesandter der Stadtverwaltung, ein Vertreter der Provinzregierung und ein hoher Parteisekretär. Siebenundzwanzig Jahre hat der Mönch wegen seines Glaubens im Arbeitslager verbracht, eingesperrt von derselben Partei, mit deren Vertreter er jetzt freundlich plauscht. Am anderen Ende des Raumes hocken in einer Ecke mehrere Zeitungs- und Radioreporter, durch den Saal laufen Fotografen und drei TV-Kamerateams. Die Vereinigung ist gut ein Jahr alt und hat bereits, wie der Mönch stolz verkündet, über 500 000 Yuan an Spenden gesammelt, hauptsächlich von wohlhabenden Bürgern und Privatunternehmen. Heute will man eine Aktion für »Mütter, die in Armut leben« ins Leben rufen.

An einem Tisch in der Mitte hocken drei Frauen. Ihre roten Wangen, die schmutzigen und schwieligen Hände, die verstaubte und verdreckte Kleidung, die schon das Beste ist, was sie haben für diesen besonderen Anlass, verraten die Herkunft vom Lande. Arbeit und Armut haben ihre Gesichter so gezeichnet, dass ihr Alter kaum zu schätzen ist. Die eine Frau ist wie erstarrt, sie blickt regungslos geradeaus ins Leere. Sie löst sich auch nicht aus ihrer Starre, als der Mönch ihre Geschichte erzählt. Sie bewirtschaftet ein kleines Feld außerhalb der Stadt und braucht dringend Geld, für die Behandlung einer Augenkrankheit. Neben ihr eine Frau mit eingefrorenen Gesichtszügen. Sie lacht unentwegt. Eine Witwe, die mit ihrem Jahreseinkommen von 750 Yuan zwei kleine Kinder ernähren muss. Sie wurden kürzlich von der Schule verwiesen, weil die Mutter das Schulgeld nicht zahlen kann. Die dritte Frau sucht Halt bei ihrer kleinen Tochter, die sie ganz fest an sich drückt. Gebeugt sitzt sie da, als wolle sie sich unter dem Tisch verstecken. Ihr Mann ist nach einem Unfall querschnittsgelähmt. Auch ihre Kinder mussten die Schule verlassen, weil sie die Gebühr nicht aufbringen kann.

Plötzlich rumpelt es im Treppenhaus. Eine kleine Frau kommt die Treppe hoch, schnaufend und stöhnend. Auf ihrem Rücken schleppt sie ihre 13-jährige Tochter, die um einiges größer ist als die zierliche Mutter. Das Kind ist in eine Decke gewickelt und trägt eine Mütze tief ins Gesicht gezogen. Die beiden setzen sich auf die hinterste Bank. Erschrocken blickt das Mädchen in die vielen fremden Gesichter, die TV-Kameras und Fotoapparate. Sie möchte etwas sagen. Sie stammelt, nuschelt. Wortfetzen quellen aus ihrem Mund wie Luftblasen unter Wasser. Sie fängt zu weinen an und versteckt sich in den Armen ihrer Mutter. Dabei verrutscht ihre Mütze und zum Vorschein kommt der zarte Haarflaum derer, die eine Chemotherapie durchlitten haben. In ein paar Sätzen beschreibt der Mönch ihr Schicksal. Die Kleine ist eine hochbegabte Schülerin, Jugendmeisterin im Go, einer Art chinesischem Schachspiel. Vor sechs Monaten erkrankte sie an Mundkrebs. Sie kann kaum mehr sprechen. Der Vater, Arbeiter in einem Staatsbetrieb, ist seit einem Jahr arbeitslos. Die Mutter hat die Familie seither mit Gelegenheitsjobs als Klempnerin über Wasser gehalten. Nun hat auch sie keine Arbeit mehr. Beide Eltern haben weder Kranken- noch Arbeitslosenversicherung. Die Behandlung hat bisher 50 000 Yuan gekostet. Bezahlt mit geborgtem Geld von Freunden und Verwandten. Diese Quellen sind versiegt. Das einzige, was das Mädchen retten könnte, ist eine Operation in Peking. Wenn überhaupt, und nur gegen bar. Die Mutter erhält eine braune Papiertüte mit 4100 Yuan und das Versprechen, dass man für sie ein Sonderkonto einrichten werde. Sie steht auf. Sie will sich bedanken. Tränen ersticken jedes Wort.

Auch die anderen drei Frauen bekommen vom alten Mönch drei Briefumschläge. Sie müssen sich nach vorne begeben, gefolgt vom gleißenden Licht der Kameras. Beifall der zufriedenen Spender. Tränen der Scham und der Dankbarkeit bei den Opfern. Sie haben Glück, viele andere Familen haben keines. Der Vertreter der Stadtverwaltung steht auf. Bedankt sich bei den Buddhisten. Nennt ihre Arbeit beispielhaft für die Gesellschaft. Sagt, dass sich die Regierung nicht mehr um alles kümmern könne, dass Privatinitiative jetzt gefordert sei. Der Parlamentsabgeordnete stimmt ihm zu. Der Parteisekretär wiederholt die Worte. Es ist noch nicht lange her, da hätten eben diese Offiziellen die versammelten Gläubigen als »Wegbereiter des Kapitalismus« verhaftet. Es ist noch viel weniger lange her, da versprachen sie den Menschen Reformen, verbunden mit sozialer Sicherheit. Kein Wort mehr davon. Die Umstellung von der allumfassenden Versorgung durch den Staat zur privaten Vorsorge ist abrupt und radikal. Sie kennt keine Notfälle. Kein Erbarmen. Es gibt nicht einmal einen Fonds für Härtefälle. Der Staat zieht sich nicht zurück. Er flieht. Er kapituliert. Dazu sagen die Offiziellen nichts. Kein Satz des Bedauerns, der Entschuldigung, dass die Behörden Kinder unter den Händen ihrer Mütter sterben lassen, weil das Geld fürs Krankenhaus fehlt.

Zum Schluss drückt der Vertreter der katholischen Gemeinde seine Bewunderung aus und verspricht, sich ein Beispiel zu nehmen. Das tun auch die Abgesandten der Protestanten und der Muslime. Dazwischen sitzt ein Dutzend wohlhabender Privatunternehmer, an ihren farblich passenden Krawatten und gut sitzenden Anzügen unschwer zu erkennen. Einer steht auf und sagt ein paar Sätze zur sozialen Verantwortung des Einzelnen und gelobt, in Zukunft noch mehr Geld zu spenden. Alle klatschen Beifall, der Sekretär der Kommunistischen Partei am lautesten.

Am Abend sind wir bei Xiao Ming zum Essen eingeladen. Er lebt mit Frau und Tochter in einer kleinen Dreizimmerwohnung im Verwaltungsgebäude der Fabrik. Im kommenden Jahr baut er sich eine Villa an einem Teich neben dem Fabrikgebäude. Die Wohnung ähnelt seinem Büro. Italienische Ledergarnitur, Wände mit Edelholz getäfelt. Ein Farbfernseher so groß, dass er an eine Kinoleinwand erinnert. Im Schrank X.O. Cognac und eine Flasche Dom Perignon. Seine Frau begrüßt uns mit einem für Chinesen ungewöhnlich kräftigen Händedruck und einer forschen, lauten Stimme. Sie arbeitet nicht im Unternehmen ihres Mannes, sondern in der Verwaltung eines Krankenhauses. »Ich will unabhängig bleiben«, erklärt sie, noch bevor das Essen auf dem Tisch steht.

Mit zu Gast sind zwei ehemalige Mitschüler. Die beiden arbeiten beim Zoll, und da fügt es sich gut, dass Xiao Mings Unternehmen viel mit Import und Export zu tun hat. Stoffe aus Italien. Hemden und Anzüge nach Europa und Südostasien. Die Männer tragen offensichtlich ihre besten Anzüge. Xiao hat seinen Koch angewiesen, reichlich und nur vom Feinsten aufzutischen. Die Hausangestellte trägt fortwährend neue Teller herein. Krabben. Edelfische. Gemüse. Schwein. Salat. Suppe. Es nimmt kein Ende. Xiao trinkt keinen Alkohol. Da das aber zu jedem chinesischen Geschäftsessen gehört, übernimmt sein Manager das Trinken. Zuerst eine Flasche Reisschnaps, aus Wassergläsern. Anschließend chinesischen »Great Wall«-Rotwein gemischt mit Zitronenlimonade. Drei Flaschen in einer Stunde. Die Gesichter werden rot und röter. Die Stimmen lauter. Kein Wort über das Geschäft. Sie reden über die Schulzeit und den Wein und die Deutschen, und wie sehr sie deren Effizienz, Disziplin und Besonnenheit bewundern. Eigenschaften, die die Chinesen nicht hätten. Dafür aber 5000 Jahre Geschichte. Prost.

Ganz zum Schluss stecken die Zöllner und Xiao die Köpfe zusammen. Zehn Minuten, höchstens. Dann wanken die Männer zum Auto. Der Chauffeur bringt sie nach Hause. »Ich kaufe mir keine Gefallen«, sagt unser Gastgeber zum Abschied. »Ich schließe Freundschaften. Und Freunde helfen sich, wenn sie in Not sind.«

3

»Die Regierung ist nutzlos.
Wer überleben will,
muss sich selber helfen.«

Worüber man nicht schweigen kann, darüber muss man reden. Und so erzählt Zhang Rong. Nein, sie erzählt nicht. Es bricht aus ihr heraus. Zunächst ist es noch ein leises und schüchternes Brabbeln und Stottern, dann formen sich die Worte zu Sätzen, die Sätze verschmelzen zu einem Klagelied, und die Trauer kennt keine Grenzen mehr. Worte strömen aus ihrem Mund wie Wasser aus einem gebrochenen Damm. Immer mehr und immer schneller, und am Ende reißen sie alles mit, was es an Schutz vor den Schmerzen noch gegeben hat. Sie berichtet von ihrem Heimweh nach den Eltern, die sie seit drei Jahren nicht mehr gesehen hat, und davon, wie sie vor fünf Jahren ganz allein, nicht mal sechzehn Jahre alt, über Nacht das Dorf verließ, um in der Hauptstadt einen Job zu finden, und von den jüngeren Geschwistern, denen sie die Schule finanziert. Sie berichtet von ihrer Einsamkeit und ihrer Sehnsucht nach Geborgenheit und ein wenig Zärtlichkeit, und dabei rinnen ihr die Tränen die Wangen hinunter.

Neben ihr sitzen vier Freundinnen, Kellnerinnen wie sie, und während Rong erzählt, fangen auch sie an zu weinen, eine nach der anderen. Stumm. Lautlos. Als würde ihnen die Kraft zum Schluchzen fehlen. Dicke Tränen fließen durch ihre faltenlosen, fast kindlichen Gesichter. Sie sind noch keine zwanzig und schon seit Jahren von zu Hause fort. Rong und ihre Freundinnen gehören zum Heer der Wanderarbeiter, das seit einigen Jahren durch China marschiert und von Jahr zu Jahr größer wird. Niemand weiß genau, wie viele es sind. 80 Millionen? 100 Millionen oder schon 150 Millionen auf der Suche nach Arbeit, einem bescheidenen Auskommen, einem bisschen Glück? Sie schuften in Fabriken oder schwitzen auf Baustellen. Sie verdingen sich als Kellnerinnen, Putzfrauen oder Tagelöhner. Ihre Tränen und ihre Geschichten erzählen mehr über das chinesische Wirtschaftswunder der vergangenen zwanzig Jahre als jede Statistik. Ohne ihre Leidensfähigkeit hätte es die 10- bis 15-prozentigen Wachstumsraten nicht gegeben. Sie produzieren die Stofftiere und Spielzeugautos, die im Westen auf Geburtstagstischen und unter Weihnachtsbäumen liegen. Sie nähen die Schuhe, die Jacken, die Hemden mit den kleinen »Made in China«-Labels im Kragen. Weil sie für wenige Pfennige in der Stunde arbeiten, bleibt China als Billiglohnland für internationale Konzerne attraktiv, kann es mit seinen Produkten und Preisen auf dem Weltmarkt konkurrieren und einen Exportüberschuss von jährlich 30 Milliarden US-Dollar und mehr erwirtschaften.

Wir treffen Zhang Rong ein paar Tage später wieder im Restaurant, wo sie seit fünf Monaten als Oberkellnerin arbeitet. Eine große Leuchtreklame über dem Eingang verspricht Meeresspezialitäten. Im Foyer stehen Aquarien, in denen ein paar halb tote Fische treiben. Es ist Nachmittag, und das Lokal ist bis zum Abend geschlossen. Durch den dunklen Speisesaal hoppelt ein Kaninchen in die Küche. In einem Raum sitzen ein paar junge Männer und spielen Karten. Vor ihnen liegt ein Stapel 10-Yuan-Scheine. Sie schimpfen laut, streiten über Geld und schlechte Karten und schenken den Fremden keine Beachtung.

Wir gehen in eines der VIP-Zimmer in den zweiten Stock. Das Restaurant hat schon bessere Tage gesehen. Fettspritzer und

Essen übersäen selbst hier den speckigen Teppich und die vergilbte Blümchentapete. Aus den Kunstledersesseln, die vor einer Karaoke-Anlage stehen, quillt der Schaumstoff wie Senf und Ketchup aus einem Hamburger. »Wir haben nicht viel zu tun. Ich fürchte der Laden geht bald pleite«, so erklärt Rong den trostlosen Zustand des Lokals. Sie hat sich für unser zweites Treffen fein gemacht. Eine Kollegin hat ihr ein paar künstliche Locken gedreht, eine andere lieh ihr Lippenstift und Rouge. Sie trägt einen engen schwarzen Pullover und schwarze Jeans und sieht aus wie eine Teenagerin vor ihrem ersten Discobesuch. Heute kann sie in Ruhe und ohne Tränen ihre Geschichte erzählen, ein Schicksal, wie es typischer nicht sein kann für die Millionen von Glücksuchenden auf Chinas Straßen.

Zhang Rong stammt aus der Provinz Gansu im Nordwesten, seit Jahrhunderten einer der ärmsten Landstriche im Reich der Mitte. Ihre Kindheitserinnerungen sind vage. Sie erzählt von ein paar schönen Momenten beim Spielen am Ufer eines Flusses an lauen Sommerabenden, von stundenlangen Märschen über staubige vertrocknete Feldwege zur Schule oder der nächsten Klinik. Ihr Dorf war nur zu Fuß oder mit dem Ochsenkarren zu erreichen. In wenigen Sätzen beschreibt sie die Armut, in der die Familie lebte. Die Mutter musste alles selber nähen, nie gab es Fleisch zu essen. Die Familie hauste in einer Zweizimmerhütte aus Lehm. Es gab keinen Strom, kein fließendes Wasser, und im Winter biss die Eiseskälte, die wie ein Ungeheuer über die Berge gekrochen kam. Sie klagt nicht über die vielen Nächte, in denen sie sich mit ihren sechs Geschwistern ein Bett teilte und nicht einschlafen konnte. Entweder vor Hunger oder weil die Eltern im Nebenraum mal wieder stritten. Der Vater, ein Alkoholiker, verprügelte die Mutter. Ihr Wimmern weckte die Kinder, die stumm und regungslos im Bett verharrten, bis endlich Ruhe herrschte. Der Vater verlor seinen Job in der Fabrik im nächsten Ort, weil die Familie die offizielle Ein-Kind-Politik ignoriert hatte. Er wollte unbedingt einen Sohn. Das sechste Kind war dann ein Junge. Rong, eine der besten Schülerinnen in der

Klasse, träumte davon, einmal selbst zu unterrichten. Ihre Lehrer empfahlen den Eltern, das begabte Kind auf eine Mittelschule zu schicken. Kurz darauf wurde der Vater verhaftet. Er soll einem Freund beim Transport geklauter Fernseher geholfen haben. Drei Jahre Gefängnis waren die Strafe. Nun reichte das Geld nicht einmal mehr für Reis und Gemüse, an Dünger und Saatgut war gar nicht zu denken. Rong, fünfzehn Jahre alt, musste von der Schule und Arbeit suchen. Sie fand einen Job in einer Keksfabrik im 25 Kilometer entfernten Tianshui. Zwölf Stunden Schicht, sieben Tage die Woche. Ihr Lohn: ein Yuan am Tag. Nach vier Wochen hörte sie auf. »Ich dachte, es muss irgendwo eine Möglichkeit geben, mit so viel Arbeit mehr Geld zu verdienen«, sagt sie.

Rong kannte junge Mädchen, die das Dorf verlassen hatten, um in Peking, Shanghai, Chongqing oder Shenzhen Arbeit zu finden. Viele von ihnen kehrten einmal im Jahr zurück, um mit ihren Verwandten das Frühlingsfest, Chinas traditionelles Familienfest, zu feiern. Da liefen sie dann durchs Dorf mit ihren Walkmans, neuen Röcken und bunten Jacken, mit Lederstiefeln und rot gemalten Lippen. Manche hatten sogar ein Halskettchen um. Und Geschenke brachten sie mit. Reisschnaps für die Väter, Kuchen und Kekse und frisches Obst für die Familie. Es gab Eltern, die dank der Einkommen ihrer Kinder ihre Häuser renovieren oder sich ein Schwein anschaffen konnten. Diese Mädchen waren Rongs Fenster in eine andere Welt. Sie gaben ihr eine Ahnung davon, dass es irgendwo da draußen auch noch ein anderes Leben geben musste. Sie wusste nicht, wie es aussah und was es bedeutete, sie wusste nur, dass sie dort genug Geld verdienen konnte, um ihrer Familie zu helfen. Sie beschloss, in die Hauptstadt zu fahren. »Ich schlich mich nachts aus dem Haus«, erinnert sie sich. »Meiner Mutter hinterließ ich einen Brief, in dem ich sie um Verzeihung bat. Ich sähe keine andere Chance, Geld für die Familie zu verdienen, und sie solle sich keine Sorgen um mich machen. Ich würde ihr bald Geld aus Peking schicken.« Da war sie fünfzehn Jahre und acht Monate alt.

Es war eine kalte, sternenklare Nacht, und sie lief die sieben Kilometer zur Hauptstraße. Dort sprang sie auf einen Bus, der sie zum Bahnhof in Tianshui brachte. Im Morgengrauen stand sie auf dem Bahnsteig und wartete auf den Zug nach Peking, in der Hand eine Tüte mit allem, was sie besaß: eine Hose, zwei Hemden und ein bisschen Unterwäsche. In der Tasche hatte sie die Adresse eines Restaurants, in dem angeblich ein Mädchen aus dem Dorf arbeitete. Sicher war sie sich nicht. Sonst kannte sie niemanden in der Hauptstadt. Das Geld für das Bahnticket, einfache Fahrt, hatte sie sich von einer Freundin geliehen. Ihr Waggon war voll mit Mädchen in ihrem Alter. Sie saßen in sich zusammengesunken auf den Holzpritschen und in den Gängen, schliefen Schulter an Schulter oder starrten aus dem Fenster. Draußen zog die eintönige Landschaft des nordwestlichen China vorbei. Karge Felder und Berge verschmolzen zu einem braun-grauen Meer, kaum Bäume oder Sträucher, keine Farbflecken an die sich das Auge oder die Seele hätte klammern können.

Rong musste an die Geschichte eines Mädchens aus einem Nachbardorf denken, das vor zwei Jahren in den Süden gezogen war in der Hoffnung auf Arbeit und eine wenigstens bescheidene Zukunft. Sie war in Chengdu in der Proviz Sichuan auf einem der inoffiziellen Arbeitsmärkte gelandet, von denen es heute in jeder chinesischen Stadt mehrere gibt. Tag für Tag stehen dort schon in der Morgendämmerung hunderte junger Menschen, häufig eingepfercht hinter Zäunen wie Vieh auf dem Weg zum Schlachthof, und warten auf einen Arbeitgeber. Restaurant- und Hotelbesitzer, Bauunternehmer oder Fabrikanten kommen hierher auf der Suche nach Kellnerinnen, Putzfrauen, Tagelöhnern und Fließbandarbeitern. Sie mustern die jungen Männer und Frauen wie auf einem Pferdemarkt. Nur der Blick in den Mund fehlt.

Auf vielen dieser Märkte haben die Behörden große Warntafeln aufgestellt mit Zeitungsausschnitten, Briefen von Familienangehörigen und Fotos von verschwundenen jungen Frauen. Die meisten von ihnen wurden gekidnappt und als Bräute an

Bauern in entlegenen Provinzen verkauft. Der Menschenhandel ist in China ein florierendes Geschäft. In vielen Landstrichen herrscht Frauenmangel, und besonders Bauern fällt es schwer, eine Ehefrau zu finden. Offiziellen Angaben zufolge befreite die Polizei zwischen 1991 und 1999 mehr als 120 000 Frauen und Kinder und verhaftete über 150 000 Kidnapper. Das sind die aufgeklären Entführungen, die Mehrzahl der Fälle bleibt ungelöst.

Die meisten der Opfer sind Wanderarbeiterinnen. Sie sind jung und naiv und den Menschenschleppern schutzlos ausgeliefert. Es dauert Monate, bis ihr Verschwinden jemandem auffällt. Wenn überhaupt. Das Mädchen aus Rongs Nachbardorf war eine von ihnen. Ein Mann hatte ihr auf dem Arbeitsmarkt einen Job in einer Textilfabrik versprochen. Stattdessen verschleppte er sie in die Provinz Anhui und verkaufte sie für 3000 Yuan an einen Bauern. Zweimal versuchte sie zu fliehen, zur Strafe wurde sie von ihrem Besitzer verprügelt und vergewaltigt. Beim dritten Versuch schlug er sie tot. Ihre Geschichte kennt in Rongs Dorf jedes Mädchen. Sie fahren trotzdem. »Ich hatte Angst im Zug, richtig Angst, und sie wuchs mit jeder Stunde, die ich länger von zu Hause weg war«, erinnert sich Rong. »Wer würde mir helfen, wenn mir etwas geschieht? Wem konnte ich vertrauen? Ich wollte zurück zu meiner Mama, ich hatte ihr nicht einmal richtig auf Wiedersehen gesagt. Aber ich hatte keine Wahl. Ich musste tapfer sein, ganz tapfer. Meine Familie brauchte das Geld.«

Nach dreißig Stunden Zugfahrt erreichte sie Peking. Schon auf dem Bahnhof sprachen fremde Männer sie an. Erzählten von verlockenden Angeboten, von gut bezahlten Jobs in Fabriken oder Friseursalons. Rong wollte nichts davon hören, sie hetzte über den Platz, ihre Plastiktüte fest an den Körper gedrückt, auf der Suche nach der Busstation. Mit ihren letzten Yuan zahlte sie die Fahrt zum Restaurant. Das Mächen aus ihrem Dorf arbeitete noch dort. Ob sie vielleicht noch jemanden bräuchten, fragte Rong. Sie könne alles. Putzen. Tellerwaschen. Kellnern. Der Chef, ein dicker Chinese, der den ganzen Tag hinter seinem Tresen saß, nickte. Sie solle duschen und sich umziehen. Die

Arbeit war hart. Zwölf bis vierzehn Stunden am Tag, sieben Tage die Woche, eine Woche Urlaub im Jahr. Aber die Bezahlung war nicht schlecht. 150 Yuan im Monat, Essen und Unterkunft frei. Zwölf Monate später konnte sie 1500 Yuan nach Hause schicken. Zudem versprach der Boss, ihr eine der kostbaren »Hukous«, eine amtliche Meldebescheinigung für die Hauptstadt zu besorgen.

Die Hukous sind ein Relikt aus den Zeiten Mao Zedongs. Bis vor wenigen Jahren war es für Chinesen fast unmöglich, innerhalb des Landes von einem Ort an einen anderen zu ziehen. Sie waren in ihrem Geburtsort gemeldet, und nur wenige erhielten von den Behörden die offizielle Erlaubnis, ihren Wohnsitz zu ändern. Wer für seinen Wohnort keine Meldebescheinigung vorweisen konnte, bekam keine Arbeit, keine Wohnung, keine soziale Versorgung, konnte seine Kinder nicht in der Schule anmelden. Es war eines der vielen Instrumente, mit denen die Partei das Leben ihrer Untertanen bis in kleinste private Details kontrollierte. Die Dimension der plötzlichen Völkerwanderung macht es den Behörden heute unmöglich, sie zu verhindern, aber das Hukou-System existiert nach wie vor. Es macht die Wanderarbeiter zu illegalen Immigranten in ihrem eigenen Land.

Rongs Chef hielt sein Versprechen nicht. Auf ihre Hukou wartete sie bis zum Tag, an dem sie kündigte. »Wenn die Polizei kam, um die Papiere seiner Angestellten zu überprüfen, lud mein Boss sie zum Essen ein. Da saßen die Männer bis spät in die Nacht und aßen und tranken Bier und Reisschnaps und spielten Karten. Unser Chef verlor natürlich ein bisschen Geld, und die Beamten gingen gutgelaunt nach Hause. Er hatte sehr gute Beziehungen zur Polizei.« Sie lernte schnell, wie wichtig das war. Auf der Straße vor dem Restaurant wuschen zwei junge Männer vom Land Autos. Das war illegal, und als sie sich weigerten Schmiergeld zu zahlen, kam nach ein paar Wochen ein Dutzend Polizisten, um sie zu verhaften. Die beiden rannten davon, und die Polizei verfolgte sie durch das ganze Viertel. Auf der Flucht sprang einer von ihnen von einer Brücke in einen Fluss und ertrank.

Rong arbeitete hart und viel, und ihr Gehalt stieg nach zwei Jahren auf 500 Yuan an. Jeden Februar schickte sie 4000 Yuan nach Hause. Dennoch kündigte sie vier Jahre später. Ihr Chef hatte angefangen, sie zu belästigen. Er fasste ihr an die Brüste und zwischen die Beine und sagte, sie müsse mit ihm schlafen, wenn sie ihren Job behalten wolle. Sie hatte Glück und fand Arbeit als Oberkellnerin in einem großen Restaurant im Zentrum Pekings, das sie auch ohne Hukou einstellte. Acht Monate arbeitete sie dort, ohne je einen Yuan zu sehen. »Wir waren mehr als dreihundert Angestellte, und keiner wurde bezahlt«, erzählt sie. »Jeden Monat hatte der Chef andere Ausreden. Was sollten wir machen? Wir waren froh, überhaupt einen Job zu haben.« Als sie eines Morgens zur Arbeit kam, war das Restaurant geschlossen; auf der Straße davor saßen Kellnerinnen und weinten. Der Besitzer war samt ausstehender Gehälter abgehauen. Viele Angestellte hatten ihm ihre Ersparnisse anvertraut, weil er 20 Prozent Zinsen versprach. Manche hatten 10 000, 15 000 Yuan verloren, hatten keinen Job mehr, keine Unterkunft. Rong und ihre Kolleginnen suchten Hilfe bei der Bezirksverwaltung. Die schickte sie zum örtlichen Gericht. Dort verwies man sie ans Büro der Öffentlichen Sicherheit, das schließlich das Arbeitsamt für zuständig erklärte. »Die Männer dort schauten uns an und lächelten«, erinnert sich Rong. »Sie sagten: ›Wir helfen gerne, dafür sind wir ja da. Wo sind eure Arbeitspapiere?‹ Sie wussten genau, dass wir keine besaßen. Keine Papiere, keine Rechte, der Fall war für sie erledigt.«

Das antiquierte Hukou-System degradiert die Wanderarbeiter zu modernen Arbeitssklaven. Ihre Ausbeutung ist kein bedauerlicher Nebeneffekt des chinesischen Wirtschaftswunders, sondern eine der Voraussetzungen. Sie sind ihren Arbeitgebern, egal, ob es sich dabei um lokale Restaurantbesitzer oder internationale Investoren handelt, schutzlos ausgeliefert. Niemand muss für sie Kranken- oder Arbeitslosenversicherung zahlen, sie haben keine Altersversorgung, keinen Urlaubsanspruch, keinen

Anspruch auf irgendetwas. Sie dürfen sich nicht selbst organisieren, und es gibt in der Diktatur des Proletariats kein staatliches Organ, das sich ihrer annimmt. »Ich habe gelernt, dass ich mich auf niemanden verlassen kann, außer auf mich selber«, sagt Rong. »Die Regierung ist nutzlos. Sie tut überhaupt nichts für uns. Wer überleben will, muss sich selber helfen.«

Im nächsten Restaurant blieb sie nur vier Wochen. Man hatte ihr 550 Yuan versprochen, am Monatsende gab es dann nur 280. Sie könne ja woanders arbeiten, wenn es ihr nicht passe, hieß es. Rong ging zu einer privaten Arbeitsvermittlung. Für 150 Yuan bekam sie eine lange Liste mit Restaurants, die angeblich Kellnerinnen suchten. »Ich lief zwei Tage lang von einem zum anderen«, erzählt sie. Keines hatte eine Stelle frei. Die Vermittlung hatte die Adressen aus dem Telefonbuch abgeschrieben.

Eine Freundin besorgte ihr ihre jetzige Arbeit. Auch hier hat sie in den ersten drei Monaten von den versprochenen 800 Yuan Lohn noch nichts gesehen. Aber sie bekommt etwas zu essen und ein Bett. Rong teilt sich ein knapp 20 Quadratmeter großes Zimmer mit neun Kolleginnen. Es gibt kein fließendes Wasser, keine Heizung, und Strom nur stundenweise. Der flache Raum erinnert eher an einen Bunker oder eine Höhle als an ein Schlafzimmer. Unter der Decke hängt eine Neonröhre, im kaputten Fenster klebt Plastikfolie. Vergilbte Zeitungsanzeigen schmücken die grauen Wände. Ein gutaussehender Fußballer wirbt für Bier, spindeldürre Models preisen Kosmetik und Strumpfhosen an. Auf einem Tisch stehen zehn Blechnäpfe mit Stäbchen, daneben zehn Gläser mit Zahnbürsten und Zahnpasta. Trotz aller Trostlosigkeit wirkt der Raum so sauber und ordentlich wie ein Zimmer in einem Mädchenpensionat vor der Inspektion der Heimleiterin. Die Bettwäsche liegt sorgfältig zusammengerollt an den Kopfenden, auf jedem Bett sitzen Stofftiere zum Kuscheln: Teddybären, Hündchen, Kätzchen. Einen Kleiderschrank gibt es nicht. Ist auch nicht nötig, denn keines der Mädchen besitzt mehr, als in eine Plastiktüte passt. Die hängen an den Kopfenden an der Wand.

Rong sitzt auf ihrem Bett und knabbert an Sonnenblumen-kernen. Ihr Redefluss ist versiegt, sie druckst herum. Zögernd erzählt sie von ihren ehemaligen Kolleginnen aus dem ersten Restaurant. Sie arbeiten jetzt alle in Nachtklubs. Haben Mobiltelefone und Pager. Verdienen 5000 Yuan im Monat. IM MONAT. Mehr als Rong in einem Jahr. »Nein«, sagt sie und schüttelt den Kopf. »Ich könnte das nicht. Auf den Knien fremder Männer sitzen. Mit ihnen trinken und singen und mich von ihnen betatschen lassen. Widerlich. Ich würde meine Ehre verlieren. Ich würde Schande über meine Familie bringen.« 5000 Yuan im Monat. Ihre Eltern könnten sich ein neues Haus bauen. Ihr Vater bekäme endlich die Medizin gegen die ständigen Schmerzen im Knie. Die Ausbildung der beiden jüngeren Geschwister wäre garantiert. Sie müsste sich nur… »Nein«, sagt sie. »Nein. Niemals.«

Rong träumt davon, einmal ihren eigenen kleinen Laden zu besitzen. Einen Friseursalon vielleicht. Oder ein Restaurant. Wenn sie darüber spricht, schwärmt sie wie ein junges Mädchen von ihrem Märchenprinzen. Ihr eigener Chef möchte sie sein, unabhängig und frei, und niemand könnte sie um ihren Lohn prellen oder sie schikanieren. 150 000 bis 200 000 Yuan bräuchte sie. Da es in China keine Existenzgründungsdarlehen gibt, Banken an Privatunternehmer grundsätzlich keine Kredite vergeben und ihre Familie zu arm ist, um ihr zu helfen, muss sie das Geld ersparen. Sie rechnet: »Wenn ich im Monat 500 verdiene, kann ich im Jahr 5000 sparen, in zehn Jahren 50 000…« Wieviel hat sie schon zurückgelegt? »Nichts«, antwortet sie, erstaunt über die Frage. »So lange meine Eltern leben, bekommen sie alles, was ich entbehren kann.«

Zwei Wochen später schließt das Fischspezialitäten-Restaurant. Rong bekommt immerhin ein Monatsgehalt. Wir beschließen, zum Frühjahrsfest gemeinsam ihre Eltern zu besuchen.

Am verabredeten Tag stehen wir auf dem Bahnsteig und warten vergeblich auf Zhang Rong. Wir sehen hunderte junger

Männer und Frauen, die sich, bepackt mit Plastiktüten, Kisten, Koffern, Kartons und schweren Säcken, in den Zug nach Lanzhou, die Hauptstadt der Provinz Gansu, drängeln. Rong ist nicht dabei. Vielleicht hat sie einen früheren Zug genommen. Wir hoffen darauf, sie bei ihren Eltern anzutreffen, und steigen ein. Der Zug ist so voll wie ein Intercity am Freitagnachmittag im Ruhrgebiet. In den Tagen um das Frühjahrsfest im Februar sind alle Züge, Busse und Flüge ausgebucht, mehrere hundert Millionen Chinesen reisen kreuz und quer durchs Land zu ihren Familien. Der erste Waggon ist der sauberste; weiße, frisch bezogene Betten, makelloser Teppichfußboden. Er ist reserviert für hohe Beamte und Parteifunktionäre. Da an diesem Tag offensichtlich kein Offizieller von Peking nach Lanzhou reisen möchte, haben es sich ein paar Schaffner und der Zugpolizist dort bequem gemacht. Mit ärgerlichen Mienen und unwirschen Gesten vertreiben sie die Fremden. Die nächsten Wagen gleichen Schlafsälen auf Rädern. In einer Art Koje stehen jeweils sechs spärlich gepolsterte Pritschen, je drei übereinander, zum Gang hin offen. Hier reist Chinas neue Mittelklasse. Die Männer tragen Anzüge und Krawatten, es gibt mehr Mobiltelefone als in einem ICE. In den Gepäcknetzen liegen richtige Koffer. Die meisten Reisenden schlafen oder dösen, manche lesen oder spielen Karten. Es bleibt die ganze Fahrt über so ruhig, als wäre der Zug leer. Die jungen Wanderarbeiter verbringen die dreißig Stunden in der dritten Klasse auf notdürftig bezogenen Holzbänken mit Rückenlehnen im 90-Grad-Winkel. Klaglos hocken sie dichtgedrängt, schlafen im Sitzen, den Kopf auf dem Tisch oder der Schulter des Nachbarn. Sie liegen auf ihrem Gepäck in den Gängen oder zwischen den Waggons, apathisch, mit offenen Augen. Die meisten sind um die zwanzig Jahre, ihre müden, erschöpften Gesichter lassen sie älter aussehen.

Draußen zieht eine trostlose Landschaft vorbei. Graue Felder, denen graue Orte, denen graue Felder folgen. Einzige Farbtupfer in der Weite sind die roten, blauen und gelben Plastiktüten, die der Wind in die wenigen Bäume und Sträucher gepustet hat. Je weiter wir uns von Peking entfernen, desto weniger Baukräne und Neubauten sehen wir. Stattdessen alte Fabriken oder ihre Ruinen, Schlote, die tiefschwarzen Qualm in die Luft blasen. Auf den Feldern gibt es keine Maschinen zu sehen. Die Bauern graben das Land mit der Hand um, sie säen und ernten mit der Hand. Ochsenkarren und Pferdekutschen sind ein seltener Luxus. Hubei, Henan, Shanxi und Gansu gehören zu den ärmsten Provinzen im Reich der Mitte.

In Tianshui nehmen wir uns ein Taxi. Eine neue Straße führt zu ihrem Dorf, hatte Rong gesagt. Wir hatten an etwas Asphaltiertes gedacht, stattdessen hoppeln wir im Schritttempo über eine Mischung aus Feldweg und ausgetrocknetem Flussbett. Das Land ist jetzt bergig und braun statt grau. Auch hier hat kaum ein Baum den jahrtausendelangen Raubbau überlebt. Ein durstiges Land. Den Boden durchziehen tiefe Risse, wie wir sie von Bildern der Dürrekatastrophen aus Afrika kennen. Wir fahren am Ufer eines einst über hundert Meter breiten Flusses entlang. Er ist zu einem Rinnsal verkommen. Die Gegend menschenabweisend zu nennen wäre untertrieben. Menschenfeindlich. Und doch haben die Bauern den Bergen das Land zentimeterweise abgerungen. Was auf den ersten Blick nach steilen Hängen aussieht, entpuppt sich aus der Nähe als mühsam angelegte Terrassenfelder, die sich fast bis zu den Kuppen ziehen. China muss seine annähernd 1,3 Milliarden Menschen, 21 Prozent der Weltbevölkerung, mit nur knapp 7 Prozent der landwirtschaftlich nutzbaren Fläche der Erde ernähren.

Den Auftakt zu Rongs Dorf bildet ein weiträumiger, halb runder Platz. Im Staub stehen drei Billardtische, umlagert von drei Dutzend Jugendlichen. Im Schatten eines Hauses sitzen alte Männer und Frauen, manche haben ihre Enkel auf dem Schoß. Ein Mann hockt neben einer Plastikplane im Sand und bietet von der Sonne vergilbte Tüten mit Keksen und Bonbons an. Die Menschen verharren reglos, schauen stumm auf das Auto mit den Fremden. Ihre Blicke ähneln denen der Dorfbewohner in einem Western, wenn der steckbrieflich gesuchte Bankräuber durch den Ort reitet. Rongs Familie lebt hinter einer Mauer aus Sand und Lehm auf einem Hof mit zwei kleinen Häusern. In einer Ecke liegt die offene Küche mit der Feuerstelle, gegenüber, neben dem Schweinestall, die Latrine. Auf dem Hof stehen ein paar Geräte, Harke, Besen, Schaufel und Forke, zwischen den Häusern hängen lange Unterhosen und Jacken zum Trocknen.

Rong ist nicht da. Doch die Familie begrüßt uns, als wären wir alte Freunde, und lädt uns ein zu bleiben, so lange wir möchten. Ihr Vater, Zhang Mei, holt einen kleinen, flachen Tisch, ein paar Holzhocker und eine Flasche Reisschnaps aus dem Haus. Armut und Alkohol haben ihm Zähne und Gesundheit geraubt. Mit den tiefen Falten, eingefallenen Wangen und dem trümmerhaften Gebiss sieht er aus wie Mitte siebzig und ist doch zwanzig Jahre jünger. Die Gelder, die die fünf Töchter als Wanderarbeiterinnen verdienen, haben der Familie in den vergangenen Jahren im Vergleich zum Rest des Dorfes einen ansehnlichen Lebensstandard beschert. Sie sind die ersten, die einen Farbfernseher besitzen, daneben stehen eine Karaoke-Anlage und ein CD-Spieler. Im kommenden Jahr möchte der Vater als erster im Dorf ein Telefon kaufen. Sie essen regelmäßig Fleisch und wollen demnächst eines der beiden baufälligen Lehmhäuser durch einen Backsteinbau ersetzen. Der Vater ist dankbar und stolz auf seine Töchter und ihre Überweisungen. »Ohne sie würden wir noch immer von gedämpftem Brot und Reis leben«, nuschelt er durch die schwarzbraunen Zähne.

Die Arbeit, die Bescheidenheit und Familienverbundenheit junger Menschen wie Rong helfen dem Regime in Peking gleich auf zweifache Weise. Es macht China als Billiglohnland attraktiv für Auslandsinvestitionen, und die Gelder, die die Kinder an ihre Eltern schicken, lindern die Armut der Bauern ein wenig und stabilisieren damit die Gesellschaft und das politische System. Über 800 Millionen Chinesen leben auch heute noch auf dem Land. Unterhalb der Armutsgrenze mit einem US-Dollar am Tag befinden sich nach Angaben der Regierung knapp hundert Millionen von ihnen, nach Schätzungen der Weltbank sind es ein Drittel. Die Kluft zwischen den prosperierenden Küstenregionen und den darbenden Provinzen im Binnenland wächst mit jedem Jahr. Mit Protesten und zuweilen gewalttätigen Demonstrationen wehren sich die Bauern gegen die ungleiche Verteilung des neuen Wohlstands. Inoffiziellen Pekinger Angaben zufolge kam es 1997 zu mehr als 10 000 Zwischenfällen in Siedlungen, Dörfern und Kleinstädten. Bauern blockierten Bahngleise, verprügelten Funktionäre, stürmten Rathäuser und Parteizentralen, protestierten gegen ständig steigende Steuern und Abgaben. »Ohne Stabilität auf dem Land kann es keine Stabilität im Land geben«, warnte eine Studie der Partei. »Ohne Prosperität für die Bauern keine Prosperität für China.« Die Regierung versucht die Probleme auf lokaler Ebene zu lösen. Sie nimmt örtliche Steuern zurück, zahlt Entschädigungen, verspricht schnelle, unbürokratische Hilfe in Notfällen, straft allzu korrupte Beamte. Im vergangenen Jahr widmete sie erstmals eine ganze ZK-Tagung der angespannten Situation auf dem Land und gab den Bauern das Recht, ihre Felder für weitere dreißig Jahre zu pachten. Die Pekinger Führung hat aus der chinesischen Geschichte gelernt, sie weiß um die Gefährlichkeit von Bauernaufständen. Bauern stürzten 206 vor Christus die Qin-Dynastie, gegründet vom blutrünstigen ersten Kaiser, der das Riesenreich erstmals einte und die Große Mauer bauen ließ. Bauern waren beteiligt, als 1644 das Herrschaftshaus der Ming zu Fall kam. Bauern ermöglichten den Sieg der Kommunisten im Bürgerkrieg 1949. »Bauernaufstände sind die wahre Triebfeder unserer historischen Entwicklung«, erkannte Mao Zedong.

Zhang Mei hat in den vergangenen Jahren sechs Steuererhöhungen erlebt, angeblich zur Finanzierung der neuen Straße und der Gehälter zusätzlich eingestellter Beamter. Von denen aber hat er noch nichts gesehen, nichts gehört. Proteste gab es im Dorf bisher dennoch keine. »Wir wüssten ja gar nicht, wo und wann und gegen wen«, sagt Zhang Mei. Die Kontakte zum offiziellen China beschränken sich auf den jährlichen Besuch eines Beamten aus Tianshui. Der hält auf einer Dorfversammlung eine

Rede, appelliert an revolutionären Eifer und Opferbereitschaft, treibt anschließend die Steuern und Abgaben ein und verschwindet wieder bis zum nächsten Jahr. Eine Zelle der Kommunistischen Partei existiert im Dorf, wie in über einem Drittel der Gemeinden Chinas, schon seit Jahren nicht mehr. Eine Art Bürgermeister, den die Bewohner 1981 selbst wählen durften, regiert im Alleingang. Es gibt keine Versammlung, keine Diskussionen, und weitere Wahlen wurden vom Amtsinhaber vorsichtshalber abgeschafft. Hätte Zhang Mei gern ein Mitspracherecht? Wäre er gern mehr in die Dorfangelegenheiten involviert? Der alte Mann ist entsetzt, allein schon bei der Vorstellung. »Auf gar keinen Fall. Wer überleben will, muss sich aus allem raushalten. Politik ist in China unberechenbar und für uns kleinen Leute viel zu gefährlich.«

Zhang Meis einzige Sorge gilt seinen Kindern. Wann werden die Töchter heiraten? Ihre Hochzeiten sind entscheidende Daten für die Familie, denn danach gehören sie zum Clan des Ehemannes und zahlen nicht mehr für die Altersversorgung ihrer Eltern. Die können sich nur auf ihren Jungen verlassen, deshalb war ihnen ein Sohn so wichtig. Nein, so weit wir wissen, hat Rong noch keinen Freund. »Ich bin froh, dass die Kinder aus dem Haus sind«, sagt er zum Abschied. »Hier haben sie keine Zukunft. Das Leben in der Stadt ist sicher nicht einfach, aber besser als in unserem Dorf ist es bestimmt.« Er beendet den Satz nicht wirklich. Seine Stimme hängt seltsam in der Luft. Es sollte eine Feststellung sein und klang doch fragend, hoffend, mehr zweifelnd als überzeugt.

Zurück in Peking erreichen wir Rong ein paar Tage später bei einer Freundin. Sie entschuldigt sich, erklärt, dass sie nicht kommen konnte. Es sei etwas dazwischen gekommen. Nächstes Jahr bestimmt, und dann bringt sie Geld mit für die Eltern. Viel Geld. Sie arbeitet wieder, sagt sie. In einem Nachtklub.

4

»Die Zeiten ändern sich.
Selbst in China, oder nicht?«

Im Namen des Vaters, des Sohnes und des Heiligen Geistes.
Amen. – Das Beten der knapp zwanzig Gläubigen durchflutet
die Kirche wie Chorgesang eine Kathedrale. Es füllt sie aus wie
Weihrauch, der unter das Dach und in den Glockenturm steigt
und bis in den letzten Winkel des Kirchenschiffes dringt. Die
Stimmen klingen fest und laut und unbeirrt, fast trotzig. Es sind
die Stimmen von Menschen, die ihren Platz gefunden haben.
»Vater vergib uns unsere Sünden…« Sie stehen auf und knien
nieder. Draußen bellen Hunde, gackern Hühner. Es ist kalt in der
Kirche, höchstens ein paar Grad über Null. Auf dem schlichten
Altar eine Kerze und ein kleiner gekreuzigter Jesus, darüber ein
Kabel mit einer nackten Glühbirne. Hinter dem Altar hängt ein
großes Jesusposter, davor liegt ein Strauß Plastikblumen. In einer
Ecke steht eine kaputte Heimorgel, abgedeckt mit einer Plastikplane. An den weißgekalkten Mauern hängen ein Dutzend Bilder mit Bibelszenen. Kreuzigung. Auferstehung. Himmelfahrt.
Sie sehen aus wie alte, vergilbte Kalenderblätter. Mehr Dekoration gibt es nicht. Keine Ornamente, keine Holzschnitzereien,
keine Wandbemalung. Stattdessen Spinnweben, Schmutz und

bröckelnder Putz. Die katholische Kirche in Dali, Provinz Yunnan, ist kein Ort für Kunsthistoriker.

Sie ist karg und nackt und frei von allem, was von ihrer eigentlichen Bestimmung ablenken könnte. Ihre Besucher kommen nicht, um Maler, Bildhauer oder Architekten zu bewundern. Sie kommen, um zu beten. Um Schutz, Halt, Sinn, Trost oder Beistand zu finden. Dieses Gotteshaus ist in seiner Schlichtheit beeindruckender und anrührender als viele große Kathedralen in Europa.

Der Messdiener, ein junger Mann mit den kräftigen, schwieligen Händen eines Bauern, reicht Priester Gregorie die Hostie, dann den Messwein. Die Gläubigen stehen auf und gehen langsam nach vorn, einer nach dem anderen, um die Kommunion zu empfangen. Zuerst der alte Bernard-Marie. Fünfundzwanzig Jahre saß er im Arbeitslager, weil er eher gestorben wäre, als sich von diesem Sakrament loszusagen. Ihm folgt die 91-jährige Nonne. Sie schleppt sich zum Altar, mühsam und mit gebücktem Kreuz, als wolle sie etwas aufheben. Sie musste mit ansehen, wie die Roten Garden während der Kulturrevolution Kreuze und Messbecher zerschlugen, Bibeln verbrannten, die Kirche entweihten und in eine ihrer Versammlungshallen verwandelten. Hinter ihr gehen die drei jungen Nonnen, ihre Gesichter sind noch fast kindlich, die Wangen von der Kälte gerötet. Dann kommen die Gemeindemitglieder, ein paar ältere Männer und Frauen in blauen, gefütterten Mao-Jacken und schwarzen Pantoffeln. Dazwischen zwei jüngere Familien, Paare um die dreißig mit kleinen Kindern. Auch sie knien nieder, bekommen ein Stück Oblate, gehen andächtig durch den Mittelgang zurück, bleiben vor dem Ausgangsportal stehen, schließen die Augen und bekreuzigen sich. Gesten, für die ihre Eltern noch ins Gefängnis gekommen wären. Heute werden sie offiziell geduldet, und mehr und mehr Gläubige nutzen die wachsende Toleranz des Staates.

Chinas Kirchen sind so voll wie noch nie in diesem Jahrhundert. Nach offiziellen Angaben gibt es rund 28 000 protestantische Kirchen mit 10 Millionen Gläubigen und über 4 Millionen Katholiken, die in mehr als 5000 katholischen Kirchen beten. Das heißt, es gibt heute in China weitaus mehr Christen als bei der Gründung der Volksrepublik 1949. Die inoffiziellen Zahlen liegen noch um ein Vielfaches höher, internationale christliche Organisationen, die in China arbeiten, schätzen die Zahl der Gläubigen auf bis zu 50 Millionen. Einen ähnlichen Zulauf erleben Buddhisten, Muslime und vor allem die hunderte von inoffiziellen Sekten und Kulten, die in den vergangenen zwanzig Jahren in China entstanden sind. Ihre plötzliche Popularität verdanken die verschiedenen Religionen dem Niedergang der Partei und ihrer Ideologie. Früher – unter Mao – bedeutete politische Führung gleichzeitig auch geistige und spirituelle Führung. Die kommunistische Staatsideologie versprach, alle Probleme dieser Welt zu lösen, die KP sagte ihren Untertanen genau, was als moralisch richtig oder falsch zu bewerten war und wie sie sich in welchen Situationen zu verhalten hatten. Spätestens seit der Kulturrevolution hat die Partei ihre Glaubwürdigkeit verloren. Entstanden ist ein Vakuum, eine moralische und spirituelle Leere, in der es keine Ideologie, keine Institution, keinen Glauben mehr gibt, den die Mehrheit der Chinesen teilt und der sie lehrt, was Gut und Böse, was Recht und Unrecht ist.

Die Beliebtheit der Sekten beruht auf ihrer Mischung aus altem chinesischem Aberglauben, buddhistischen und daoistischen Einflüssen, verbunden mit »Qi-Gong«, einer traditionellen chinesischen Lehre, die aus verschiedenen Heilungs- und Atemtechniken, Meditation und Kampfsport besteht. Viele von ihnen verdammen die chinesische Konsumgesellschaft, verteufeln moderne Wissenschaft und Technik und prangern die sich immer weiter ausbreitende Korruption an. Sie predigen Bescheidenheit, Disziplin und Selbstbesinnung, und manche versprechen ihren Mitgliedern Wunderheilung und übernatürliche Kräfte, wenn sie den Lehren der Sektenführer folgen. Sie bieten Orientierung, Hoffnung und den Schutz einer Gemeinschaft in einer

Zeit, in der alte Sicherheiten, Werte und Wahrheiten zerfallen sind.

Die größte und einflussreichste unter den neuen Sekten, Falun Gong, bewies im Frühjahr 1999 eindrucksvoll ihre Popularität und organisatorischen Fähigkeiten. An einem Sonntag im April demonstrierten mehr als 10 000 Anhänger vor dem schwer bewachten und für die Öffentlichkeit gesperrten Regierungsviertel in der Hauptstadt für die offizielle Anerkennung der Sekte. Es war der größte Protest in China seit den blutigen Studentenunruhen im Sommer 1989. In einem friedlichen Sitzstreik blockierten die aus dem ganzen Land angereisten Gläubigen über zwölf Stunden lang Straßen und Fußwege vor den Mauern, hinter denen die mächtigsten Männer Chinas leben und arbeiten. Diese Demonstration traf die Polizei völlig unvorbereitet, und die Überraschung der Sicherheitskräfte zeigte, welche Macht und welchen Einfluss religiöse Bewegungen in China heute wieder haben.

Die Regierung steht der Renaissance der Religionen misstrauisch und ratlos gegenüber. Hatte sie ihren Untertanen nicht jahrzehntelang gepredigt, dass Religion nichts als Opium fürs Volk sei, Priester, Pfarrer, Imame, Mönche und Sektenführer in Gefängnisse und Arbeitslager gesperrt, Kirchen, Moscheen und Tempel beschlagnahmt und zerstört. Mit dem Beginn von Dengs Reformen war die systematische Verfolgung der Kirchen zu Ende gegangen. Auf dem Papier herrscht in China Religionsfreiheit. Artikel 36(3) der Verfassung der Volksrepublik besagt: »Der Staat schützt normale religiöse Aktivitäten. Niemand darf Religion nutzen, um die öffentliche Ordnung zu stören, die Gesundheit der Bürger zu gefährden oder sich in das öffentliche Erziehungssystem einzumischen.« Was »normal« in diesem Zusammenhang bedeutet, wird nicht erklärt. In der ambivalenten Wortwahl, dem eingeschränkten Versprechen des Schutzes verbunden mit Warnungen drückt sich das Misstrauen der Machthaber gegenüber den Gläubigen aus. Die Geschichte von Pater Gregorie und den Katholiken in Dali macht deutlich, was dies im

Alltag bedeutet. Sie beschreibt exemplarisch, mit welchen Problemen und Widersprüchen eine religiöse Gemeinde in China auch zu Beginn des 21. Jahrhunderts noch zu kämpfen hat.

Gregorie kommt nach dem Gottesdienst als letzter aus der Kirche. Ohne sein weißes Priestergewand sieht er noch kleiner und schmächtiger aus. Das faltenlose Gesicht, der brave Seitenscheitel und der zarte Oberlippenflaum lassen ihn jünger erscheinen als seine zweiunddreißig Jahre. Er steht vor der Kirche, die Bibel unter dem Arm, wippt mit den Füßen und freut sich. Zwanzig Besucher bei der Sonntagsmesse. Das ist eine stolze Zahl in Dali, auch wenn in der Kirche zehnmal so viele Menschen Platz hätten. »Zur Weihnachtsmesse vor ein paar Wochen kamen sogar über hundert Gläubige, und zu Neujahr fast achtzig«, erzählt er mit seiner hellen, weichen Stimme. »Ich bin erst seit neun Monaten hier, und davor gab es zehn Jahre lang keinen Priester. Wir fangen ganz von vorn an.«

Als er an einem verregneten Tag im April 1998 in Dali ankam, bestand die Gemeinde aus der 91-jährigen, halbblinden und fast tauben Nonne. Sie hauste in einem baufälligen, einstöckigen Gebäude neben der Kirche und lebte von den Almosen der Nachbarn. Es gab keine Küche, keinen Strom, kein fließendes Wasser. Die Kirche war verschlossen und seit Jahren nicht benutzt. Vor ihm hatten bereits drei Kandidaten die Berufung abgelehnt: kein Geld, keine Gemeinde und notorisch feindlich gesinnte lokale Behörden. Dali galt als hoffnungsloser Fall. »Mir machte das nichts aus. Ich hatte mich auf das Schlimmste vorbereitet«, sagt Gregorie. »Ich bin nicht Priester geworden, um ein komfortables Leben zu führen.«

Es ist ein sonniger, ungewöhnlich warmer Wintermorgen geworden. Wir setzen uns auf eine Bank vor der Kirche. Vor uns ragen die über 3000 Meter hohen, schneebedeckten Berge der Provinz Yunnan in den blauen, wolkenlosen Himmel. Es riecht nach Frühling. Die drei jungen Nonnen nutzen das milde Wetter und waschen sich auf dem Hof die Haare. Aus einem verbeulten Pott kippen sie gekochtes Wasser in eine Plastikschüssel,

Warmwasser gibt es nicht. Geschützt durch eine meterhohe Mauer, wirkt das Grundstück wie eine Oase der Ruhe, eine Fluchtburg. Von außen ähnelt die Holzkirche mehr einem chinesischen Tempel als einem christlichen Gotteshaus. Sie wurde 1922 mit dem Geld französischer Missionare gebaut, aber nur die dicken Grundmauern und die kleinen Fenster im romanischen Stil zeugen von europäischem Einfluss. Der Rest ist eine Mischung aus chinesischer Architektur und der Bauweise der Bai, der lokalen Minorität. Der Glockenturm hat drei im klassischen chinesischen Stil geschwungene Dächer, das Portal stützen kräftige rote Holzsäulen wie vor einem alten chinesischen Haus. Über dem Eingang hängen holzgeschnitzte Drachen und Fabeltiere, Kreuzungen aus Hasen und Füchsen, Rehen und Fischen. Keine Spur von Jesus, der Jungfrau Maria oder anderen Heiligen. Nur das weiße Holzkreuz auf der Spitze des Glockenturms erinnert an die christliche Bestimmung.

Die Kirche bedarf dringend der Renovierung. Der Glockenturm ist bedrohlich morsch, die Farbe blättert von Balken und Schnitzereien, das Holz verrottet. Aber an Restaurierung ist nicht zu denken. Die Gemeinde hat einen jährlichen Haushalt von 4000 Yuan. Das reicht oft nicht einmal für die Mahlzeiten. Es gibt keine Kirchensteuern und keine Subventionen vom Staat. Die Hälfte des Budgets muss durch Spenden hereinkommen, die andere Hälfte bringt die Diözese in der Hauptstadt Kunming auf. Mit dem Geld soll Gregorie die Kirche instand halten, Bibeln kaufen, sich und die Nonnen ernähren und seine Reisen in die entlegenen Winkel seiner Gemeinde finanzieren. Sie erstreckt sich über fast die Hälfte der Provinz; es sind hunderte von Dörfern, drei Dutzend Kirchen und schätzungsweise 60 000 bis 70 000 Gläubige. Um sie zu besuchen sitzt Gregorie tagelang in Überlandbussen, juckelt auf Holzbänken durch die einsamen Bergschluchten Yunnans, eingepfercht zwischen Hühnern und Schweinen. Zweimal haben ihn Parteisekretäre in den Kerker gesperrt, weil sie von Religionsfreiheit noch nichts gehört hatten. »In vielen Dörfern leben die Christen noch in derselben Angst wie während der Kulturrevolution«, berichtet der Priester. »Sie wissen nicht um ihre Rechte. Sie werden schikaniert und verfolgt von Parteikadern, Bürgermeistern und Polizisten, die machen können, was sie wollen. Sie sind so weit weg, dass niemand Rechenschaft verlangt.«

Um neue Geldquellen zu erschließen, renoviert Gregorie ein altes chinesisches Haus mit großem Innenhof, das der Kirche gehört. Es soll ein Gästehaus für Touristen werden. Die 65 000 Yuan, die er bisher dafür aufgewendet hat, waren seine persönliche Ersparnisse und Darlehen von Freunden. »Wir können uns nicht aufs Predigen und die Bibel beschränken, wir müssen ein Teil der lokalen Wirtschaft werden«, sagt er. »Sonst nimmt uns niemand ernst. Wir müssen Arbeitsplätze schaffen, Jugendliche beschäftigen und sie gleichzeitig zum Christentum bekehren.« Mit den Einnahmen aus der Pension will er kirchliche Sozialarbeit im westlichen Stil finanzieren. Einen Kindergarten vielleicht. Eine Erste-Hilfe-Station mit Krankenschwester. Oder Treffpunkte für Jugendliche und die Alten, die tagein, tagaus in den Parks und auf den Straßen der Stadt hocken. Viele christliche Gemeinden in China sehen darin ihre Zukunft. Die drastisch gekürzten Sozialausgaben, das Ende der kostenlosen staatlichen Versorgung von der Wiege bis zum Grab – das ist ihre Chance, eine größere Rolle im Alltag auch nicht christlicher Chinesen zu spielen. Sie können Aufgaben übernehmen, die sie zum ersten Mal in der Geschichte des Landes zu einem unverzichtbaren Bestandteil der Gesellschaft machen würden.

Pater Gregorie zeigt uns sein Quartier. Wir steigen eine morsche Holztreppe hinauf. Das Zimmer ist selbst an diesem warmen Morgen kalt, dunkel und feucht. Keine 12 Quadratmeter groß. Holzplanken. Ein Bett aus Sperrholz mit Strohmatte. Zwei dünne Decken gegen den nächtlichen Frost. Auf dem Schreibtisch die Bibel, daneben ein paar Geschichts- und Lyrikbücher und ein gelber Plastikbecher mit Zahnbürste. Wände und Decke waren einmal mit Zeitungen tapeziert, nun hängen nur noch vergilbte Fetzen herum. An einem Nagel hängt eine

Plastiktüte mit seinem persönlichen Besitz: zwei zusätzliche Hosen, ein Paar Schuhe, Socken, Unterwäsche und ein Pullover. Seinen größten Luxus, einen alten, leiernden Kassettenrekorder, hat er vor kurzem einem Freund geschenkt. Strom und Batterien waren zu teuer. Der Raum dient als Büro, Schlaf- und Wohnzimmer. Eine Toilette gibt es nicht. Stattdessen ein dreckiges, stinkendes Loch in der Erde hinter dem Haus.

Warum, wollen wir wissen, lebt er unter diesen Umständen? Er, der außergewöhnlich talentierte Schüler, dem im wirtschaftlich boomenden China alle Möglichkeiten offen standen? Warum wurde er nicht einer dieser jungen, dynamischen Geschäftsmänner wie die anderen begabten Klassenkameraden? Warum zog er nicht nach Shanghai, Shenzhen oder eine der anderen prosperierenden Städte an der Küste? »Weil mir Geld nichts bedeutet.« Es könnte wie eine Floskel klingen. Tut es aber nicht. Nicht aus seinem Mund, nicht in dieser kärglichen Hütte, nicht in dieser selbstgewählten Armut.

Pater Gregorie erzählt von seinen Eltern, seinen Onkeln und Tanten, alles strenggläubige Katholiken. Von einem Cousin, der seine Religiösität mit zehn Jahren Arbeitslager bezahlte. Von seiner Großmutter, die junge Parteipioniere Ende der 50er Jahre vor den Augen der Familie zu Tode prügelten, weil sie ihrem Glauben nicht abschwören wollte. Er war in einem Dorf in der Provinz Yunnan aufgewachsen, das um die Jahrhundertwende aus Dankbarkeit vollständig zum Katholizismus konvertiert war. Damals hatten Großgrundbesitzer die Bauern tyrannisiert, und es waren französische Missionare, die den Farmern halfen, sich zu wehren, und der Ausbeutung ein Ende machten. »Es gab keine Kirche in unserem Ort und keine Bibel in unserer Familie«, sagt er. »Das war zu gefährlich. Und trotzdem stand Jesus Christus im Mittelpunkt unseres Lebens. Schon als kleiner Junge sah ich, wie viel Kraft der Glauben meinen Eltern gab. Sie hatten keine Angst, nicht einmal während der Kulturrevolution. Sie sagten ›Gott gibt uns die Kraft‹, und diese Stärke beeindruckte mich mehr als alles andere auf der Welt.«

Gregorie konvertierte mit dreizehn Jahren zum Katholizismus. Im Gegensatz zum Westen bekommen Christen in China ihren Glauben nicht in die Wiege gelegt. Der Kirchenbeitritt ist eine bewusste Entscheidung. Als er sechzehn war, legte er die Aufnahmeprüfung für das katholische Seminar in Kunming ab. Acht Jahre lebte er in der Provinzhauptstadt und arbeitete als Buchhalter für die Diözese. Der Bischof wurde auf den begabten jungen Mann aufmerksam und unterrichtete ihn fast jeden Abend in Französisch, Geschichte, Philosophie und Religionswissenschaften. Er bereitete ihn auf das Priesterseminar in Peking vor, Gregories größter Traum. Die Prüfung bestand er auf Anhieb. »Zur selben Zeit boten mir Freunde an, in ihr florierendes Computer-Unternehmen einzusteigen. Sie suchten einen Buchhalter und Partner. Das war meine Chance. Ich wolle darüber nachdenken, versprach ich. Aber in mir revoltierte es. Etwas schrie laut NEIN. Ich spürte, dass mich Geld und Wohlstand nicht interessierten. Ich wollte lernen, ich suchte nach Wissen und Weisheit.« Viereinhalb Jahre studierte Gregorie in Peking. In dieser Zeit musste er »die schwierigste Entscheidung meines Lebens treffen: Wollte ich Lehrer oder Priester werden? Ein Jahr lang dachte ich darüber nach, wanderte jeden Abend den Campus auf und ab. Ich analysierte meine Stärken und Schwächen, meine Werte und Prioritäten. Ich wollte mir ganz sicher sein. Ich wusste: Es gibt kein Zurück.«

Als Lehrer an einem kirchlichen Seminar hätte er Frau und Kind haben können, für Priester gilt der Zölibat, und ein Privatleben ist schon fast eine Sünde. Außerdem steht er in der Gemeinde unter der strengen Beobachtung eines argwöhnischen Staates. Christliche Kirchen in China sind keine unabhängigen Institutionen wie im Westen. Sie unterstehen der staatlichen »Patriotischen Gesellschaft«, deren Aufgabe es ist, die Kirchen zu kontrollieren. Für die Katholiken bedeutet dies, dass sie den Papst nicht als Oberhaupt anerkennen dürfen. Seit fünfzig Jahren gibt es keine diplomatischen Beziehungen zwischen der Volksrepublik und dem Vatikan. Chinesische Bischöfe werden von der Patriotischen Gesellschaft, nicht vom Papst ernannt. Über jeden Priester führt die Staatssicherheit eine Kaderakte, so dass politisch aktive Kandidaten keine Chance haben. Die chinesische Regierung fürchtet Katholiken und Protestanten gleichermaßen. Sie weiß, welche Rolle die katholische Kirche beim Sturz autoritärer Regime in Polen und anderen osteuropäischen Ländern wie auch in Lateinamerika spielte. Christliche Missionare hatten im 18. und 19. Jahrhundert die Autorität der Qing-Dynastie untergraben und 1911 mit zum Sturz des letzten Kaisers beigetragen. Das Christentum war im 18. Jahrhundert Auslöser für eine der längsten und blutigsten Rebellionen in der chinesischen Geschichte, den Taiping-Aufstand. Der Anführer Hong Xiuquan hielt sich für Jesu jüngeren Bruder, nachdem er Traktate protestantischer Missionare gelesen hatte. Seine Mischung aus hausgemachter christlicher Lehre und Hass auf Großgrundbesitzer und korrupte Beamte war besonders unter der Landbevölkerung populär. Millionen Gläubige folgten ihm. Seine Truppen eroberten ganz Südchina, das er zwischen 1853 und 1864 von Nanjing aus regierte. Nur mit Mühe und unter größten Opfern gewann die Armee der Qing-Dynastie die entscheidende Schlacht. Sonst wäre China heute womöglich ein christliches Land.

Aber Peking misstraut nicht nur den Christen. In einer Studie kam die Parteiführung 1997 zu dem Schluss, dass »radikale religiöse Aktivitäten« zu den sieben wichtigsten Faktoren gehören, die die innere Stabilität gefährden könnten. Die Angst ist der Grund für das rigorose Vorgehen gegen die Falun-Gong-Sekte. Sie wurde im Juli 1999, drei Monate nach ihrer spektakulären Demonstration im Zentrum der Hauptstadt, verboten. Die Polizei beschlagnahmte im ganzen Land Bücher und Broschüren und verbrannte sie auf offener Straße. Sie verhaftete tausende von Gläubigen, darunter über 1200 Funktionäre der KP. In einem Propagandafeldzug beschrieb die Regierung die Sekte als einen Kult, der seine Mitglieder zum »Mord anstiftet und in den Wahnsinn treibt« und eine »massive Bedrohung« für die chinesische Gesellschaft sei. Die harsche Reaktion auf einen friedlichen Protest, der nicht einmal politische Reformen forderte, sondern lediglich die Anerkennung einer Glaubensgemeinschaft, zeigt, wie unsicher das Regime ist und wie bedroht es sich durch religiöse Gruppen fühlt, Buddhisten und Muslime eingeschlossen. In der hauptsächlich von Muslimen bewohnten autonomen Region Xinjiang im Nordosten kämpfen bewaffnete Muslime für die Unabhängigkeit. Sie stehen im Verdacht, in den vergangenen Jahren im ganzen Land zahlreiche Bombenanschläge verübt zu haben. Den Dalai Lama beschuldigt Peking, den Buddhismus zu benutzen, um für die Unabhängigkeit Tibets zu kämpfen.

Es gibt Christen, die in so genannte »Untergrundkirchen« fliehen, um der staatlichen Kontrolle und Gängelung zu entgehen. Diese Gemeinden ignorieren die offiziellen Auflagen und Vorschriften und haben mit der staatlichen »Patriotischen Gesellschaft« nichts zu tun. Ihre Mitglieder bestimmen ihre eigenen Führer und treffen sich heimlich zu Gottesdiensten in Privathäusern. Sie leben in ständiger Angst vor der Polizei, und hunderte, vermutlich tausende von ihnen sitzen wegen ihrer illegalen kirchlichen Aktivitäten im Gefängnis. »Es ist verständlich und unvermeidbar, dass Menschen Zuflucht in der Untergrundkirche suchen, wenn die offizielle Gemeinde nur ein Handlanger des Staates ist«, sagt Pater Gregorie. Nein, ein Priester als Staatsdiener will er nicht werden. Er besucht die Dörfer in seiner Gemeinde, so oft er will, obwohl er für jede Reise eine offizielle Genehmigung bräuchte. Er beherbergt Ausländer, ohne vorher um Erlaubnis zu fragen.

Und er kämpft. Da ist die Sache mit den Grundstücken zum Beispiel. Gregorie schätzt, dass seiner Gemeinde in Dali rund 300 000 Quadratmeter Grund und Boden gehören. Ein Gesetz von 1980 verpflichtet die Behörden landesweit, den Kirchen die während der Kulturrevolution enteigneten Grundstücke zurückzugeben. Doch in Dali interessiert das weder die Partei noch die Verwaltung. »Die Berge sind hoch, und der Kaiser ist weit weg« beschreibt ein altes chinesisches Sprichwort jenes Problem, das bisher jeder Dynastie zugesetzt hat: die Schwierigkeit der Zentralregierung, alle Provinzen und Regionen zu kontrollieren. Ob unter den Song, Ming oder Qing, immer drohte das Riesenreich auseinanderzubrechen; es entstanden inoffizielle Fürstentümer, in denen kleine Herrscher regierten, die sich um die Direktiven aus der Hauptstadt nicht scherten. Bis heute ist das, trotz modernster Telekommunikation, eines der größten Probleme für die Regierung in Peking.

»Die Gesetze in China sind nicht kirchenfeindlich, aber die Bürokraten in den Provinzen, die sie anwenden und umsetzen, sind es«, sagt Gregorie und erzählt von seinem Streit mit der Stadtverwaltung. Vor einigen Jahren hatte eine Maschinenfabrik ein Haus auf dem Grundstück der Gemeinde gebaut, keine drei Meter von der Kirche entfernt. Heute steht es leer. Als Gregorie ein paar Wochen nach seiner Ankunft den Abriss oder die Übergabe des Gebäudes forderte, drohten ihm die Behörden mit Gefängnis und Arbeitslager. Die Fabrik schickte ein paar kräftige Arbeiter vorbei, die dem kleinen Priester Prügel versprachen, wenn er nicht Ruhe gebe. Er bat den Leiter des städtischen Büros für religiöse Angelegenheiten um Hilfe. »Der brüllte mich an«, erinnert sich der Priester. »Du bist ein Nichts. Ihr habt überhaupt keine Rechte. Das Haus gehört der Fabrik, und es ist völlig egal, ob es dort rechtmäßig steht oder nicht. Was legal oder illegal ist, entscheiden wir.«

Diese Drohungen hätten früher gereicht, jeden noch so mutigen Priester einzuschüchtern. Pater Gregorie gehört zu einer neuen Generation von Chinesen, die gelernt hat, dass Widerspruch nicht identisch ist mit Hochverrat. Deren Seele nicht zerfressen ist von der Angst vor Behörden. Die um ihre Rechte weiß und vor allem begriffen hat, dass sie darum kämpfen muss. Gregorie antwortete mit Briefen an die vorgesetzte Provinzregierung, drohte mit Schreiben an Ministerien und die Presse in Peking, holte Freunde zur Verstärkung aus der Provinzhauptstadt Kunming, organisierte kleine Demonstrationen vor verschiedenen Ämtern. Plötzlich bot die Verwaltung Gespräche an, und es gibt erste Anzeichen für ein Einlenken. »Regierung und Behörden in China reagieren nur auf Druck. Man darf sich nicht einschüchtern lassen«, sagt er.

Am Nachmittag gehen wir mit Cao Chunxiu und Tao Zhiying, den Nonnen, einkaufen für das Abendessen. Die Hauptstraße, eine der chaotisch-quirligen Geschäftsstraßen, wie sie für eine chinesische Kleinstadt typisch sind, ist voller Krämer und Höker. Fußgänger- und Mopedfahrer, spielende Kinder und Pferdekutschen drängeln sich auf der Fahrbahn, mittendrin steckt zuweilen ein Auto hoffnungslos fest. Alle Geschäfte und Restaurants sind zur Straße hin offen. Davor stehen Frauen in ihren selbstgebauten Küchen. Aus einer Art Bollerwagen servieren sie Nudelsuppen, Grillspieße oder Pfannkuchen, gefüllt mit Frühlingszwiebeln. An jeder Ecke dampft und brodelt es aus großen Töpfen und Kesseln. Ein Nudelbäcker knetet frischen Teig, formt ihn zu einem Zopf und macht Spagetti daraus. Daneben ein Zahnarzt. Sein Patient hockt auf einer Art Schreibtischstuhl, hat den Kopf nach hinten gelegt und den Mund weit offen. Er sieht aus wie ein hungriger Vogel. In einer Glasvitrine vor der Praxis liegen als eine Art Eigenwerbung hunderte von gezogenen Zähnen. Von weitem klingt ein monotoner Singsang herüber. Es ist der Altpapierhändler, der durch die Gassen zieht. Wenig später folgt ihm der Scherenschleifer mit seinem Klagelied. Auf der Erde hocken Bäuerinnen. Vor ihnen, ausgebreitet auf Plastikplanen, liegen Äpfel und Orangen, frische Erdbeeren, Gurken und Tomaten, Zwiebeln und Kohl. Die beiden Nonnen gehen von Stand zu Stand, vergleichen das Gemüse und die Preise. An einer Straßenecke stehen ein halbes Dutzend junger Mädchen, schick gemacht für den Sonntag. Rot gemalte Lippen, weiß gepuderte Gesichter, kurze Röcke. Für sie ist die nur wenige hundert Meter entfernt liegende Kiche das andere Ende der Welt. Und dahin reist man selten.

Fühlen sich Chunxiu und Zhiying nicht manchmal einsam in ihrer selbstgewählten Isolation? Haben sie nie das Gefühl, etwas zu verpassen? Die 26-jährige Zhiying lächelt verlegen, aber nur für einen kurzen Augenblick. »Ja. Manchmal reizt es mich schon, etwas anderes zu machen. Es gibt so viele Möglichkeiten hier draußen«, sagt sie und packt ein Kilo Tomaten in ihren Korb. Sie erzählt von ihrem Traum, aufs College zu gehen, Medizin zu studieren. Aber ihre Eltern sind arme Bauern, und von ihren 500 Yuan Monatsgehalt kann sie nichts sparen, davon bezahlt sie ihre Reisen in die Dörfer der Gemeinde. Nur die Kirche könnte ihr das Studium ermöglichen, sie müsste dann allerdings anschließend wieder in einer Gemeinde arbeiten. Zhiying weiß nicht, ob sie das will. »Frauen gelten in der katholischen Kirche nicht viel«, sagt sie und klingt fast wie die Sprecherin einer der Reformbewegungen im Westen. »Pater Gregorie ist in Ordnung, aber ich habe vorher in zwei anderen Gemeinden gearbeitet. Priester nehmen Nonnen nicht ernst. Wir sind nichts weiter als billige Arbeitskräfte. Als Nonne muss ich alle zwei, drei Jahre die Gemeinde wechseln, die Priester dagegen dürfen bleiben. Wenn ich krank werde, bekomme ich von der Kirche 50 Yuan. Der Priester darf ins Krankenhaus, und die Kirche übernimmt alle Kosten.«

Chunxiu hat die ganze Zeit stumm zugehört. Nun widerspricht sie. Ruhig, aber bestimmt. »Männer sind Frauen überlegen. Ich glaube nicht an Gleichberechtigung. Wir müssen uns unterordnen.« Der Streit in der katholischen Kirche zwischen Konservativen und Reformern hat auch vor der großen Mauer nicht halt gemacht.

Blickt sie mit Neid auf das Leben außerhalb der Kirche? »Nein. Ich war ein Teil davon«, sagt die 24-jährige Chunxiu mit ihrer tiefen, dunklen Stimme. »Ich wollte auch reich werden. Mehr. Mehr. Mehr. Aber mein Leben war leer. Die Menschen in China irren sich: Geld ist nicht alles. Es gibt so viele Versuchungen in der Gesellschaft, aber keine Moral. Keine Werte und keine Vorbilder. Mein Bruder und ich fingen an zu spielen. Er verlor 20 000 Yuan in einer Nacht. Er konnte nicht zahlen und wurde verhaftet. Ich war auf einem sehr gefährlichen Weg. Jesus hat mich gerettet.« Mit der Überzeugung des bekehrten Sünders fügt sie hinzu: »Der Herr ist mein Hirte. Ich habe nichts.«

Ist sie zufrieden mit ihrem asketischen Leben oder vermisst sie etwas? Chunxin überlegt. »Die Gemeinde ist noch so klein, es wäre schön, wenn die Kirche voller wäre. Aber als Jesus auf diese Welt kam, gab es auch noch keine Gläubigen. Er musste predigen und die Menschen überzeugen. Genau wie wir.«

Am Abend hocken wir auf Holzschemeln um einen niedrigen Tisch in der Küche, einem kahlen, quadratischen Raum mit fünf Fenstern, Betonfußboden, ohne Heizung. Den haben Gregorie, die Nonnen und ein paar Freunde selbst gemauert. »Wir haben sogar fließendes Wasser«, sagt Zhiying, lacht und dreht voller Stolz den Hahn auf, als präsentiere sie die letzten technischen Raffinessen einer neuen Einbauküche. Von der Decke hängt eine Glühbirne, die einzige Beleuchtung. Eine Holzplatte auf zwei Böcken dient als Kochtisch. Darauf steht ein Gaskocher. Die dritte Nonne schneidet Kartoffeln in dünne Scheiben, Chunxiu steht am Wok. Es zischt und brutzelt, riecht nach gebratenem Knoblauch und frittiertem Gemüse. An der Wand eine Weltkarte, ein Bild der Jungfrau Maria und eines von Leonardo da Vincis Abendmahl. Daneben in sorgfältiger Handschrift der Tagesplan: »5:30 Aufstehen. 5:50 – 6:30 Bibel lesen. 6:30 – 7:00 Frühstück.« Es folgen viele weitere Bibelstunden, Singen, Saubermachen bis hin zu »9:40 Licht aus, Nachtruhe.«

Wir haben eine Flasche »Great Wall«, chinesischen Rotwein, mitgebracht, eine nette Geste. Es wäre noch aufmerksamer gewesen, hätten wir auch an Gläser und Korkenzieher gedacht. Die gibt es natürlich nicht. Gregorie kommt, wir stehen alle auf und wenden uns Maria zu. Er betet laut, wir bekreuzigen uns. Auf dem Tisch stehen Blechnäpfe mit Nudeln, Reis, gebratenen Kartoffeln, Blumenkohl, Auberginen. Zu Ehren der Gäste gibt es sogar Huhn. Bernard-Marie, der auf Bitten des Priesters den Umbau des Gästehauses überwacht, erzählt uns von seiner Zeit im Arbeitslager. Der 72-Jährige spricht Französisch, nein er spricht es nicht, er zelebriert es. »Comment-allez-vous«, flüstert er so leise und sanft, als spende er einem Schwerkranken Trost. Er hat es als Kind von Missionaren gelernt, sie gaben ihm auch seinen französischen Namen. Die Brocken, die er noch spricht, sind sein ganzer Stolz. Er betont jedes Wort so langsam und sorgfältig, als könnte es auf seiner Zunge zerbrechen. Die Regierung hat ihn fünfundzwanzig Jahre lang eingesperrt. Sie haben ihn geprügelt und hungern lassen, ihn in dunkle Rattenlöcher geschlossen, aus denen nur wenige lebend wieder herauskamen. Seinen Glauben und sein Französisch konnten sie ihm nicht nehmen. Jedes Wort, das aus seinem Mund kommt, ist ein Zeichen seines Widerstandes, ein Triumph über das Grauen der Vergangenheit. Er mahnt den Priester zur Vorsicht. Er solle die Behörden nicht zu sehr reizen. Er, Bernard-Marie, habe erlebt wohin das führt. Gregorie senkt den Kopf und hört zu. Nickt. »Ich passe auf«, verspricht er dem alten Mann. »Mach dir keine Sorgen. Die Zeiten ändern sich. Selbst in China«, sagt er und fügt nach einer Pause kaum hörbar ein »Hoffentlich« hinzu.

Es ist dunkel und kalt geworden. Gregorie geleitet uns zum Ausgangstor. Hinter der Kirche kriecht ein runder, gelbweißer Mond empor. »Die Zeiten ändern sich, oder nicht?«, sagt er zum Abschied und winkt. Wie er da steht, im fahlen Licht des Vollmondes, wirkt der kleine Mann wie ein chinesischer Revolutionär des 21. Jahrhunderts. Einer, dessen Glaube stärker ist als die Angst. Einer, den Wachstum, das sich in Zahlen ausdrückt, nicht interessiert. Der Bescheidenheit predigt und lebt in einer Gesellschaft, in der Konsum zur ersten Bürgerpflicht geworden ist. Er winkt, bis wir um die Ecke gebogen sind.

5

»Nicht einmal habe ich mich in den
ersten zwanzig Jahren meines Lebens gefragt:
Wer bin ich? Was brauche ich?
Was möchte ich?«

Für Wei Yongchen war die Welt keine Kugel, nicht in ihrem ersten Leben. Ihre Welt war flach und rechteckig und nur ein paar Quadratkilometer groß. Sie war umgeben von einer großen Mauer. Im Schutz dieser Mauer wuchs die kleine Yongchen zu einer vorbildlichen Revolutionärin heran. Sie lebte hinter einem Festungswall, der sie vor den Sorgen und Nöten des Alltags behütete und gleichzeitig als Bollwerk diente gegen Zweifel und Widersprüche. Es war die überschaubare und geordnete Welt einer Kaserne der Volksbefreiungsarmee, in der Yongchen als Tochter eines hohen Offiziers ihre Kindheit verbrachte. Diese Kasernen waren Inseln des Wohlstandes im Vergleich zum Rest des Landes. »Wir hatten immer genug zu essen, Reis, Gemüse, sogar Fleisch. Selbst während des ›Großen Sprungs nach vorn‹, als in China 30 Millionen Menschen verhungerten«, sagt sie und nippt an ihrem Tee.

Wir sitzen in einem billigen Straßenrestaurant in Peking. Es ist schon spät, kurz vor 14 Uhr, und wir sind die einzigen Gäste. Kleine Teigtaschen, Jiaozi genannt, sind die Spezialität des Lokals. Wir bestellen ein paar Dutzend und sehen, wie eine junge

85

Frau sie in der Küche frisch mit Schweinefleisch, Kohl, Pilzen und Frühlingszwiebeln füllt.

Es war nicht leicht, einen Ort zu finden, wo wir mit Yongchen in Ruhe reden können. Sie ist – die Bezeichnung »Dissidentin« mag sie nicht für sich – eine Kritikerin des Regimes. Sie ist Demokratin, eine unabhängige Freidenkerin und in der Sichtweise einer autoritären Regierung damit unweigerlich eine Gegnerin. Mit ihrer Begabung, ihren Beziehungen und ihrem Ehrgeiz hätte sie eigentlich Karriere in Partei oder Regierung machen müssen. Stattdessen gibt es Zeiten, da überwacht das Büro der Öffentlichen Sicherheit sie rund um die Uhr, folgen ihr Männer quer durch die Hauptstadt. Sie stehen schon morgens vor ihrer Tür, wenn sie nach Sonnenaufgang zum Tai Chi in den Park geht, stehen dort noch immer, wenn sie abends das Licht zum Schlafengehen löscht. »Im Augenblick lassen sie mich in Ruhe«, sagt sie und lacht.

Wei Yongchen ist eine temperamentvolle und außergewöhnlich schöne 42-jährige Frau mit einer sanften, fröhlichen Stimme. Wenn sie erzählt, klingt es, als singe sie ein lustiges, freches Kinderlied. Ihr langes schwarzes Haar reicht fast bis auf die Hüften, und in ihrem ungeschminkten Gesicht wirken die paar Falten um den kräftigen Mund eher wie eine Zierde, nicht wie ein Tribut an die Jahre. Ihre Erfahrungen haben sie nicht bitter gemacht, nur stärker. Sie hat das weiche, entspannte Gesicht eines Menschen, der zu sich gefunden hat. Es ist ihr nicht anzusehen, wie viel Kraft es gekostet haben muss, im Laufe der Zeit sämtliche ihrer Wahrheiten in Frage zu stellen. Und das in einer Gesellschaft, die politisch und kulturell Konformität honoriert, nicht Individualität. In der Gehorsam eine Tugend ist und Widerspruch ein Tabu. Ihr langer Marsch von der treuen Revolutionärin zu einer Regimekritikerin ist eine Odyssee, in der sich die 50-jährige Geschichte der Volksrepublik spiegelt. Ihre Befreiung von den Fesseln der Ideologie ist auch die Befreiung Chinas – zumindest in Ansätzen.

Wei Yongchen war schon immer radikaler als ihre Umwelt. Sie

stammt aus einer Familie von Revolutionären. Ihr Vater war dreizehn, als er sich den kommunistischen Partisanen anschloss, die in den 30er Jahren gegen die japanischen Besatzer kämpften. Seine Mutter, eine unabhängige und intellektuelle Frau, hatte alle ihre zehn Kinder auf die Schule und anschließend in den Befreiungskampf geschickt. In seiner Einheit gehörte er zu den wenigen, die lesen und schreiben konnten, und kam sofort in die Propagandaabteilung. Als er sechzehn war, nahm die Partei ihn auf und ersetzte ihm die Familie. Auch Yongchens Mutter war eine begeisterte Kommunistin. Mit achtzehn kämpfte sie als Soldatin der Volksbefreiungsarmee in den letzten großen Schlachten des Bürgerkrieges. Natürlich wollte auch sie unbedingt Mitglied der Kommunistischen Partei Chinas werden. Doch die Partei lehnte sie ab – dreimal. Sie hatte einen Bruder in Hongkong, und Familienangehörige im Ausland warfen einen dunklen Schatten auf das Leben eines Chinesen. Im paranoiden Klima der 50er und 60er Jahre machte das in den Augen der Regierung hunderttausende von Familien zu potentiellen Spionen. Als mögliche Staatsfeinde angeprangert, verloren sie ihre Arbeit, durften nicht Parteimitglieder werden, wurden bei der Vergabe von Wohnungen oder Lebensmitteln benachteiligt. Wenn sie den Kontakt zum Bruder abbreche, würde man ihren Antrag wohlwollend prüfen. Yongchens Mutter zögerte nicht, obwohl sie sehr an ihren zwei Brüdern hing, ihren einzigen überlebenden Familienangehörigen. Sie schrieb einen Brief an ihren Bruder in Hongkong und sagte sich los, beschimpfte ihn als Konterrevolutionär und Handlanger der Imperialisten. Nie wieder wolle sie etwas mit ihm zu tun haben. Das genügte den Funktionären nicht. Ihr zweiter Bruder, der in der Volksrepublik lebte, hielt die Verbindung zum Bruder in der britischen Kronkolonie aufrecht. Also schrieb sie auch ihrem zweiten Bruder einen Brief und teilte ihm mit, dass sie ihn nie wieder sehen wolle. Auch das genügte nicht. Vielleicht, so argwöhnte die Partei, hielten die Geschwister heimlich Kontakt.

Wei Yongchens Mutter gab nicht auf. Sie waren eine Familie

von Revolutionären, und die Ablehnung durch die Partei war mehr als eine Schande. Die Zurückweisung bewies, dass sie selbst nur ein minderwertiges Mitglied des neuen China war. Die Partei hatte immer recht. Die Mutter suchte die Schuld bei sich. Sie hatte versagt. Zweifel an der KP gab es keine.

Im Mai 1957 kam dann der örtliche Parteisekretär zu Wei Yongchens Mutter und erklärte ihr, nun sei die Zeit gekommen, ihre Loyalität zur Partei unter Beweis zu stellen. Mao Zedong hatte zur Kampagne »Lasst hundert Blumen blühen« aufgerufen und damit alle Chinesen aufgefordert, öffentlich Kritik an der Regierung und insbesondere an der Partei und ihren Kadern zu üben. Zwischen 1. Mai und 7. Juni 1957 erschienen in den staatlich kontrollierten Medien Artikel, die den geringen Lebensstandard in China anprangerten, auf Bäumen und Häuserwänden klebten plötzlich Plakate, auf denen die Korruption unter Funktionären oder die Zensur der Medien verurteilt wurden. Wenn Yongchens Mutter dem Befehl zur Kritik folge, stünde einer Mitgliedschaft nicht mehr viel im Wege, versprach der Funktionär.

Sie war verzweifelt. Sie sollte die Partei kritisieren? Lieber würde sie ihre toten Eltern verteufeln. Sie hatte nichts zu bemängeln, ihr fielen nur Huldigungen ein. Der Funktionär drohte. Eine Weigerung wäre der endgültige Beweis für ihren Mangel an revolutionärem Bewusstsein. Nach ein paar Tagen schrieb Yongchens Mutter einen Brief, in dem sie anregte, dass manche Genossen den Massen gegenüber vielleicht etwas zugänglicher sein sollten. Einige Wochen später fand dann die neue Offenheit ein jähes Ende. Die Kampagne war außer Kontrolle geraten. Auf Versammlungen, Protestmärschen oder in Leserbriefen stellten mehr und mehr meist jüngere Chinesen die gesamte Politik und das Machtmonopol der KP in Frage. Studenten zogen durch die Straßen, randalierten, verprügelten Parteikader und plünderten Parteibüros. Seit dem Ende des Bürgerkrieges hatte es in der Volksrepublik keinen so heftigen öffentlichen Protest gegeben. Die Partei antwortete mit der

»Anti-Rechtsabweichler«-Kampagne: Jeder, der Maos Aufforderung zur Kritik gefolgt war, wurde nun bezichtigt, ein Konterrevolutionär zu sein. Mindestens 300 000 Parteianhänger verloren ihre Arbeit, kamen ins Gefängnis oder wurden aufs Land verbannt. Yongchens Mutter wurde einen Monat nach der Geburt ihrer Tochter verhaftet. Die Strafe für ihren Gehorsam: vier Jahre Arbeitslager.

»Ich habe nie die Milch meiner Mutter geschmeckt«, sagt Wei Yongchen. »Ich habe als Baby nie an ihrer Brust gelegen. Nie ihre Stimme beim Einschlafen gehört. Als sie mich das erste Mal in die Arme nahm, war ich vier Jahre alt.«

Während die Mutter im Arbeitslager saß, forderte die Partei den Vater auf, sich scheiden zu lassen. Ein aufstrebender Offizier mit einer vielversprechenden Karriere vor sich könne unmöglich mit einer Konterrevolutionärin verheiratet bleiben. Im Gegensatz zu vielen Genossen in ähnlicher Situation hielt er zu seiner Frau. Das beendete seinen Aufstieg bei der Armee. Dass er die Familie der Partei vorzog, war unentschuldbar.

Doch weder die Verurteilung seiner Frau noch der Druck der Partei führten dazu, dass Wei Yongchens Vater die Kommunisten in Frage stellte. Mao, die KP und ihre Politik waren über alle Zweifel erhaben. Selbst als dann während der Kulturrevolution die Mutter, die inzwischen Lehrerin war, von ihren Schülern blutig geprügelt wurde, die Roten Garden das Haus stürmten, Bücher verbrannten und den Vater wie ein Stück Vieh durch die Straßen trieben, machte die Familie dafür nicht die Partei verantwortlich. »Was immer meinen Eltern zustieß, sie suchten die Fehler bei sich«, erinnert sich Yongchen. »»Was haben wir falsch gemacht? Wie können wir bessere Revolutionäre sein?‹ hieß es bei uns immer. Von klein auf erklärten sie mir, dass ich aus einer Revolutionsfamilie stamme und dass in der Schaffung des Sozialismus der Sinn des Lebens liegt.«

Wei Yongchen wurde, wie die meisten Chinesen ihrer Generation, nach den Idealen des Kommunismus erzogen. Mit drei Jahren kam sie in einen Kindergarten und sah ihre Familie nur noch an Wochenenden. Sie lernte, dass ihr nichts und der Gemeinschaft alles gehörte, dass alle Menschen absolut gleich seien. Jeden Sonnabend saß sie auf den Knien ihres Vaters und gestand ihm ihre selbstsüchtigen Gedanken der vergangenen Wochen: etwa dass sie beim Essen mal wieder als Erste hatte nehmen wollen, oder dass sie etwas haben wollte, womit gerade ein anderes Kind spielte. Der Vater nahm ihr die Beichte ab. Yongchen war erleichtert und gelobte Besserung. In ihrer Radikalität unterschied sich ihre Kindheit kaum von der der meisten Chinesen in ihrem Alter. »Unsere Generation hat nie gelernt, auf ihre Gefühle zu achten«, sagt sie. »Ich ahnte nicht einmal, dass es so etwas wie Individualität gibt. Und wenn ich doch einmal eine Art persönliches Bedürfnis verspürte, schämte ich mich dafür. Manchmal schaute ich in den Spiegel, weil ich wissen wollte, wie ich aussah. Das war mir gleich danach schrecklich peinlich, und ich ekelte mich vor mir selber, weil ich so selbstsüchtig war. Meine innere Welt war ein schwarzes, dunkles Loch. Nicht einmal habe ich mich in den ersten zwanzig Jahren meines Lebens gefragt: Wer bin ich? Was brauche ich? Was möchte ich?«

Nach der Schule meldete sie sich freiwillig zur Arbeit in einer Landkommune. In ihren Augen gab es nur drei respektable Berufe: Soldat, Bauer, Arbeiter. Die Eltern waren dagegen. Sie wussten um die harte Arbeit und die schlechte Versorgung in der Provinz. Sie wussten auch, dass viele, vor allem junge Mädchen aus der Stadt ihren Idealismus mit dem Leben bezahlt hatten. Yongchen war wütend. Wie konnte ihren Eltern das Schicksal ihrer Tochter wichtiger sein als die Revolution auf dem Land? Schließlich aber gab sie nach, wurde Mitglied einer Baubrigade und wollte höchstens zwei Jahre später eine Heldin der Arbeit sein.

Was dann geschah, war so unvorstellbar, so undenkbar und ausgeschlossen, dass sie es zu Beginn nicht einmal spürte. Ihre feste Burg, die große Mauer, die ihre so streng geordnete und geregelte Welt schützte, bekam Risse. Zunächst nur einen kleinen, winzigen, den weder sie noch ihre Umgebung bemerkten. Sie interessierte sich für einen anderen Menschen. Sie interessierte sich für ihn nicht als ein Werkzeug der Revolution. Sie wollte mit ihm nicht die Mao-Bibel lesen. Sie wollte nicht einmal wissen, wie seine Familie der Revolution diente. Sie interessierte sich für ihn als Menschen. Wer war dieser stille, schlanke junge Mann mit den geheimnisvollen Augen? Diesem Blick, in dem mehr Einsamkeit und Trauer lagen, als Yongchen sich vorzustellen vermochte.

Sie sah ihn zum ersten Mal im Orchester ihrer Arbeitseinheit. Zhang Sai spielte Cello. Nein, er spielte es nicht, er liebkoste es. Entlockte ihm Töne, wie sie die 19-Jährige zuvor noch nicht gehört hatte. Warum sprach nie jemand mit ihm? Warum saß er immer alleine? Woher hatte er die vielen Bücher, die er in den Arbeitspausen las? Wer waren diese Autoren, von denen sie noch nie etwas gehört hatte? Balzac, Dostojewskij, Tschechow. Yongchen kannte nur zwei Sorten von Büchern: Romane über Helden der Revolution und Biografien über Helden der Revolution. Sie hatte noch nie ein übersetztes Buch in den Händen gehalten.

Nach ein paar Monaten hielt sie ihre Neugierde nicht mehr aus. Sie fragte den jungen Mann, ob er ihr ein Buch leihen könnte. Am nächsten Tag brachte er ihr Turgenjews *Erste Liebe* mit. Sie las es über Nacht. Er gab ihr Stendhal. Dann Zola, Tschechow. Sie las von Gefühlen, die sie nicht kannte. Von Wünschen und Träumen. Sie las von Liebe und Trauer, von Sehnsucht und Schmerz. Sie las von der Möglichkeit des Widerspruchs und der eigenen Entscheidung. Gift für einen totalitären Geist. Sie besuchte ihn zu Hause. Platten von Beethoven, Chopin, Rachmaninow standen im Regal, Namen, die sie nicht kannte.

Er legte die Mondscheinsonate von Beethoven auf, und sie hörte zum ersten Mal westliche klassische Musik. »Ich wusste nicht, was es war«, sagt sie, »aber es war so schön, und es berührte mich so sehr, dass ich fast zu weinen anfing.«

Die beiden verbrachten fortan fast jede freie Minute zusammen. Sie hörten Musik, sprachen über die Bücher, die sie gemeinsam lasen, oder gingen spazieren. Sie erfuhr, dass er aus einer Intellektuellen-Familie stammte, und das verwirrte sie. Wei Yongchen glaubte, dass man Intellektuellen nicht trauen könne, dass sie egoistisch und selbstsüchtig seien, nur ihren eigenen Vorteil im Auge hätten. So hatte sie es in der Schule und von ihren Eltern gelernt. Die KP und ihre Anhänger hatten immer schon ein gespanntes Verhältnis zur Intelligenzia des Landes gehabt. Den Bürgerkrieg hatte eine Armee aus Bauern und Arbeitern gewonnen, ihre Unterstützung war für Mao entscheidend. Er hatte sie zu den Herren des Landes erklärt, und sie genossen das meiste Ansehen in der Gesellschaft. Intellektuelle waren der KP nicht zuverlässig genug, zu kritisch und unabhängig in ihrem Denken. Als Mitglied einer Revolutionsfamilie hatte Yongchen sich ihnen immer überlegen gefühlt. Doch Sai passte nicht in ihr Klischee. Sie bewunderte ihn; er schien ihr, obwohl sie gleichaltrig waren, so viel klüger und erfahrener. Er repräsentierte in jeder Hinsicht eine andere Welt, und die meisten Menschen wären vor dieser Herausforderung davon gelaufen. Nicht Wei Yongchen. Das Andere zog sie an.

Als sie eines Abends nach Hause kam, grüßten die Eltern sie mit ernstem Blick. Der Parteisekretär war bei ihnen gewesen und hatte ihnen von ihrer Freundschaft zu dem jungen Mann erzählt. Das sei kein guter Umgang für eine Tochter aus revolutionärem Haus. Ein Feind des Volkes sei er, ein Kind aus einer dekadenten, bourgeoisen Familie. Sie müsse den Kontakt sofort abbrechen, sonst gäbe es für sie in diesem Land keine politische Karriere. Keine Parteimitgliedschaft. Keine Heldin der Arbeit.

Zum ersten Mal in ihrem Leben tat Wei Yongchen etwas wirklich Revolutionäres. Sie widersetzte sich beiden Autoritäten, die ihr Denken bis dahin bestimmt hatten. Ihren Eltern und der Partei. Statt den geforderten Abschiedsbrief zu schreiben, ging sie noch am selben Abend zu Sai und berichtete, was geschehen war. Er erzählte ihr von seiner Familie. Sein Vater war Operndirektor gewesen. Er hatte sich den Kommunisten angeschlossen und wurde von ihnen als Spion zu der Kuomintang geschickt.

Nach dem Ende des Bürgerkriegs fiel er einer politischen Säuberungsaktion zum Opfer. Man beschuldigte ihn, für die Kuomintang gearbeitet zu haben. Die Kommunisten wollten nichts mehr davon wissen, dass sie ihn als Agenten ausgesandt hatten.

Auch Sais Mutter, eine Musikerin, hatte Jahre im Arbeitslager zugebracht. Sie hatte zu Hause westliche klassische Musik gespielt. Seine Familie gehörte zu den »fünf dunklen Kategorien«: Großgrundbesitzer, reiche Bauern, Konterrevolutionäre, schlechte Elemente und Rechtsabweichler. Der Status der Familie hatte in China bis 1979 überragende Bedeutung und prägte das Leben ihrer Mitglieder von der Wiege bis zum Grab. Ob in der Schule, am Arbeitsplatz, bei der Heirat oder hinsichtlich der Chancen auf Beförderung – selbst bei der Einweisung in ein Krankenhaus musste man den Familienstatus angeben und wurde entsprechend behandelt. Kinder erbten den Status der Eltern. Sai hatte keine Illusionen. Egal, was er leistete, sein Schicksal war längst entschieden. Er hatte in der Volksrepublik keine Chance.

Yongchen hatte all das gewusst. Der Familienstatus war eine Errungenschaft der Revolution, die verdiente Strafe für Handlanger der Kapitalisten und Imperialisten. Theoretisch zumindest. Nun blickte sie auf die Gesellschaft mit anderen Augen, und aus der Sicht eines Außenseiters war das System nicht revolutionär, sondern nur unfair und ungerecht. Wieso sollte Sai für angebliche Verbrechen seiner Eltern und Großeltern büßen? Es war nicht einzusehen. Und wenn das keinen Sinn machte, wie verhielt es sich dann mit anderen Entscheidungen der Partei? Hatte ihre Mutter wirklich vier Jahre Arbeitslager verdient? Yongchen hatte ihre Burg verlassen, und ihre Wahrheiten fielen um wie Dominosteine. Es gab kein Zurück mehr. Je mehr ihre Eltern sie drängten, Sai nicht wiederzusehen, desto häufiger trafen sie sich. Der Druck von außen brachte sie einander nur noch näher.

Im Sommer 1977 wurden, nach elf Jahren erzwungener Pause durch die Kulturrevolution, die Hochschulen wieder geöffnet. Sai schlug vor, dass er und Yongchen sich bewerben sollten. Sie zögerte; sie hatte wegen der politischen Unruhen die Schule unregelmäßig besucht und kaum etwas gelernt. Gemeinsam büffelten sie in jeder freien Minute nach der Arbeit. Sie bestand die Aufnahmeprüfung, Sai nicht, obwohl er einen wesentlich besseren Notendurchschnitt erreichte. Er hatte es gewagt, in einem Aufsatz die Fragestellung zu kritisieren.

Für Wei Yongchen war der Beginn des Studiums die persönliche Unabhängigkeitserklärung. »Ich hatte die Aufnahme ohne Beziehungen meiner Eltern geschafft«, sagt sie. »Sie verloren mehr und mehr Kontrolle über mein Leben. Ich konnte tun, was ich wollte und mit Sai zusammen sein, so viel ich wollte.« Das Angebot, Parteimitglied und hauptberuflicher Kader zu werden, lehnte sie ab. Eine Karriere in der KP reizte sie nicht mehr. »Die Partei kam ein paar Jahre zu spät. Sai hatte mich wachgeküsst. Nun konnte ich nicht genug bekommen. Mich interessierte Literatur, Geschichte, Philosophie, Psychologie. Nicht der geistige Käfig eines Parteikaders. Daraus hatte ich mich gerade befreit. Ich verbrachte fast mein ganzes Studium in der Bibliothek.« Bücher wurden für sie zu Fenstern in andere Welten. Da sie nicht wie ihre Altersgenossen im Westen fremde Länder und Kulturen entdecken konnte, wurden chinesische und westliche Klassiker, amerikanische und europäische Literatur ihre Reisegefährten. Während sie studierte, arbeitete Sai weiter auf dem Bau. Sein zweiter Versuch scheiterte an seiner Formulierung der »Nachteile und Probleme des Sozialismus« in einem Essay über die Errungenschaften der KP. Nach der dritten Ablehnung gab er auf.

Nach ihrem Studienabschluss 1982 hatte Yongchen die Wahl, in Shanghai zu bleiben oder nach Peking zu gehen. Sie entschied sich für die Hauptstadt, das kulturelle Zentrum des Landes. Sai blieb im Süden, er hatte gerade Arbeit bei einem internationalen Elektronikkonzern gefunden. Die beiden heirateten zwei Jahre darauf und leben seither in getrennten Städten. In Peking unterrichtete Yongchen Literatur und Geschichte an einer Universität. Kurz nach ihrer Ankunft in der Hauptstadt bekam sie durch Zufall Kontakt zu einer Gruppe von rund zwanzig führenden Intellektuellen, die versuchten, kulturelle und politische Diskussionsrunden unabhängig von der KP zu organisieren. Solche Gesprächszirkel entstanden danach in allen großen Städten des Landes. Dem Beginn der Wirtschaftsreformen und der Öffnung zum Westen 1979 war eine zaghafte politische Liberalisierung gefolgt, die allerdings immer wieder von staatlichen Feldzügen gegen »geistige Verschmutzung« oder »bürgerliche Dekadenz« unterbrochen wurde. Trotz gelegentlicher Kampagnen und Repressionen der Behörden war diese Gruppe äußerst produktiv, veröffentlichte viel beachtete Schriften über politische Reformen und übersetzte kritische Bücher aus dem Westen wie die *Grenzen des Wachstums* des Club of Rome.

Wei Yongchen ging in dieser Arbeit auf – und tappte nach wenigen Monaten in die Falle ihrer Kindheit. Ihre alte Burgmentalität kam wieder zum Vorschein: In den zumeist älteren Männern und Frauen hatte sie neue Autoritäten gefunden, die sie bewundern, deren Gedanken und Theorien sie ungeprüft übernehmen konnte. »Wir fühlten uns wie Götter, allen anderen weit überlegen«, erzählt sie. »Wie hielten uns für die Retter des Landes, umgeben von der dummen und ignoranten Masse. Wir wussten, was sie brauchte. Unsere Aufgabe war es, sie aufzuklären. Dabei sprachen wir ganz selbstverständlich von den Opfern, die die Menschen für ihre Befreiung bringen mussten, kalkulierten in unseren Theorien über politische Veränderungen auch Millionen von Toten ein.« Dass die Gruppe in ihrer Arroganz und autoritären Struktur zu einem Spiegel des kommunistischen Regimes geworden war, merkte sie nicht. Die Mehrheit unterdrückte radikal alle Gedanken der Minderheit, von Gedankenfreiheit keine Spur. Abweichende Meinung bedeutete Verrat. Es gab Intrigen, Machtkämpfe und erzwungene Austritte von Mitgliedern. Das Individuum hatte sich bedingungslos dem Kollektiv unterzuordnen. Das sind Probleme, die die politische Opposition in der Volksrepublik seit jeher plagen; ob innerhalb des Landes oder unter den im Exil lebenden Dissidenten, die Regimekritiker sind uneinig und zerstritten und in ihrer gegenseitigen Intoleranz dem verhassten Regime oft nicht unähnlich.

Es bedurfte einer weiteren repressiven Kampagne der Regierung, bis Wei Yongchen das wahre Gesicht des Intellektuellenzirkels erkannte. Im Laufe des Jahres 1987 schloss die Partei zwei bekannte Kritiker aus und drohte anderen mit Berufsverbot. Der gesteigerte Druck ließ die Gruppe zerfallen wie eine Sandburg, über die eine Welle schwappt. »Einige unserer Mitglieder gaben von einem Tag auf den anderen auf«, erinnert sie sich. »Die radikalsten schrieben plötzlich öffentliche Selbstkritiken und drehten sich um 180 Grad. Ich kann Menschen, die unter Druck nachgeben, nicht respektieren. Meine Helden fielen vom Thron, einer nach dem anderen. Ich war völlig desillusioniert.«

Wei Yongchen wurde als unwichtige Mitläuferin eingestuft und blieb unbehelligt. Sie war wieder allein und auf sich gestellt, ohne eine schützende Mauer, und sie schwor, sich in Zukunft von Gruppen und deren Dogmen fern zu halten. Sie konzentrierte sich auf ihre Arbeit an der Hochschule und hielt provokante Vorlesungen, in denen es ziemlich unverblümt um politische Reformen ging. Sie wurde ein Star unter den Professoren, in ihrem Unterricht gab es Diskussionen und ihre Seminare waren überfüllt. Und dieses Engagement führte sie im Mai und Juni 1989 geradewegs auf den Platz des Himmlischen Friedens.

Die Nacht vom 3. auf den 4. Juni 1989 war mondlos und ungewöhnlich kühl. Während des Tages hatte eine drückende Hitze über der Hauptstadt gelegen, doch gegen Abend war ein kräftiger Wind aufgekommen, ein seltenes Ereignis in Pekinger Sommernächten. Auf dem Platz des Himmlischen Friedens im Zentrum der Hauptstadt kampierten über fünftausend Studenten. Seit dem Tod des liberalen ehemaligen Generalsekretärs der KP, Hu Yaobang, im April hielten sie den Platz vor der Verbotenen Stadt besetzt. Was als Sympathie- und Trauerkundgebung zu Ehren eines führenden Reformpolitikers begann, hatte sich zur größten Protestbewegung gegen die Herrschaft der Kommunisten seit Ende des Bürgerkriegs entwickelt. Den Studenten hatten sich in den folgenden Wochen Arbeiter und Millionen von unzufriedenen Chinesen angeschlossen. Aus den spontanen Protesten gegen korrupte Parteikader und eine Hyperinflation war ein Kampf für Demokratie und tiefgreifende politische Reformen geworden. Es ging um das Machtmonopol der Kommunistischen Partei. Die Staatsführung hatte im Mai den Ausnahmezustand über die Stadt verhängt, die Demonstranten beharrten auf ihren Forderungen und ignorierten alle Bitten, Aufforderungen und Befehle, den Platz zu räumen. In dieser Nacht setzte die Regierung das Militär gegen die Studenten ein.

Wei Yongchen war in den Wochen zuvor häufig auf dem Platz gewesen. Zum einen, um ihre Sympathie mit den Forderungen der Demonstranten zu bekunden, zum anderen, um zumindest auf die rund zwei Dutzend ihrer Studenten mäßigend einzuwirken, die täglich an den Protesten teilnahmen. Sie musste erkennen, dass die Hardliner auf beiden Seiten in den vergangenen Tagen die Oberhand gewonnen hatten. Ein gewaltsames Ende der Proteste schien unvermeidlich. Die Studenten hatten sich um das Monument für die Märtyrer des Volkes in der Mitte des Platzes geschart. Yongchen saß in der ersten Reihe. Aus allen Himmelsrichtungen waren Schüsse und Maschinengewehrsalven zu vernehmen. Augenzeugen berichteten von Blutbädern in den Straßen der Hauptstadt. Hunderte, vermutlich tausende von unbewaffneten Chinesen starben in dieser Nacht im Kugelhagel der Volksbefreiungsarmee.

Gegen Mitternacht umzingelten Soldaten und Panzer den besetzten Platz. Unter den Studenten war es sehr ruhig geworden. Manche spielten Gitarre, andere sangen die Internationale, um sich Mut zu machen. Gegen drei Uhr ging die Straßenbeleuchtung aus, und Wei Yongchen sah, wie die Truppen im Schutz der Dunkelheit näher rückten. »Manche der Studenten lachten vor Angst«, erinnert sie sich. »Ich brüllte sie an, ruhig zu sein. Wir durfen den Soldaten keinen Vorwand liefern zu schießen. Sonst wären auch noch hunderte, vielleicht tausende auf dem Platz gestorben. Kurz vor dem Morgengrauen standen uns die Soldaten gegenüber, einen Meter entfernt, die Maschinengewehre im Anschlag. Ich sah ihre hasserfüllten Gesichter, die zusammengekniffenen Augen. Seltsamerweise verspürte ich keine Furcht. Nur ein Gefühl der Verantwortung für meine Studenten. Angst hatte ich erst im Nachhinein. Sie stellten uns ein Ultimatum: Entweder wir verlassen den Platz noch in den nächsten Minuten oder sie räumen ihn gewaltsam.«

Kurz darauf schlichen sich die ersten weinenden Studenten durch einen schmalen Gang in der Wand aus Soldaten davon, eine halbe Stunde später erinnerten nur noch die Banner mit ihren Forderungen nach politischen Reformen und die von Mitgliedern der Kunstakademie errichtete Nachbildung der Freiheitsstatue an die Besetzung. Am nächsten Vormittag war auch das verschwunden, und die Partei begann mit einem landesweiten Propagandafeldzug, der die Demonstranten als Gesindel, als Diebe und Kriminelle darstellte, die die Ordnung des Landes gefährdet hatten. Wenige Tage später folgte eine politische Säuberungsaktion im alten Stil.

Die Polizei verhaftete tausende von Studenten und angeblichen Sympathisanten. Alle Parteimitglieder mussten in einer Art Selbstkritik aufschreiben, was sie zwischen dem 15. April, dem Beginn der Proteste, und dem 15. Juni gemacht hatten, was sie von den Demonstrationen hielten und wie sie die Reaktion der Partei beurteilten. Wei Yongchen war drei Jahre zuvor, auf Drängen ihrer Familie, Mitglied der KP geworden. Ihr bedeutete das nichts, ihrem Vater alles. Nun war sie froh über ihr Parteibuch, weil sie es für eine politische Stellungnahme nutzen konnte. Sie weigerte sich, die Fragen der Partei zu beantworten, kritisierte stattdessen die Aktion als eine beschämende Säuberung im Stil der Kulturrevolution. Von der Universität wurde sie am nächsten Tag suspendiert, von der KP in der folgenden Woche ausgeschlossen. Auf einem außerordentlichen Treffen saß sie den elf Mitgliedern ihrer Parteizelle gegenüber. Als der Parteisekretär fragte, wer für ihren Ausschluss sei, hoben alle stumm die Hand, obwohl jeder ihr zuvor seine Sympathie bekundet hatte.»Dabei hatte jeder ein reines Gewissen«, sagt sie.»So ist unsere politische Kultur in China. Über Jahrzehnte haben wir gelernt, Kampagnen dieser Art zu überleben. Die Menschen haben ihr Gewissen an das Kollektiv abgegeben. Sie handeln, wie die Partei es befiehlt, und glauben keine Wahl zu haben. Deshalb fühlen sie sich nicht verantwortlich für das, was sie tun.«

Die Regierung hatte Wei Yongchen in eine Art inneres Exil gezwungen. Sie durfte nicht mehr unterrichten und auch die Zeitschrift der Hochschule nicht mehr betreuen. Dennoch gehörte sie offiziell noch ihrer Arbeitseinheit an, konnte weiter in einer billigen Wohnung der Universität leben und erhielt 200 Yuan im Monat.»Das ist das Schöne am Sozialismus«, sagt sie und lacht. Sie nutzte die Zeit, lernte Englisch und arbeitete als freie Zeitschriftenredakteurin intellektueller Magazine. Der Staat ließ sie gewähren, bis sie 1995 einem amerikanischen Filmteam ein Interview gab und offen über die Unruhen im Juni 1989 sprach – für das Regime ein Tabu-Thema bis heute. Dabei war es gar nicht wichtig, was sie in die Kamera erzählte, entscheidend war, dass sie es gewagt hatte, öffentlich über das Massaker zu sprechen. Das widersprach der offiziellen Politik des Vergessens und Verdrängens, und das musste bestraft werden.

Unmittelbar nach der Ausstrahlung der Dokumentation in Amerika wurde Wei Yongchen aus dem Universitätsdienst entlassen, und Männer von der Staatssicherheit überwachten sie rund um die Uhr. Jede Zeitschrift, bei der sie arbeitete, wurde nach wenigen Monaten verboten. Man machte sie zu einer unerwünschten Person im eigenen Land und lehnte gleichzeitig ihre Anträge auf einen Reisepass fünfmal ohne jede Angabe von Gründen ab. Sie lebte von ihren Ersparnissen und kleinen Gelegenheitsjobs. Nach zwei Jahren lockerte das Regime seinen Zugriff. Seither arbeitet sie gelegentlich als Lektorin für kleine Verlage, schreibt Drehbücher für das chinesische Fernsehen, organisiert Diskussionsrunden und redigiert als freie Redakteurin Magazine. Ihr Mann, mittlerweile ein erfolgreicher Unternehmensberater in Shanghai, blieb trotz der politischen Probleme seiner Frau unbehelligt.

»Es gibt heute ein Leben außerhalb des Systems«, sagt sie. »Das ist einer der wichtigsten Unterschiede zu früher. Wer in der Generation meiner Eltern aus politischen Gründen seine Arbeit verlor, war ein Mensch zweiter Klasse, ohne Chancen, sich oder seine Familie zu ernähren. Die Wirtschaftsreformen haben in den vergangenen Jahren Möglichkeiten und Nischen geschaffen, in denen auch Kritiker des Systems intellektuell und politisch arbeiten können. Wir haben die Freiheit, individuelle und unabhängige Entscheidungen zu treffen. Wir können uns engagieren, uns zurückziehen oder in der Wirtschaft Karriere machen.«

Mit ihrem Engagement gehört Wei Yongchen zu einer kleinen, aber wachsenden Zahl von Chinesen, die im Stillen, vom Ausland oft unbemerkt, für ein anderes China kämpfen. Ihre Arbeit ist nicht spektakulär im Sinne der westlichen Medien, nicht schlagzeilenträchtig. Sie versuchen ein Fundament zu legen, Strukturen zu schaffen für die Zeit nach der Alleinherrschaft der KP. Es gibt mittlerweile über 6800 registrierte Frauengruppen, es entstehen Verbraucher- oder Umweltschutzorganisationen, ein inoffizielles Netzwerk unabhängiger Verbände, die keiner politischen Richtung folgen, sondern sich um konkrete, praktische Probleme kümmern und im Land ein Bewusstsein schaffen für die Rechte des Einzelnen und die Möglichkeiten eines persönlichen Engagements. Mit Hilfe des Internet umgehen sie die staatlichen Zensoren, beschaffen sich Informationen aus dem Westen, stehen in Verbindung mit ähnlichen Organisationen in Amerika und Europa und kommunizieren untereinander per E-Mail. Wei Yongchen bekommt täglich mehr als ein Dutzend elektronische Briefe aus aller Welt.

Das Regime toleriert die Aktivitäten, solange es darin keine organisierte Bedrohung seines Machtmonopols sieht. Als aber im Sommer 1998 Dissidenten »Chinas Demokratische Partei« gründeten, kannte die Regierung kein Erbarmen. Dutzende von

Anhängern wurden verhaftet, die drei Anführer im Dezember 1998 zu jeweils 11-, 12- und 13-jährigen Haftstrafen verurteilt. Amnesty International schätzt, dass in Chinas Gefängnissen tausende von politischen Gefangenen sitzen. Menschen, die sich im Kampf um politische Veränderungen zu weit vorgewagt haben.

»Die Geschichte der politischen Reformen ist voller Widersprüche«, erklärt Wei Yongchen. »Wir müssen die Grenzen immer wieder neu austesten, weil sie sich ständig verändern. Es geht zwei Schritte vor und einen zurück, manchmal auch zwei. Aber es geht voran.«

6

»Ich habe mich in den vergangenen Jahren
sehr verändert.
So wie alles und jeder in China.«

Ich sah Zeng Min zum ersten Mal im Fahrstuhl eines Fünfsternehotels im Süden Chinas. Der große Lift war voller Paare.
Große, kräftige Männer aus dem westlichen Ausland und ihre
Begleiterinnen. Kleine, zierliche Chinesinnen in Miniröcken,
die kaum mehr als den Po verbargen. Die Männer schwiegen,
die Frauen sagten etwas auf Chinesisch und kicherten. Im vierten Stock stieg ein Paar aus, im fünften ein zweites, im sechsten
die anderen beiden. Wir waren allein. Auch sie trug einen kurzen Lederrock und ein hautenges, schwarzes Hemdchen. Von
der Schulter baumelte ein Chanel-Täschchen oder eine gut ge-
machte Imitation. Sie versuchte gar nicht erst, verlegen oder ab-
wesend an die Decke zu starren. Ihre dunklen Augen musterten
meinen Körper wie ein Maßschneider seinen neuen Kunden.
Fünf Stockwerke lang.

»Möchtest du eine Massage«, fragte sie auf Englisch.

Massage? Wie oft hatte ich diese Frage in den vergangenen
Jahren in China gehört. In manchen Hotels klingelte mitten in
der Nacht das Telefon, und wenn ich schlaftrunken den Hörer
abgenommen hatte, hauchte oder rüpelte mir eine Frauen-

stimme ins Ohr: »Massage? Massage?« In einer Herberge in Chongqing wurde jeden Abend gegen Mitternacht an meine Zimmertür geklopft. Es war nicht die Dame vom »Roomservice«, die da grell geschminkt und mit Brüsten, die fast aus ihrer Bluse fielen, vor mir stand. »Massage? Massage?«, sagte sie mehr fordernd als fragend. Oder der Manager eines Fitnessclubs in einem Hotel in der Provinz Yunnan. »Massage, very good«, versprach er, wobei seine eindeutigen Handbewegungen auf einen anderen Service schließen ließen.

»Nein, danke«, hatte ich geantwortet und Nein sagte ich auch zu meiner Begleiterin im Fahrstuhl. Aber sie war anders als die Frauen, die mich bisher gefragt hatten, charmanter und selbstbewusst. Vielleicht könnte sich die Gelegenheit zu einem Gespräch ergeben. Ich war neugierig und wollte schon lange wissen, wie der angeblich so streng verbotene Handel mit der Ware Sex in China funktioniert. »Ich habe Durst«, sagte ich nach einer kurzen Pause. »Darf ich dich zu einem Drink einladen?« Sie nickte.

Wir fuhren in die Bar in den 24. Stock. Sie war etwas heruntergekommen, wie das ganze Hotel. Ausgetretener Teppich, gesprenkelt mit Spuren verschütteter Getränke, abgewetzte Ledersessel, die selbst im gedämpften Licht einen schäbigen Eindruck machten. An der Bar saßen ein halbes Dutzend Frauen, an manchen Tischen einige Paare, schweigend. Eine philippinische Band spielte Boney M. und Abba-Hits. Zeng Min bestellte einen Orangensaft. »Dies ist mein Arbeitsplatz. Genauer gesagt, ein Teil davon.« Über ihr Gesicht huschte ein Lächeln.

Zeng Min ist eine von mehreren hunderttausend, vermutlich aber eher Millionen, Prostituierten im Reich der Mitte. Genaue Zahlen kennt niemand. Vor zwanzig Jahren wäre sie als bourgeoises Element ins Arbeitslager gekommen. Damals waren die Kommunisten noch stolz auf ihren erfolgreichen Feldzug gegen den käuflichen Sex. Für Mao und seine Genossen war das eine soziale Krankheit des Westens, ein weiteres Beispiel für den menschenverachtenden Kapitalismus, in dem alles seinen Preis hat, selbst die Liebe. Unmittelbar nach der Revolution schickten die neuen Herrscher tausende von Huren in Umerziehungslager, und bis gegen Ende der 70er Jahre gab es in China so gut wie keine Prostitution.

Die kommunistischen Moralvorstellungen sind heute so aktuell wie die Rote Bibel des Großen Vorsitzenden. Es gibt keine Stadt, in der nicht Karaoke-Bars, Saunen, zwielichtige Fitnessstudios und Massagesalons aggressiv um Kunden werben. In vielen Fällen verstecken sich dahinter mehr oder weniger offen Bordelle. Zeng Min kann sich ungehindert im Luxushotel anbieten. Obwohl Prostitution noch immer illegal ist, Gerichte zuweilen sogar die Todesstrafe verhängen und die offzielle Propaganda sie weiterhin als dekadenten westlichen Einfluss anprangert, beschränken die Behörden ihren Kampf auf kurzfristige Kampagnen. Das Geschäft mit dem käuflichen Körper ist zu profitabel, nicht nur für die Frauen. Es zeigt, wie tiefgreifend der Reformprozess in nur wenigen Jahren die Werte und Moralvorstellungen im ehemals so prüden Reich der Mitte verändert hat.

Die 26-jährige Zeng Min ist dafür ein gutes Beispiel. Sie war bereit, mit mir an diesem und den folgenden Abenden über ihr Leben und ihre Arbeit zu sprechen. Wir trafen uns im Hotel, in einem Teehaus oder gingen im Stadtpark spazieren. Sie wich keiner Frage aus, auch wenn sie manches als etwas indiskret empfand. Ihre Offenheit, zumal einem Ausländer gegenüber, ist ein Zeichen des Selbstbewusstseins und der Unabhängigkeit – Eigenschaften, die typisch sind für ihre Generation.

»Ich arbeite seit Herbst 1997 im Hotel. Wir sind rund zwei Dutzend Frauen, und die meisten kommen jeden Abend. Wir sitzen in der Bar, der Disco oder im Coffeeshop und warten auf Freier. Das Hotel ist der ideale Ort, um auf Kundenfang zu gehen, denn hier wohnen hauptsächlich alleinreisende Geschäftsleute. Manchmal allerdings ist es voll mit diesen Tourgruppen, wo die Männer mit ihren Frauen verreisen. Da bleibe ich gleich zu Hause.

Von den Hotelangestellten hat uns noch nie jemand belästigt. Manche halten uns bestimmt für Gesindel, aber es fiel noch kein böses Wort. Sie behandeln uns mit dem gleichen Respekt oder mit dem gleichen gelangweilten Gesichtsausdruck, wie jeden anderen Gast. Auch das Management lässt uns in Ruhe. Ich vermute, wir sind gut fürs Geschäft. Zu den anderen Frauen habe ich kaum Kontakt. Dies ist nicht der Ort, an dem du Freundinnen findest. Es sind Konkurrentinnen, was soll ich mit denen reden? Die jüngste ist achtzehn Jahre alt. Aber die meisten sind in meinem Alter, unverheiratet, und arbeiten auf eigene Rechnung. Eine Frau ist Mitte dreißig, sie hat zwei kleine Söhne und keinen Mann. Irgendwie muss sie die Kinder ja ernähren. Es gibt keine Zuhälter. Manche werden von ihren Freunden zum Hotel gebracht und nach Mitternacht wieder abgeholt, aber das sind Paare, die auf Droge sind. Einige Frauen nehmen Heroin. Das sehe ich sofort. Sie sind noch dünner als die anderen, und ihre Gesichter sind eingefallen, und ihre Freunde sehen genauso ausgemergelt aus. Diese Frauen machen es mit jedem, und wenn es genug Geld gibt, auch ohne Kondom.

Die Hotelleitung muss gute Beziehungen zur Polizei und zum Büro der Öffentlichen Sicherheit haben. Eine richtige Razzia hat es hier noch nicht gegeben. Ich weiß nicht, wie sie es anstellen, aber billig ist das sicher nicht. Manchmal kommen Polizisten in Zivil und schauen, was die Frauen machen. Eine oder zwei nehmen sie dann mit. Ein paar Tage später sind sie wieder da, aber keine spricht über das, was in der Zwischenzeit passiert ist. Das ist irgendwie unheimlich, aber ich traue mich nicht zu fragen, was mit ihnen geschehen ist. Es gibt viele Gerüchte. Natürlich müssen wir Geld bezahlen, um wieder frei zu kommen. Vielleicht auch mit unserem Körper. Mir ist noch nie etwas passiert. Trotzdem habe ich Angst, jede kann die nächste sein. Ein Kunde aus Europa hat mir erzählt, dass Prostitution in seinem Land legal ist. Das können wir in China nicht erlauben. Dann stünde an jeder Straßenecke eine Frau.

Aids ist noch kein Problem. Zumindest kein großes. Aber

auch da gibt es nur Gerüchte. Drei Frauen sind in den vergangenen Monaten spurlos verschwunden. Sie sollen Aids gehabt haben und verhaftet worden sein. Niemand weiß, was wirklich mit ihnen geschehen ist.

Ich gehe nur drei Abende in der Woche ins Hotel: donnerstags, freitags und sonnabends. Mit der Zeit habe ich ein Gespür für Freier entwickelt. Nicht jeder alleinsitzende Mann wartet darauf, von einer Prostituierten angesprochen zu werden. Aber viele, erstaunlich viele. Habe ich mich geirrt, verabschiede ich mich nach ein paar Minuten wieder. Ansonsten bestelle ich einen Orangensaft und rede mit meinen Kunden eine Weile, und es dauert nicht lange, dann weiß ich sehr genau, mit welchem Typ ich es zu tun habe. Manche werden laut und lustig und trinken aus Unsicherheit ein Bier oder einen Wodka nach dem anderen. Dann sind sie mutig und wollen tanzen und fragen mich, ob ich mit aufs Zimmer komme. Fast alle sind verheiratet. Wenn mir jemand nicht völlig unsympathisch ist, gehe ich mit. Andere sind sehr schüchtern. Sie drucksen rum und trauen sich nicht. Mit denen würde ich am nächsten Tag noch an der Bar sitzen, wenn ich sie nicht fragen würde, ob sie möchten, dass ich mitkomme. Dann nicken sie ganz erleichtert.

Mein erster Kunde war Chinese. Er war nett, und wir haben den ganzen Abend geredet und getanzt, bevor wir auf sein Zimmer gingen. Ich war sehr aufgeregt, kann mich aber heute nicht mal mehr erinnern, wie es war. Das ist mein Glück. Ich kenne keine schlechten Erinnerungen, ich vergesse negative Dinge sofort. Sonst könnte ich in diesem Beruf nicht arbeiten.

Am Anfang hatte ich Angst vor Ausländern. Sie sind so groß und kräftig und schwer. Ich muss vorsichtig sein, denn ich bin meinen Kunden ausgeliefert. Wenn sie nicht zahlen wollen, wenn sie mich misshandeln, schlagen, vergewaltigen, gibt es niemanden, der mir hilft. Ich kann ja nicht zur Polizei gehen. Bisher hatte ich Glück. Es gab keinen Ärger, und beim Sex sind die Männer erstaunlich anspruchslos. Keine perversen Wünsche, kein S&M, kein Peitschen mit dem Gürtel. Manche wollen nur reden. Erzählen mir ihr Leben, ihre Probleme und freuen sich, dass ihnen mal einer zuhört.

Mein erster westlicher Kunde kam aus Finnland. Er war blond und schlank und hatte Augen, so blau, wie ich sie noch nie gesehen hatte. Ich mochte ihn, und nach ein paar Stunden in der Disco ging ich mit ihm aufs Zimmer. Ich war so schüchtern und nervös, dass ich mich nicht einmal ausziehen konnte. Das gefiel ihm, und er kam am nächsten Wochenende wieder. Es dauerte drei Wochen, bis wir Sex hatten. Heute mache ich es lieber mit Ausländern. Sie zahlen besser. Von ihnen verlange ich 1000 Yuan, von einem Chinesen 500 oder 600. Sie verdienen weniger. Selbst wenn sie im selben Unternehmen arbeiten, ist ihr Gehalt viel geringer, und ich muss mich dem Markt anpassen. Außerdem sind Ausländer oft höflicher und rücksichtsvoller. Oder versuchen zumindest, es zu sein. ›Tut es weh, tut es weh‹, wollen sie immer wissen. Es tut nicht weh, jedenfalls nicht zwischen den Beinen, und dort wo es manchmal weh tut, können sie mir nicht helfen. Oft fragen sie hinterher, ob ich auch Spaß gehabt hätte. Was für eine Frage. Es macht nie Spaß. Zumindest nicht beim ersten Mal. Manche kommen regelmäßig in die Stadt. Da entsteht eine gewisse Vertrautheit. Spaß macht es trotzdem nicht, aber zumindest denke ich nicht: Hoffentlich ist er bald fertig.

Meine Eltern wissen natürlich nicht, was ich mache. Ich habe mir noch nie vorgestellt, was passiert, wenn sie es rausfinden. Würden sie mich rausschmeißen, weil ich der Familie Schande gemacht habe? Ich vermute nicht. Sie lieben mich, und wer liebt, kann auch verzeihen. Sie würden glauben, dass ich einen großen Fehler gemacht habe, und ich müsste versprechen aufzuhören. Ich habe noch zwei ältere Brüder, aber meine Eltern haben mich immer ein wenig bevorzugt. Sie haben am Fließband in einer Lastwagenfabrik gearbeitet und waren selten zu Hause. Entweder mussten sie Überstunden machen oder auf politischen Veranstaltungen sitzen. Ich habe keine Ahnung, worum es da ging.

Über Politik haben wir in der Familie nie gesprochen. Meine Eltern sind keine Parteimitglieder und waren politisch nicht aktiv. Wie viele Chinesen haben sie einfach versucht zu überleben. Mehr weiß ich nicht, und ich frage sie nicht nach ihrem Leben.

Meine Eltern behaupten, dass ich ein einfaches Kind war, sehr artig und gut in der Schule. Mir hat Lernen Spaß gemacht. Ich war immer die Beste in der Klasse und wollte mit achtzehn unbedingt auf die Universität. Ich wollte Sprachen studieren und Lehrerin werden. Meine Eltern haben es nicht erlaubt. Träume waren ihnen fremd. Meine Mutter konnte sich einfach nicht vorstellen, dass eines ihrer Kinder klug genug für die Universität sein könnte. Selbst als einer meiner Lehrer mit ihr redete, blieb sie stur. Ich sollte Arbeiterin werden. Mechanikerin, wie meine Eltern. Das stand in ihrem Ansehen ohnehin höher. Ich gehorchte und musste drei Jahre lang lernen, wie man Motoren auseinandernimmt und wieder zusammenschraubt. Das habe ich vom ersten Tag an gehasst. Es war dreckig und laut und langweilig, und die Arbeit war körperlich viel zu schwer für mich. Ich bin 1,64 groß und wiege nicht mal 45 Kilo. Ich konnte kaum die schweren Schraubenschlüssel heben. Meine Eltern sagten, das sei ein sicherer Job, einer fürs Leben. Ich müsste mir um meine Zukunft keine Gedanken mehr machen. Ich habe ihnen geglaubt. Sie haben für mich entschieden. So war das damals, vor acht Jahren.

Nach der Lehre habe ich es noch zwei Jahre in der Fabrik ausgehalten. Ich verdiente 400 Yuan im Monat, das war gar nicht schlecht für eine Fabrikarbeiterin. Als ich kündigte, sagten meine Eltern und meine Verwandten, ich bin verrückt. Sie begriffen damals noch nicht, dass es in China keine Jobs auf Lebenszeit mehr gibt. Wer nicht gebraucht wird, fliegt raus. Wer nicht gut ist, fliegt raus. Ich wäre nie eine gute Mechanikerin geworden, weil es mich nicht interessierte, weil es mir keinen Spaß machte. Ich habe versucht, das meinen Eltern zu erklären. Sie haben gar nicht verstanden, wovon ich rede. Worte wie Spaß, Interesse oder eigene Entscheidung kommen in ihrem Vokabular nicht vor. Sie haben in ihrem Leben kaum etwas entscheiden können oder müssen. Selbst ihre Heirat war von ihren Eltern arrangiert worden, und der Parteisekretär musste zustimmen. Heute machen sie sich Vorwürfe. ›Wir hätten dich studieren lassen sollen‹, sagen sie. Ich war ihnen nie böse. Sie haben es gut gemeint. Sie wussten es nicht besser.

Nachdem ich in der Fabrik gekündigt hatte, trat ich mit einer Band als Sängerin auf. Damit hatte ich noch während meiner Zeit als Mechanikerin angefangen, und wir waren ziemlich erfolgreich. Es gab mittlerweile in unserer Stadt ein richtiges Nachtleben mit Restaurants, Discos, Bars und Tanzhallen, und es gab mehr und mehr Menschen, die sich das leisten konnten. Wir gastierten vor allem in Restaurants und Tanzlokalen. Ich sang jeden Abend und verdiente mehr als 1000 Yuan im Monat, und es dauerte nicht lange, da waren meine Eltern stolz auf mich. Sie kamen sogar mal zu einer Vorstellung. Das kannten sie ja alles gar nicht. Luxuriöse Restaurants, Karaoke-Bars, Orte, wo man hin geht, um sich zu amüsieren.

Nach zwei Jahren hörte ich damit auf. Ich wusste, dass die Singerei für mich keine Zukunft hat. Das Publikum will auf der Bühne junge Mädchen sehen, mit dreißig hast du keine Chance mehr. Außerdem wollte mein Freund, dass ich aufhöre. Er war meine große Liebe. Wir waren zwei Jahre zusammen, und es war die schönste Zeit meines Lebens. Ich vertraute ihm, wie ich noch nie zuvor einem Menschen vertraut hatte. Er war der erste Mann, mit dem ich schlief. Er war so alt wie ich, und wir wollten heiraten. Seine Mutter mochte mich nicht. Sie wollte, dass er eine Ausländerin heiratet, so dass die Familie im Notfall ins Ausland fliehen könnte. Nach zwei Jahren hatte sie eine Italienerin für ihn gefunden. Er weinte, als er es mir gestand. Er liebe mich, aber er müsse tun, was seine Mutter ihm sage. Er könne sie nicht enttäuschen. Ich brüllte ihn an: Du bist zweiundzwanzig und ein Mann. Warum setzt du dich nicht durch? Aber ich wusste, dass ich keine Chance mehr hatte. Seine Familie hatte für ihn entschieden. Seitdem habe ich keinen Freund mehr gehabt und mit keinem Mann geschlafen, für den ich etwas empfinde.

Danach ging ich auf eine private Sprachschule und lernte Englisch. Ich wollte Dolmetscherin werden oder zumindest einen guten Job in einem Joint Venture finden. Das geht nur, wenn ich fließend Englisch spreche. Ich hatte als Sängerin etwas Geld gespart und konzentrierte mich in den ersten Monaten ganz auf die Schule, lernte zehn, manchmal zwölf Stunden am Tag. Als das Geld alle war, musste ich mir einen Job suchen. Das war nicht leicht, weil ich nicht sehr flexibel war. Ich konnte nur nachts oder abends arbeiten, weil ich tagsüber zur Schule ging. Ich konnte nicht jeden Abend arbeiten, weil ich Zeit fürs Studieren brauchte. Die Stelle musste gut bezahlt sein, weil die Gebühren für die Schule sehr hoch waren. Solche Jobs gibt es nicht viele.

Ich musste nicht lange nachdenken, bis ich auf das Hotel kam. In meiner Zeit als Sängerin hatte ich in Nachtklubs gesehen, was da abläuft. Ich wusste, dass es Frauen gibt, die ihren Körper verkaufen und damit viel Geld verdienen. Ich rechnete. Zwei, drei Abende pro Woche müssten reichen. Das würde mir genug Zeit zum Lernen und genug Geld für die Schule und zum Leben geben. Ich hätte auch meine Familie um Hilfe bitten können. Meine Brüder haben kleine Läden und verdienen um die 1000 Yuan im Monat, meine Eltern bekommen zusammen 800 Yuan Pension. Sie hätten zusammengelegt und meine Schule finanziert. Aber das wollte ich nicht. Ich bin sechsundzwanzig und möchte unabhängig sein.

Jetzt verdiene ich zwischen 2000 und 3000 Yuan in der Woche. Dafür müssen meine ehemaligen Kolleginnen in der Lastwagenfabrik fast ein Jahr lang arbeiten. Das Geld reicht für die Schule, ich kann mir zusätzlich ein paar schöne Kleider und Schmuck kaufen und spare noch etwas für eine Eigentumswohnung. Als ich vor sechs Monaten mein Englischdiplom bekam, wollte ich aufhören, so wie ich es mir vorgenommen hatte. Aber die Versuchung war zu groß. Wo kann ich mit so wenig Aufwand so viel Geld verdienen? Ich habe mir überlegt, dass Englisch allein nicht reicht, um einen guten Job zu bekommen. Nun studiere ich Japanisch und Computer. In zwei Jahren bin ich damit fertig, dann höre ich auf mit der Prostitution. Ganz bestimmt.

Ich weiß, dass ich dann mehr arbeiten muss und weniger verdienen werde. Aber in einem anständigen Beruf, wo ich keine Angst vor der Polizei oder Krankheiten haben muss. Ein Beruf, von dem ich jedem erzählen kann und auf den ich stolz bin. Außerdem möchte ich heiraten und ein Kind haben. Zumindest träume ich davon. Ich weiß nicht, ob ich meine Angst überwinden kann. Wenn ich mich unter meinen Freunden und Bekannten umschaue, sehe ich keine glückliche Ehe. Sie streiten sich ums Geld, sie wohnen in winzigen Wohnungen und haben nicht einmal guten Sex, und viele lassen sich scheiden. Die Probleme sind die gleichen wie in der Generation unserer Eltern, aber die haben es ausgehalten, weil sie bescheidener waren und weil sie keine Wahl hatten. Warum sollte es mir besser gehen als meinen Freundinnen? Würde ich meinem Mann jemals vertrauen können? Ich erlebe ja, wie wenig die Ehe Männern bedeutet. Sollte er eines Tages erfahren, was ich heute mache, werde ich ihm erklären, warum ich es tat. Wenn er mich liebt, wird er mich verstehen und mir verzeihen. Wenn nicht, war es sowieso der Falsche.

Ich habe mich in den vergangenen Jahren sehr verändert. So wie alles und jeder in China. Ich bin in kurzer Zeit einen weiten Weg gegangen, vom gehorsamen Teenager zur Frau, die ihren Körper verkauft. Manchmal wundere ich mich, wie schnell alles ging. Es bleibt nicht viel Zeit zum Nachdenken, die Gesellschaft verändert sich jeden Tag und du musst dich anpassen, wenn du überleben willst. Ich bin nicht stolz auf meine Arbeit. Ich bin unabhängig und doch nicht erfolgreich. Aber ich empfinde meinen Wandel nicht als Abstieg. Überhaupt nicht. Ich bin frei. Ich kann aufhören. Jeden Tag. Ich habe die Wahl.

Ich fühle mich nicht schuldig, und ich habe kein schlechtes

Gewissen. Wem bin ich Rechenschaft schuldig? Meiner Familie? Ich habe keine Kinder und keinen Mann. Meinen Eltern? Nein. Nur mir. Ich nehme keine Drogen und trinke keinen Alkohol. Ich weiß, was ich tue. Ich treffe Entscheidungen und übernehme die Verantwortung dafür. Die kann mir niemand abnehmen. Keine Partei. Nicht mal meine Eltern. Das habe ich gelernt in den vergangenen Jahren. Ich bin mein eigener Herr. Dies ist mein Leben.«

7

»Die Wahrheit ist immer beängstigend.
Ob über ein Land oder dich selber.«

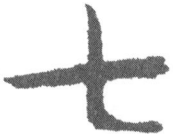

Wer die Wahrheit nicht erträgt, muss lügen. Wer Lügen nicht erträgt, muss die Wahrheit finden. Und so machte sich Lu Yuegang auf die Suche. Seine Reise begann im Spätsommer 1975 in einem Dorf im Westen der Provinz Sichuan. Es war ein warmer, feuchter Tag, als er mit seiner Arbeitsbrigade nach einem mühseligen Tagesmarsch gegen Abend den kleinen Ort erreichte. Sie hatten ihn schon gesehen, als sie den holprigen Weg, der sich in Serpentinen den Berg entlang wand, hinunterkletterten. Das Dorf bestand aus ein paar Dutzend Lehm- und Backsteinhäusern und zwei staubig-braunen Sandwegen. Es war windstill, und aus manchen der Hütten stiegen Rauchsäulen senkrecht in den Himmel. Sie liefen an Mais- und Getreidefeldern vorbei und überquerten einen Fluss. Lu Yuegang war aufgeregt. Er spürte sein Herz pochen, und das lag nicht nur an dem anstrengenden Fußmarsch.

Auf diesen Tag hatte er lange gewartet. Er war siebzehn Jahre alt und hatte, wie er fand, schon viel zu viel Zeit in der Schule vergeudet. Er wollte der Revolution dienen, er wollte endlich dem Aufruf Mao Zedongs folgen, der während der Kulturrevolution die Jugend des Landes aufgefordert hatte, aufs Land und in die Kommunen zu ziehen. Also schickte die Partei alle Schulabgänger zu langjährigen Arbeitseinsätzen auf die Dörfer. Sie sollten bei der Ernte helfen, Häuser und Ställe bauen und der Landbevölkerung am Abend noch Lesen und Schreiben beibringen.

Lu hatte einen begeisterten Empfang erwartet. Stattdessen nannten die Bauern sie die »Kuomintang-Brigade«. KUOMINTANG. Der Name der Nationalisten unter Chiang Kai-shek im Bürgerkrieg. Das war die Inkarnation des Bösen. Gleichbedeutend mit Landesverräter. Spion. Bourgeois. Konterrevolutionär. Ausbeuter. Imperialist. Es gab kaum ein schlimmeres Schimpfwort in Maos Volksrepublik.

Es dauerte nur ein paar Tage, und Lu kannte die Gründe für die Feindseligkeit der Bauern. Die Stadtjugend half nicht nur auf dem Feld, im Namen der Partei und der lokalen Behörden beschlagnahmte sie auch gleich einen Großteil der Ernte. Beschlagnahmte? Die Partei? Sie war da, um zu helfen. Nie würde sie von der Bevölkerung klauen. Oder doch? Mit jedem neuen Tag musste Lu erfahren, wie wenig die Wirklichkeit auf dem Lande mit dem zu tun hatte, was er in der Schule, von seinen Eltern und der Partei gelernt hatte.

Lu Yuegang war in den Kasernen der Volksbefreiungsarmee aufgewachsen. Seine Familie gehörte zur revolutionären Elite des Landes. Sein Vater diente als hoher General in der Volksbefreiungsarmee. Er war ein strenger, ernster Mann, der sich in seiner Uniform am wohlsten fühlte und seine Kinder nicht mit ihren Namen anredete, sondern mit der Zahl der Reihenfolge in der sie geboren worden waren. Lus Mutter hatte schon als 17-Jährige mit den kommunistischen Partisanen im Bürgerkrieg gekämpft. Zweifel an den Worten Maos oder der Politik der Partei waren den Eltern so fremd wie zu viele Gefühle ihren Kindern gegenüber. Fast täglich erklärte die Mutter ihm und seinen drei Geschwistern, dass sie keine Familie seien, sondern eine Gruppe, deren einziger Zweck es sei, der Revolution und der Partei zu dienen.

Man hatte Lu auch gesagt, dass es den Bauern gut gehe und dass sie zusammen mit den Arbeitern die führende Klasse im Land seien: überzeugte Revolutionäre und leidenschaftliche Anhänger der Kommunistischen Partei, die wahren Nutznießer der Revolution. Aber sie liefen in Lumpen über die lehmigen Dorfstraßen. Die Kinder hatten aufgeblähte Bäuche, wie er sie Jahre später auf Bildern von Hungerkatastrophen aus Afrika sehen sollte. Ein Arzt kam höchstens einmal im Jahr in den Ort, wenn überhaupt. Kaum jemand konnte lesen und schreiben. Die Menschen ernährten sich von Reis mit wässriger Gemüsesuppe. Die Portionen waren so klein, dass nicht einmal ein Kind davon richtig satt wurde. Fleisch gab es überhaupt nicht.

Diese Armut war nicht Schuld einer feindseligen Natur, wie die Bauern Lu in den folgenden Monaten erklärten. Für den Großteil seiner Geschichte war das Dorf wohlhabend gewesen, gesegnet mit fruchtbarem Boden und reichlich Sonne, auch an Regen mangelte es nicht. Das Elend war das Werk von Menschenhand, das Resultat der Politik der Kommunistischen Partei Chinas. Die Bauern durften nicht mehr anbauen, was für das Klima am besten geeignet war, sondern was die Behörden ihnen vorschrieben. Statt Reis mussten jetzt Getreide und Mais in die Erde, beides gedieh im Tal nicht gut. Sie bewirtschafteten nicht ihre eigenen Höfe, sondern mussten in einer wenig effizienten Kommune zusammenarbeiten. Am schlimmsten aber waren die Abgaben, die die Parteifunktionäre ihnen abzwangen. Selbst eine Ernteüberschussgebühr verlangten sie, obschon die Bauern vom Ertrag der Felder kaum leben konnten. Um nicht zu verhungern, versteckten sie einen Teil des Getreides und machten falsche Angaben über die Erträge.

Lu Yuegang fühlte sich belogen und hintergangen. Die Bauern waren keine Anhänger der Revolution. Sie hassten die Regierung und die Partei. Die Zustände waren das Gegenteil von dem, was man ihm von Kindheit an gepredigt hatte, und nun hielt sein Weltbild der Wirklichkeit nicht stand. Was war das für ein System, das die Menschen zwang zu lügen? Wieso waren die

Bauern noch immer so arm, obwohl die Kommunisten nun schon fast dreißig Jahre das Land regierten? Warum hatte man ihn belogen? Für wen war die Wahrheit so bedrohlich? Lu hatte zum ersten Mal in seinem Leben Fragen, und er wollte Antworten.

An einem Wintermorgen stellte er den Parteisekretär des Bezirks zur Rede. Warum gibt es für das Dorf eine Produktionsüberschussquote, wenn es keinen Produktionsüberschuss gibt? Der Mann blickte aus dem Fenster um sicherzugehen, dass niemand in der Nähe war, und schloss die Tür. Für solche Fragen haben Menschen schon mit dem Leben bezahlen müssen, zischte er. Lu erschrak über die eiskalte, feindselige Stimme. Einmal sei ihm – wegen seiner Jugend, seines Fleißes und seiner Herkunft – vergeben. Er solle arbeiten und nie, nie wieder solche Fragen stellen.

»Für mich brach eine Welt zusammen. Ich begann an allem zu zweifeln, woran ich vorher geglaubt hatte«, erinnert er sich. Lus Wahrheiten waren, wie die der meisten Chinesen seiner Generation, mehr als nur politische Überzeugungen. Es waren die Bausteine seines Lebens. Die Welt, die da zusammenbrach, war die einzige, die er kannte, und eine andere konnte er sich nicht einmal vorstellen. Lu hatte selbst während der Kulturrevolution keine Zweifel bekommen, als er seinen Vater, den altgedienten Kommunisten, auf einer Bühne sah, beschimpft, bespuckt und geschlagen von jungen Rotgardisten, weil sie ihn für einen Konterrevolutionär hielten.

»Nach ein paar Monaten auf dem Land wusste ich nicht mehr, was richtig oder falsch war, und es gab niemanden, mit dem ich darüber reden konnte. In meiner Verzweiflung begann ich Tagebuch zu führen. Es wurde mein einziger Vertrauter. Ich schrieb aus Notwehr«, erzählt Lu und lacht. Sein Lachen ist laut und lang und nicht unbedingt fröhlich. Es ist ein Lachen, das er auch als Waffe einsetzt, um weitere Fragen in die Flucht zu schlagen. Es ist schwierig, nach einem solchen Lachen mit demselben Thema fortzufahren.

Nun steht er erst einmal auf und holt heißes Wasser für den Tee. Mit seinem jugendlichen, fast faltenlosen Gesicht, einem schütteren Dreitagebart und den schulterlangen, etwas strähnigen Haaren sieht er aus wie ein Studentenführer aus den 60er Jahren. Wir sitzen in seinem privaten Arbeitszimmer im Zentrum Pekings. Lu lebt mit seiner Frau und seinem 15-jährigen Sohn in einer Zweieinhalbzimmer-Eigentumswohnung. Sie ist für chinesische Verhältnisse großzügig geschnitten und komfortabel eingerichtet. Der Flur bietet Platz für einen Esstisch und Stühle, daneben liegt eine moderne Einbauküche. Die Räume sind frisch geweißt, unter den Decken klebt Stuck. Eine beige Papierwand im japanischen Stil trennt sein Büro vom Flur. Regale bedecken die Wände wie in einer Bibliothek. Den Boden pflastern Stapel von Büchern, Zeitungen und Manuskripten. Lu bringt eine Thermoskanne mit kochendem Wasser und eine Schale Erdnüsse und Sonnenblumenkerne. Er setzt sich in seinen Schreibtischstuhl, oder besser, er zappelt in seinem Sessel. Lu ist ständig in Bewegung. Seine Beine wippen unaufhörlich, sein Oberkörper wiegt hin und her, vor seinen Händen ist keine Büroklammer, kein Kugelschreiber sicher.

Die Unruhe ist Ausdruck einer Energie, einer Rastlosigkeit, die aus dem Hilfsbauern einen der führenden Zeitungsreporter Chinas werden ließ. Er ist einer der wenigen investigativen Journalisten des Landes und zudem verantwortlicher Redakteur für die Seiten 1 und 2 der *China Youth Daily,* der zweitgrößten Tageszeitung Pekings. Während seines Marsches durch die Institutionen hat er nicht aufgehört, Fragen zu stellen und nach Antworten zu suchen. Seine Karriere bezahlte er nicht mit Anpassung. Dass ein freier, unabhängiger Geist wie er in der Hierachie einer der wichtigsten Tageszeitungen so hoch klettern konnte, ist einer der Widersprüche in der eigentlich streng kontrollierten und regierungstreuen Presse. Sein Aufstieg zeigt die Risse in der einst lückenlosen Zensur und totalen Kontrolle der Medien an, jener großen Mauer, die die kommunistischen Machthaber jahrzehntelang um das Bewusstsein ihrer Untertanen gezogen hatten.

Lus Yuegangs Weg war geprägt von Umwegen und Rückschlägen. Sein Leben scheint in manchen Phasen wie eine Metapher für die vielen Irrwege Chinas, auf denen das Land das Potential, die Kreativität und Phantasie mehrerer Generationen vergeudet hat. Lu wurde nach den zwei Jahren in der Kommune auf Befehl der Partei Mitglied eines geologischen Teams, das nach Kohle und später nach Goldminen suchte. Vier Jahre arbeitete er dort als Träger, Koch oder Handwerker, je nachdem, was die Brigade gerade benötigte. Er hauste in Zelten und Baracken, oft war der nächste Ort mehrtägige Fußmärsche entfernt. Einziger Vorteil der Plackerei: In der Einsamkeit gab es keine Ablenkung. Er hatte genug Zeit zu schreiben und zu lesen. Freunde versorgten ihn mit vielen Büchern westlicher Autoren. Während er tagsüber in der Erde buddelte, entfloh er abends in die Welten von Kafka, Sartre und Camus, in die von Faulkner, Salinger oder Updike.

Im Sommer 1980 wurde sein Team der Volksbefreiungsarmee zugeschlagen und in den folgenden Jahren kreuz und quer durchs Land geschickt. Lu musste wieder bei der Ernte auf den Feldern helfen, Schweineställe bauen, in Fabriken des Heeres schuften oder Texte für die Propagandaabteilung der Armee verfassen. Nebenher schrieb er Kurzgeschichten, Gedichte und Essays und schickte sie an Literaturmagazine, Verlage und Tageszeitungen. »Wie die meisten Chinesen hatte ich damals überhaupt keine Macht über mein Leben«, sagt er. »Meine Welt war klein und eng und von außen gelenkt. Aber meine Fantasie war grenzenlos und frei. Schreiben war die einzige Möglichkeit, mich auszudrücken. Mit dem Schreiben gewann ich Stück für Stück die Kontrolle über mein Dasein zurück.«

Seine ersten Veröffentlichungen erschienen in kleinen Literaturmagazinen. Es waren drastische Beschreibungen von der Armut und der Einsamkeit auf dem Lande, schwermütige Erzählungen voller Andeutungen und Melancholie. Sie fanden zunehmend Beachtung, und im November 1986 machte ihm die *China Youth Daily* ein Angebot. Sie war damals die mutigste aller Tageszeitungen, veröffentlichte provokante Kommentare und Artikel, die nirgendwo sonst erschienen wären. Ihre Redaktion war eine Mischung aus ein paar altgedienten Reportern, kritischen Intellektuellen und vielen jungen, risikobereiten Redakteuren, die einen individuellen Schreibstil pflegten, eigentlich ein Tabu in China. Fast täglich testeten sie die Grenzen der Zensur. Doch Lu zögerte. Er wollte nicht Teil des staatlichen Machtapparates werden. Er wollte seine Fantasie nicht nach der Parteilinie richten müssen. »Chinesische Journalisten haben eine Menge Unglück über das Land gebracht«, sagt er. »Offiziell sind wir noch immer das Sprachrohr der Partei, und in ihrem Namen haben wir die Bevölkerung belogen und betrogen und damit einen Teil der Katastrophen der letzten Jahrzehnte mitverursacht. Ich wusste nicht, ob ich wirklich Journalist werden wollte. Als Schriftsteller hatte ich mehr Freiheiten.« Erst als andere junge Redakteure ihm versicherten, dass die Zeiten sich änderten, nahm er das Angebot an.

Lu hatte Glück. Die 80er Jahre waren eine Phase des Aufbruchs für die chinesische Presse. Die 1979 begonnenen Wirtschaftsreformen und die Öffnung des Landes hatten auch die Medien erreicht. Sie waren nicht mehr lediglich Verlautbarungsorgane der Regierung, sondern hatten zaghaft mit kritischer Berichterstattung begonnen. Die ersten investigativen Reportagen waren in der *Volkszeitung,* dem Sprachrohr der Partei, erschienen und hatten unter Journalisten tiefen Eindruck hinterlassen. Bisher waren sie es gewohnt, Propagandaberichte zu verfassen, offizielle Zitate und Statistiken kritiklos zu übernehmen. Nun sollten sie recherchieren, Fragen stellen, eigene Informationsquellen finden.

Viele junge Redakteure – Lu war einer von ihnen – nutzten die Chance und entwickelten einen für China neuen Stil der literarischen Reportage, vergleichbar dem in den 60er Jahren in den USA entstandenen »neuen Journalismus«. Für ihre authentischen Reportagen tauchten sie ein in die dunklen Seiten der chinesischen Gesellschaft. Sie verbrachten zuweilen Monate mit

Prostituierten und Kleinkriminellen, Obdachlosen oder Bettlern. Andere recherchierten mit der gleichen Akribie Geschichten über Wirtschaftsverbrechen oder Versäumnisse der Behörden. Ihre Arbeit zeigte Wirkung. Ein gründlich recherchierter Artikel über das Sinken einer Bohrinsel führte zum Rücktritt des verantwortlichen Ministers. Enthüllungsberichte über Machtmissbrauch, Korruption und Verschwendung in Verwaltungen und Ministerien brachten zahlreiche hohe Politiker in Schwierigkeiten. Tageszeitungen wurden zu einer Art Kummerkasten des Volkes. Briefe, in denen sich Leser über tyrannische Parteikader oder inkompetente Funktionäre beklagten, gingen stapelweise ein, und die Beschwerden dienten immer häufiger als Grundlage kritischer Artikel.

Wie immer in China wurde die Öffnung durchkreuzt von Rückschlägen und politischen Feldzügen gegen »bürgerliche Liberalisierung« oder »geistige Verschmutzung«, die jedoch nur von kurzer Dauer waren. Die Führung wollte keine Rückkehr in die Zeiten des permanenten Klassenkampfes. Und jede überstandene Kampagne machte die Journalisten mutiger. Ein Vertrauter Deng Xiaopings, Hu Jiwei, ehemaliger Chefredakteur der *Volkszeitung* und einer der einflussreichsten Journalisten der 80er Jahre, erhob die Pressefreiheit zu einem »Bürgerrecht« und forderte, sie gesetzlich zu garantieren. Der damalige Generalsekretär der KP, Zhao Ziyang, erklärte auf dem 13. Parteikongress im Oktober 1987, dass kritische Berichterstattung notwendig sei, um die Arbeit von Beamten und Funktionären im ganzen Land zu kontrollieren. Der Kampf um ein Stück Pressefreiheit fand seinen Höhepunkt in der Berichterstattung über die Proteste im April, Mai und Juni 1989. Nach anfänglichem Zögern berichteten die Medien in noch nie dagewesener Offenheit über die Demonstrationen und Forderungen der Studenten. Als am 17. Mai über eine Million Menschen durch die Straßen der Hauptstadt marschierten und politische Reformen forderten, waren darunter tausende von Journalisten. Auch Lu war dabei. Zwar hielt er kritische Distanz zum radikalen harten Kern der

Studenten, aber auch er glaubte fest daran, dass die Zeit für Reformen gekommen war. Die blutige Niederschlagung der Proteste am 4. Juni bedeutete auch das Ende der neuen Offenheit in den Medien.

Es fällt Lu auch heute noch schwer, über die Wochen im Frühjahr 1989 und das Massaker am Platz des Himmlischen Friedens zu sprechen. Wir sitzen in unserem üblichen Treffpunkt, einem Teehaus in der Nähe seiner Redaktion an der zweiten Ringstraße in Peking. Es herrscht die ruhige Atmosphäre eines Lesesaals, die meisten Gäste sprechen mit gedämpfter Stimme. Es gibt kleine Separees mit Bambuswänden und einem Vorhang, der ungestörte Gespräche ermöglicht. »Es ist unsere Aufgabe, an die Vergangenheit zu erinnern«, sagt Lu und schlürft etwas Tee. »Leider scheinen Chinesen weniger zur Reue zu neigen als andere Völker. Ich habe noch von keinem Chinesen gehört, der sich für die Verbrechen der vergangenen Jahrzehnte entschuldigt hat. Nicht für die Millionen von Hungertoten während des ›Großen Sprungs nach vorn‹. Nicht für die Verfolgung und Ermordung Unschuldiger während der Kulturrevolution. Nicht für«, und seine Augen füllen sich mit Tränen, »nicht für die Toten des 4. Juni 1989. Wir müssen dafür sorgen, dass sie nicht vergessen werden.« Er schweigt, statt zu lachen, lässt die Schultern sinken und sackt in sich zusammen. Nach ein paar Sekunden wischt er sich die Tränen aus den Augen und sitzt wieder aufrecht.

Lu war, wie viele seiner Kollegen, im Sommer 1989 in eine Art inneres Exil gegangen. Zwei Monate schloss er sich in das Archiv der Zeitung ein und studierte Chinas Reformprozess seit 1979, versuchte zu verstehen, wie es zu der Tragödie kommen konnte. Anschließend schrieb er einen ausführlichen Artikel über die Entwicklung Chinas in den 80er Jahren und kam darin zu dem Schluss, dass der Reformprozess nicht zu Ende sei, sondern nur einen Rückschlag erlitten habe. In drei bis fünf Jahren würde sich das Land wieder öffnen, prophezeite er. Die meisten seiner Freunde hielten ihn für einen verrückten Optimisten.

Sie sahen China dem Untergang geweiht, sahen es entweder in einem blutigen Bürgerkrieg versinken oder zu einer stalinistischen Diktatur verkommen.

Lu sollte Recht behalten. Mit Deng Xiaopings »Tour durch den Süden« im Januar 1992 begann eine neue, noch viel radikalere Phase der Reformen, die bald auch wieder die Medien erreichte. Am Beginn des 21. Jahrhunderts ist Chinas Presse offener und kritischer, bunter, mutiger und vielschichtiger denn je. Es gibt tausende von Zeitungen, Zeitschriften und Monatsmagazinen, und, rechnet man zu den acht Kanälen des Staatsfernsehens noch die kleinen Kabelanbieter in den Provinzen, fast ebenso viele TV-Stationen. Der Grund für die Vielseitigkeit liegt allerdings weniger in einer gezielten politischen Liberalisierung, wie das in den 80er Jahren der Fall war, sondern vielmehr in den Gesetzen der Marktwirtschaft, die heute auch für die Medien gelten. Beim staatlichen Fernsehen CCTV zählen Einschaltquoten und Werbeeinnahmen schon fast so viel wie die Parteilinie. Für Zeitungen und Zeitschriften gibt es keine Subventionen mehr, auch wenn sie noch als Volkseigene Betriebe gelten. Es herrschen die Gesetze des Kapitalismus: Profit machen oder eingestellt werden. Die Zeiten der staatlich garantierten Auflagen, als ganze Behörden und Staatsfirmen für ihre Arbeiter Tageszeitungen abonnierten, sind endgültig vorbei. Die Auflage der *China Youth Daily* sank in den vergangenen Jahren von 3,1 Millionen auf 640 000, und damit ist sie noch eines der erfolgreichsten Blätter. Die Tageszeitungen befinden sich im Konkurrenzkampf um Anzeigenkunden und Leser, und es geht dabei kaum anders zu als im Westen. Chefredakteure werben bei großen Unternehmen und PR-Agenturen um Anzeigen und Abonnenten. Wie ihre Kollegen in London, New York, Paris oder München lassen sie täglich Marktanalysen erstellen, um herauszufinden, was die Leser wissen wollen und welches die meistgelesenen Seiten und Rubriken sind.

Der Kampf gegen sinkende Auflagen zwingt die Zeitungen zu einer realistischeren Berichterstattung. Wer will schon jeden

Tag von der ersten bis zur letzten Seite Lobeshymnen auf die Partei lesen. Neben den immer noch obligatorischen Propagandaberichten über Parteikongresse, Helden der Arbeit oder Errungenschaften des Reformprozesses, sind nun Geschichten über Armut und Korruption, Verbrechen und Vergewaltigungen zu finden. Das sind die meistgelesenen Artikel, und mit ihnen ködern die Tageszeitungen ihre Leser – Chinas Gegenstück zu den nackten Frauen in westlichen Boulevardblättern. »Die würden wir natürlich auch gern drucken«, gestand uns ein Chefredakteur. »Aber das dürfen wir nicht. Noch nicht.«

Die Kommerzialisierung der Medien hat in China bisher, anders als im Westen, zu erheblich höherer Qualität geführt. »Engagierter, ernsthafter Journalismus bedeutet bei uns mehr Marktanteil, nicht weniger«, sagt Lu und holt aus seiner abgewetzten Aktentasche eine Ausgabe der *China Youth Daily*. »Das Layout hat sich verändert«, sagt er, während wir die Zeitung durchblättern. »Es ist übersichtlicher, kürzere Texte, mehr und größere Fotos. Wir drucken jeden Tag mindestens eine Geschichte über Rechte von Bürgern und Konsumenten gegenüber Behörden und Unternehmen. Das ist die beliebteste Rubrik.«

Er zeigt uns einen Bericht über einen Mann, der in einen nicht abgedeckten Straßengully gefallen war und dabei sieben Zähne verlor. Er hatte die Stadtverwaltung auf Schadensersatz verklagt und in der ersten Instanz den Prozess verloren; in zweiter Instanz wurden die Behörden zur Zahlung von 33 000 Yuan verurteilt. Sie seien verantwortlich für sichere Fußwege. Daneben steht eine Geschichte über einen Parteikader in Harbin, der Hauptstadt der Provinz Heilongjiang im Norden. Er war betrunken Auto gefahren, hatte bei einem Unfall zwei Fußgänger getötet und anschließend noch versucht seine Stellung zu nutzen, um die Sache zu vertuschen. »Die Wurzel des Übels«, urteilt der Autor, »liegt in den vielen Parteisekretären, die glauben, sie seien kleine Kaiser, für die die Gesetze nicht gelten.« Auf der Meinungsseite findet sich ein Kommentar über die Beziehung zwischen politischem Einfluss und Geld. »Macht ist zu einer Ware geworden, die man kaufen kann«, klagt das Blatt.

»Das ist ein sehr kritischer Kommentar über Korruption, den wir drucken konnten, weil wir keine Namen nennen, ja nicht einmal das Wort ›Parteifunktionäre‹ benutzen. Wir schreiben: Menschen mit Macht«, erklärt Lu uns die Grenzen der Freiheit. Sie stehen nirgendwo geschrieben, sind fortwährend im Fluss. »Das ist schwer zu verstehen für Menschen, die nie unter einem autoritären Regime gelebt haben«, sagt Lu. »Aber jeder chinesische Journalist erkennt sie intuitiv. Es ist ein ständiger Kampf mit dem System, ein Zickzackkurs, der von uns Journalisten drei Eigenschaften verlangt: Mut, viel Fantasie und noch mehr Flexibilität.«

Er lacht bei der Frage, ob denn in jeder Redaktion Zensoren säßen, die den Redakteuren beim Schreiben auf die Finger guckten. Der Mechanismus ist viel komplizierter, erklärt er. Alle Publikationen unterstehen dem Propagandaministerium. Es lädt regelmäßig zu Konferenzen, auf denen alle Chefredakteure Direktiven erhalten, über welche Themen sie besonders ausführlich berichten müssen, in welcher Form und welche Sprachregelungen benutzt werden dürfen. Die Chefredakteure geben die Befehle an ihre leitenden Redakteure weiter. Während politischer Kampagnen wird diese Einheitsfront besonders deutlich. Ruft die Regierung zum Kampf gegen Korruption oder Kriminalität auf, stehen plötzlich in allen Blättern haufenweise Geschichten über Bestechung und erfolgreiche Polizeieinsätze. Nach der Zerstörung der chinesischen Botschaft in Belgrad durch Nato-Bomben im Mai 1999 verurteilten alle führenden Zeitungen »diesen verbrecherischen Akt« und schimpften in fast identischem Wortlaut wochenlang über die Amerikaner und deren Streben nach der Weltherrschaft.

Eine Sonderabteilung im Ministerium liest täglich sämtliche Zeitungen und Zeitschriften und überwacht, ob die Parteilinie eingehalten wird. Es gibt Themen, über die niemand schreiben darf. Probleme mit Minderheiten sind ein Tabu; das gilt ebenso für die Grenzen Chinas und den Anspruch auf Taiwan als Teil des Landes. Die Proteste von 1989 dürfen auf keinen Fall erwähnt werden, und auch das Machtmonopol der KP steht nicht zur Debatte. Dazu gibt es eine Liste von Unberührbaren, hochrangige Parteifunktionäre und Regierungsmitglieder, die außerhalb jeder Kritik stehen. Dahinter beginnt die Grauzone, ein Dschungel aus inoffiziellen Vorschriften, Sprachregelungen und sensiblen Themen, in dem sich Journalisten nicht verlaufen dürfen. Jeder unliebsame Artikel wird von den Zensoren im Propagandaministerium registriert und hat einen Vermerk in der Kaderakte zur Folge. Häufen sich die allzu kritischen Berichte, muss der jeweilige Chefredakteur zum Rapport antreten, was in den meisten Fällen mit einer schriftlichen Selbstkritik des betroffenen Redakteurs endet. Bleibt die Redaktion uneinsichtig, verbietet die Behörde das Blatt.

»Die Flutkatastrophe im Sommer 1998 war beispielsweise ein sensibles Thema«, erzählt Lu. Damals war der Jangtse über die Ufer getreten, und in den Fluten kamen mindestens 3600 Menschen um. Die Hochwasserkatastrophe, eine der schwersten in diesem Jahrhundert, zerstörte über fünf Millionen Häuser und hinterließ einen Sachschaden von fast 60 Milliarden Mark. »Das Ausmaß der Überschwemmungen und Zerstörungen war so groß, dass die Regierung um die Stabilität im Land fürchtete. Die Medien erhielten genaue Instruktionen, wie sie darüber zu berichten hatten. Wir durften die offiziellen Angaben über Tote und Schäden nicht hinterfragen. Einen gebrochenen Deich mussten wir ›eine brenzlige Situation‹ nennen. Flüchtlinge oder Opfer waren ›von der Flut betroffene Menschen‹«.

Als aber ein halbes Jahr später in Chongqing eine neu errichtete Brücke über den Jangtse einstürzte und dabei vierzig Menschen ums Leben kamen, konnten die Medien darüber im ganzen Land groß berichten. Ausführlich schrieben sie über die Ursachen der Katastrophe: Pfusch bei der Konstruktion, minderwertiges Baumaterial, korrupte Beamte, die mit den Bauunternehmern unter einer Decke steckten. Am Ende gab es oft sogar harsche Kritik an Parteikadern und dem Bauministerium in

Peking, das seine Aufsichtspflicht vernachlässigt hatte. Hinter diesen Widersprüchen – mal ist eine offene Berichterstattung erlaubt, wird sogar ermuntert und gefördert, im nächsten Fall ist sie wieder verboten – steckt eine Frage, die für die politische, wirtschaftliche und gesellschaftliche Entwicklung Chinas von entscheidender Bedeutung ist: Welche Rolle sollen die Medien in Zukunft spielen? Im orthodoxen marxistisch-leninistischen Sinne sind sie keine unabhängigen Organe, sondern Sprachrohr der Kommunistischen Partei. Auf dem Papier gilt das auch heute noch für alle Journalisten in China. Ihre Aufgabe ist es, der Partei und dem Sozialismus zu dienen, und in seinen Reden und Ansprachen erinnert Staats- und Parteichef Jiang Zemin daran sehr deutlich. »Die Arbeit der Medien ist ideologische und politische Arbeit, und die Zukunft und das Schicksal der Partei und des Landes hängen davon ab«, erklärte er bei einem Redaktionsbesuch der *Volkszeitung*.

Die Medien gehören zu den wenigen Wirtschaftsbereichen, die von der Privatisierung ausgenommen sind. Sämtliche Fernseh- und Radiostationen, alle Verlage, Zeitungen und Zeitschriften werden vom Staat kontrolliert. Gleichzeitig fordert die Regierung ausländische Medienkonzerne auf, in China zu investieren; sie weiß, dass das Land westliches Know-how in diesem Bereich dringend braucht. Ob Bertelsmann aus Deutschland, Time Warner aus Amerika oder Rupert Murdochs News Corporation, sie alle arbeiten gemeinsam mit chinesischen Staatsfirmen an den verschiedensten Projekten. Sie halten Minderheitsbeteiligungen an den Gemeinschaftsunternehmen in der Hoffnung, eines Tages die Mehrheit übernehmen zu können. Geht es nach den liberaleren Politikern in der Pekinger Führung, ist das in Zukunft nicht ausgeschlossen. Sie möchten in den Medien nicht mehr amtliche Verlautbarungsorgane sehen, sondern eine unabhängige Instanz: unverzichtbar in einer modernen Gesellschaft, die vierte Gewalt im Staat, deren Aufgabe es sein soll, die Arbeit der Behörden und eines Tages vielleicht sogar die der Regierung zu überwachen.

Chinas Internet-Politik ist ein gutes Beispiel für die ambivalente Einstellung und die gegensätzlichen Positionen zur Presse- und Informationsfreiheit unter den Machthabern. Die Zahl der Chinesen, die dank Internet nicht mehr nur lesen, sehen und hören, was das Regime für richtig hält, wächst jeden Tag. Es ist einer der typischen Widersprüche im heutigen China, dass die Regierung dabei kräftig mithilft. In ihrem 1996 beschlossenen Fünfjahresplan machte sie Chinas Verkabelung zu einer ihrer Prioritäten. Vor fünf Jahren gab es nicht einmal tausend Internetanschlüsse, heute sind es annähernd fünf Millionen. In zwei Jahren sollen es nach offiziellen Planungen an die zehn Millionen sein. Auf der einen Seite tun die Behörden alles, um den Zugang zum Internet zu erleichtern. Früher musste sich jeder Internetbenutzer bei der Polizei registrieren, heute genügt ein ausgefülltes Formular bei einem der vielen Internetanbieter, und wenige Stunden später steht das Fenster zum Rest der Welt weit offen. Die monatlichen Gebühren sanken von rund 600 auf 20 bis 30 Yuan. Für mehr und mehr Chinesen, vor allem in den Städten, ist das erschwinglich. Aber wie verträgt sich das Internet, das so sehr auf Offenheit und Transparenz beruht, mit dem autoritären Regime, das genau davor Angst hat?

»Wir sind uns bis heute noch nicht wirklich einig, wie wir mit dem Internet umgehen sollen«, gestand uns Zhao Song bei einem Mittagessen in der Hauptstadt. Der 38-jährige Informatiker gehört zum engen Kreis der wissenschaftlichen Regierungsberater, die die Internet-Richtlinien und -Gesetze ausarbeiten. »Zunächst hatte die Regierung einfach nur Angst vor dem Internet. Wissenschaftler, Intellektuelle, Ökonomen und Geschäftsleute überzeugten sie schließlich, dass China das Internet braucht«, erzählte er. »Zum Glück hat unsere oberste Führung begriffen, dass sie nicht noch einmal eine technische Revolution verschlafen darf. Im 15. Jahrhundert erwirtschaftete China fast die Hälfte des Bruttosozialproduktes der Welt. Dreihundert Jahre später konnte uns der Westen praktisch kolonialisieren. Nicht weil wir faul waren oder schlechtere Kämpfer. Wir hatten uns selbst isoliert und sämtliche technischen Entwicklungen ignoriert. Wenn das jetzt wieder passiert, verpassen wir für immer den Anschluss.«

Die Furcht vor den politischen und gesellschaftlichen Konsequenzen der Öffnung und das Wissen um genau diese Notwendigkeit prägen die chinesische Internet-Politik. Das Riesenreich mit seinen über 1,3 Milliarden Einwohnern und einunddreißig Provinzen wird sich in Zukunft ohne Computer und Internet gar nicht mehr verwalten lassen, die Modernisierung der Wirtschaft und ihr hohes Wachstum sind ohne elektronische Hilfe nicht denkbar. Dennoch öffnet sich das Land nicht bedingungslos dem Computerzeitalter. Die Regierung versucht, aus dem Strom von Informationen herauszufiltern, was sie für staatsfeindlich oder konterrevolutionär hält. Bei der Staatssicherheit sitzen hunderte von Hi-Tech-Zensoren vor Computern, kontrollieren in- und ausländische Websites und blockieren sie gegebenenfalls. Eine Strategie ist dabei nicht erkennbar. Das amerikanische Nachrichtenmagazin *Time* mag gesperrt sein, dafür kann man *Newsweek* lesen. Websites, die heute unzugänglich sind, können am nächsten Tag wieder offen sein. Neben der Registrierung jedes privaten oder geschäftlichen Internetanschlusses verlangt die Polizei auch von den Besitzern der vielen hundert Internetcafés eine genaue Liste ihrer Kunden mit Namen und Anschrift.

Dass die polizeiliche Überwachung nicht nur eine Formalität ist, bewies ein Prozess im Januar 1999. Ein Shanghaier Gericht verurteilte den Geschäftsmann Lin Hai zu zwei Jahren Gefängnis, weil er 30 000 chinesische E-Mail-Adressen an das Internetmagazin *Vip Reference* in den USA geliefert hatte. Das Journal ist eine von drei regimekritischen Publikationen, die von Amerika aus per Internet an hunderttausende von Chinesen geschickt werden. Lin Hai hatte sich in den Augen des Gerichtes der Subversion schuldig gemacht. Das Urteil zeigte zum einen, wie ernst die Führung die politische Bedrohung durch das Internet nimmt, zum anderen war es ein Beispiel für einen anderen Trend:

Gerichtssäle werden zunehmend zum Schauplatz für den Kampf um Pressefreiheit. Immer häufiger verklagen Behörden, Parteikader oder Privatpersonen kritische Journalisten, Zeitungen oder Magazine wegen Rufschädigung auf Schadensersatz. Bei der notorischen Korruption und politischen Einflussnahme in Chinas Justiz ist das für Journalisten eine gefährliche Entwicklung. Nach außen scheint das der Zensur und Einschüchterung von Journalisten eine rechtliche Legitimation zu verleihen.

Lu Yuegang ist seit über einem Jahr in einen Prozess verwickelt, der ihn, sollte er ihn verlieren, finanziell ruinieren würde. Die Geschichte beginnt im April 1996 in Peking. Ein Freund erzählt Lu von einer Frau aus der Provinz Shanxi, die von ihrem Mann verstümmelt worden war und selbst zehn Jahre nach der Tat noch um die Bestrafung der Täter kämpft. Er zeigt ihm zwei Fotos der Frau, vor und nach der Tat. Eines zeigt ein junges, lachendes Gesicht, das andere einen Klumpen Fleisch. Die Gesichtshaut fast vollständig weggeätzt, die Haare ausgefallen, die Augen zwei Sehschlitze ohne Lider und Wimpern, statt einer Nase nur noch zwei Löcher im Gesicht, die Lippen verschwunden so wie das rechte Ohr. »Ich konnte die Bilder nicht vergessen«, sagt Lu. »Was war geschehen? Warum kämpfte sie nach so langer Zeit noch immer um Gerechtigkeit? Wer sollte geschützt werden? Irgendetwas stimmte da nicht. Ich wollte die Wahrheit wissen.« Und er macht sich auf die Suche. *China Youth Daily* leistet sich den Luxus, ihn dabei zu unterstützen, stellt ihn zwei Jahre lang praktisch frei für seine Recherchen. Er verbringt Monate in der Provinz, veröffentlicht mehrere Reportagen und ein Buch über diesen Fall, der sich liest wie die Chronik einer angekündigten Verstümmelung.

Lu beschreibt das Schicksal des armen Bauernmädchens Wu Fang, das von seinen Eltern an einen wohlhabenden Bauern verkauft wird. Er stammt aus einem reichen Nachbardorf, das von der Partei als Modelldorf mehrfach ausgezeichnet wurde. Eine gute Partie, wie man sagt. Sie möchte den Mann nicht heiraten. Er ist hässlich und schon beim ersten Treffen grob zu ihr. Die Eltern brauchen Geld, der jüngere Bruder muss schließlich auch eine Braut finden. Auf Druck der Familie willigt Fang in ihr Unglück ein. Ihr Mann ist ein Spieler. Ein Säufer, der oft betrunken nach Hause kommt und sie schlägt. Sie will sich scheiden lassen. Ausgeschlossen, sagt ihr Mann. Ausgeschlossen, sagen die Dorfoberen. Es wäre ein Gesichtsverlust für den ganzen Ort, wenn eine Frau aus einer ärmeren Siedlung ihren Mann verlassen würde. Ausgeschlossen, sagen die Eltern. Sie müssten das Geld zurückzahlen, und das haben sie längst für eine Frau für ihren Bruder ausgegeben. Wu Fang hat zwei Möglichkeiten: Sie kann ihr Schicksal akzeptieren oder Reißaus nehmen. Sie flüchtet in eine 250 Kilometer entfernte Kleinstadt. Drei Monate später stehen der Dorfchef, zwei Polizisten und der Bruder ihres Ehemannes vor der Tür. Wenn sie nicht zurückkehrt, wollen sie ihren Bruder töten. Sie versprechen, dass die Polizei ihre Sicherheit garantiert; dass sie sich scheiden lassen kann. Nur an die große Glocke darf es nicht. Sie verstehe schon, die Schande. Fang willigt ein.

Zurück im Dorf, sperren sie sie in das Gästehaus der Partei. Nach drei Tagen kommt ihr Ehemann. Sie soll zu ihm zurückkehren. Sie sagt nein. Er prügelt sie fast bewusstlos. Vor der Tür steht das ganze Dorf und schaut zu. Ein paar Stunden später kommen der Dorfchef und der stellvertretende Parteisekretär. Sie muss zu ihrem Mann zurück, sagen sie. Eine Scheidung wäre zu schädlich für das Image des Ortes. Schließlich sei man ein Modell des Sozialismus. Selbst hohe Politiker aus Peking seien schon hier gewesen und hätten die Arbeit gelobt. Was sollten die denn jetzt denken. Wu Fang sagt nein.

Plötzlich steht der Sohn des Parteisekretärs in der Tür. Er bittet die anderen zu gehen. Als er mit Fang allein ist, löscht er das Licht und verschwindet. Fang kann vor Angst kaum atmen. Sie spürt, wie sie jemand in der Dunkelheit von hinten angreift. Sie schreit um Hilfe. Sie hört die Stimmen der Dorfbewohner vor der Tür. Sie schreit und schreit. Dann fühlt sie die Flüssigkeit im Gesicht und auf der Haut. Es ist, als hätte sich ihr Körper in einen

Feuerball verwandelt. Fang schreit nach ihrer Mutter um Hilfe. Sie hört, wie sich die Tür öffnet. Fast alle Dorfbewohner treten nacheinander ein. Starren sie an. Gehen wieder hinaus. Es dauert zwölf Stunden, bis sich jemand erbarmt und einen Krankenwagen ruft.

Viermal müssen die Ärzte operieren. Fast ein Viertel ihres Körpers ist verätzt. Ein Auge ist erblindet, das andere erkennt nur noch Schemen. Ein Ohr ist taub, eine Hand gelähmt. Nach siebenundachtzig Tagen im Krankenhaus setzt man sie auf die Straße. Fang schuldet bereits 5000 Yuan für die Behandlungen und kann die Rechnungen nicht bezahlen. Ihre Familie nimmt sie wieder auf.

Ein paar Monate später beginnt Wu Fang ihren Kampf mit der Justiz. Sie will die Täter verklagen, aber kein Gericht interessiert sich für den Fall. Sie schickt Petitionen an die verschiedensten Behörden. Vergeblich. Drei Jahre später ist für die Tat noch immer niemand bestraft. Erst als ein Abgeordneter des örtlichen Volkskongresses von dem Fall hört und politischen Druck ausübt, kommt es zum Prozess. Ihr Ehemann wird zum Tode verurteilt und hingerichtet. Das Dorf beerdigt ihn wie einen Volkshelden. Für Fang aber ist er nur das Opferlamm. Sie will den Dorfchef und die verantwortlichen Parteisekretäre vor Gericht sehen. Sie hatten ihren Mann unter Druck gesetzt, das Ansehen des Ortes zu verteidigen. Sie hatten die Säure besorgt und ihm bei der Tat geholfen. Die Gerichte lehnen ihre Klagen ab. Als Leiter eines Modelldorfes sind diese Männer unantastbar. Auch mehr als zehn Jahre nach dem Verbrechen sitzen sie nach wie vor in ihren Ämtern und gelten als ehrbare Vorbilder.

Lus Berichte erregen Aufsehen im ganzen Land. Die erste Auflage seines Buches, 60 000 Exemplare, ist nach wenigen Wochen ausverkauft. Über hundert Rezensionen erscheinen weltweit in der chinesischsprachigen Presse. Konsequenzen für die Funktionäre in Shanxi hat das keine. Dennoch verklagen sie ihn und *China Youth Daily* wegen Rufschädigung auf 4,5 Millionen Yuan Schadensersatz. Zur Verhandlung der ersten Instanz in der

Provinz reisen Lu und seine Anwälte gar nicht erst an. In Shanxi haben sie keine Chance. Sie versuchen, den Gerichtsstand nach Peking zu verlegen. Dort haben sie die besseren Beziehungen.

Wer die Wahrheit nicht erträgt, muss lügen. Nach über fünfzehn Jahren Journalistenarbeit weiß Lu, wie wenig belastbar die chinesische Gesellschaft ist, wenn es um die Wahrheit geht. Wie, fragen wir, hält er die Widersprüche aus? Wie kann ein Querdenker in einem System überleben, das Anpassung erfordert? Wie sich treu bleiben? »Sei ehrlich, so weit es geht, und schweige, wenn du lügen sollst«, zitiert er einen seiner Mentoren bei der *China Youth Daily*. Lu blickt uns an aus seinen dunkelbraunen Augen, die immer etwas müde und erschöpft aussehen. »Meine Träume und Ideale haben sich nicht verändert. Sie sind wie der Horizont am Ende einer Wiese. Man sieht ihn und geht und geht und kommt doch nie an. Natürlich sind der Druck, unter dem wir stehen, und die Repressionen, die uns drohen, oft schwer zu ertragen. Gleichzeitig geben sie unserer Arbeit eine Bedeutung. Die Mächtigen fürchten uns, also nehmen sie uns ernst.«

Er überlegt eine Weile, und wir schweigen. Nicht einmal der Anflug eines Lachen liegt in seinem Gesicht, als er fortfährt: »Die chinesische Gesellschaft ist durchdrungen von Lügen. Die Unwahrheit zu sagen ist keine Schande. Die Menschen lügen und betrügen einander, weil sie von ihrer Regierung belogen und betrogen worden sind. Die Führung setzt die moralischen Maßstäbe. Wir Journalisten müssen helfen, das Netz der Lügen zu zerstören. Ich hoffe, wir haben den Mut. Die Wahrheit ist immer beängstigend. Ob über ein Land oder dich selber.«

8

»Ich befreie mich selber,
indem ich ehrlich zu mir bin.«

Es liegt ein Schatten auf Da Fans Gesicht. Ein Anflug von Trauer, den kein Make-up dieser Welt verdecken kann. Er trägt weiße Schminke auf. Etwas Rouge. Zieht die Lippen mit einem knallroten Stift nach. Schwarz für die Augenlider. Künstliche Wimpern. Eine dunkelblonde Perücke. Er neigt den Kopf zur Seite, schaut in den Spiegel und blickt dabei so melancholisch, wie es eigentlich nur Clowns können. Der Blick eines Außenseiters. Eines Menschen, der ahnt, dass die Trauer ein Teil von ihm ist, wie die dunklen Augen und die schwarzen Haare. Ein Mensch der weiß, dass er niemals dazugehören wird. Dass er sich nie wirklich sicher fühlen kann. Das hat er gelernt in den ersten vierundzwanzig Jahren seines Lebens. Damals in der Schule, als er zum Gespött der Klasse wurde, weil er sich für Tanzen und Ballett begeisterte anstatt für Kung-Fu. Später dann interessierten ihn Jungen mehr als Mädchen, was er sich nicht anmerken ließ, weil er spürte, dass seine Gefühle ihn jetzt nicht mehr nur zum Gespött machen würden.

Da Fan ist homosexuell. Das klang in China jahrzehntelang verdächtig nach Bourgeoisie und westlicher Dekadenz, nach

Gefängnis und Arbeitslager. Bis vor kurzem existierten im Reich der Mitte nur zwei Sorten von Menschen: Revolutionäre und Konterrevolutionäre, und Revolutionäre waren mit Sicherheit nicht homosexuell. Soziale Minderheiten und Subkulturen gab es im kommunistischen China nicht. Durfte es nicht geben. Zwanzig Jahre nach Beginn der Öffnung des Landes ändert sich selbst das. Die Reformen erreichen nun auch gesellschaftliche Randgruppen, und es entstehen Nischen, in denen zum ersten Mal in der Geschichte der Volksrepublik Außenseiter wie Da Fan überleben können.

Er hockt auf seinem Bett, blickt noch einmal prüfend in den Spiegel, nimmt eine Pinzette und zupft an seinen Augenbrauen herum. Dann nickt er zufrieden und steht auf. Da Fan hat den schlanken und durchtrainierten Körper eines Tänzers und das markante Gesicht eines Models, wobei sich die maskulinen und die femininen Züge so vermischen, dass er mühelos genausogut Werbung für Aftershave wie für Nylonstrumpfhosen machen könnte. Er schlüpft in ein langes, gelbes Abendkleid, das ihn wie ein Starlet aussehen lässt. Mit Schaumstoffeinlagen stopft er sorgfältig das Oberteil aus. Neben ihm hocken drei Freunde, ebenfalls eifrig bei der Arbeit. Sie rasieren sich die Beine, lackieren Finger- und Fußnägel, blicken schweigend in ihre Schminkspiegel, tragen Rouge auf, ziehen ihre Augenbrauen nach, probieren verschiedene Lippenstifte aus. Es herrscht eine konzentrierte Ruhe, wie in der Maske eines Theaters vor der Premiere. Die vier Königinnen der Nacht bereiten sich auf ihren nächtlichen Auftritt in einer Schwulenbar vor. Vor einigen Monaten haben sie »Desert Storm«, Chinas erste professionelle Drag-Queen-Truppe, gegründet. Für 150 bis 200 Yuan Gage pro Person zeigen sie ihre Show auf Partys, Geburtstagsfeiern, in Bars und Restaurants.

Wir sitzen in ihrer Behausung am Stadtrand Pekings, einer knapp 20 Quadratmeter kleinen Hütte, in der es aussieht wie im Zimmer eines Teenagers. Überall liegen Puderdosen, Lippenstifte und Hautcremes verstreut, dazwischen zerknitterte Bettwäsche, Unterhosen und Büstenhalter. Es riecht nach Make-up und billigem Parfüm. In der Mitte des Raumes ein Doppelbett, an einer Wand ein Sofa, daneben eine Kommode, ein kleiner Klapptisch und vier Klappstühle. Unter der Decke baumelt eine Neonröhre. Auf dem grauen Betonfußboden liegen zwischen Dutzenden von Zigarettenkippen schwarzlackierte, hochhackige Damenschuhe, Filzpantoffeln und gelbschwarze Turnschuhe. Quer durch den Raum ist ein Drahtseil gespannt, an dem rot schimmernde Miniröcke, eine Federboa und ein traditionelles chinesisches Abendkleid hängen. An der Wand kleben Zeichnungen und Schnittmuster von Frauenkleidern. Blaue, gelbe und blonde Perücken sind an Nägeln aufgespießt.

Das Piepen eines Pagers unterbricht die Stille. Wu Meng, einer der vier, wühlt in einem Berg schmutziger Wäsche, bis er das kleine Gerät findet. »Liebling, wo bist du?«, liest er die Nachricht auf der kleinen Anzeige laut vor. »Ich liebe dich wie der Bauer sein Korn liebt. Mit dir ist der Himmel so blau und das Meer endlos. Ich meine es ernst. Bitte melde dich.« Wu Meng nimmt sein Mobiltelefon und ruft zurück.

»Süßer, hier bin ich«, haucht er in den Hörer. »Nein, heute abend geht es nicht, vielleicht morgen … Natürlich bin ich dir treu … und scharf bin ich auch, sicher … ich kann es kaum erwarten …«, flötet er mit hoher Frauenstimme, während er im Spiegel kritisch sein Make-up begutachtet. Die anderen beißen in die Kopfkissen, damit ihr Lachen sie nicht verrät.

»Der Typ ist völlig verrückt nach mir«, sagt Wu Meng, nachdem er aufgelegt hat. »Verheiratet, mit Kind. Wir haben uns vor kurzem in einer Bar getroffen und ein paar mal wilden Sex im Auto gehabt. Ruft jeden Tag an, will sich scheiden lassen. Er hält mich immer noch für eine Frau.«

»Er wird die Wahrheit schon noch rauskriegen«, sagt Da Fan und probiert eine strohgelbe Perücke auf.

»Wie denn? Ich habe ihm schon gesagt, dass ich keine Kinder will«, sagt Wu Meng. Er grinst.

Da Fan ist zu beschäftigt mit seinen Perücken, um die Diskussion weiter fortzuführen. Er setzt eine blaue auf, dann wieder die gelbe um zu sehen, welche am besten zum Abendkleid passt. Da Fan ist der Kopf der Truppe, und für ihn ist die Sache weit mehr als nur ein amüsanter Gelegenheitsjob. Er entwirft die meisten Kostüme, schneidert sie, kreiert die einzelnen Nummern der Show. »Ich habe schon als Kind Theater gespielt, gesungen und getanzt«, erzählt er, »und davon geträumt, Schauspieler zu werden. Aber ich wuchs und wuchs, und irgendwann war ich so groß, dass niemand mehr neben mir auf der Bühne stehen konnte. Es sah albern aus.« Jetzt ist seine Körperlänge, fast 1,90, eine der Attraktionen der Show.

Die vier führen ein bohemehaftes Leben, frei und unabhängig, wie es noch vor wenigen Jahren in China unvorstellbar war. Sie gehen im Morgengrauen ins Bett, schlafen lange, basteln am Tage an ihren Kostümen und proben neue Nummern, treten abends auf und amüsieren sich anschließend in einer Sauna oder einem Restaurant der Schwulenszene. Dabei leben sie von der Hand in den Mund. Die Gagen des Vorabends sind am nächsten Tag für Make-up, neue Stoffe und Kostüme ausgegeben. Bisher haben nur wenige Barbesitzer den Mut gezeigt, vier Drag Queens zu engagieren. Ihren Auftritt könnten lokale Behörden als Provokation empfinden und mit Razzien und Geldbußen bestrafen.

Haben die vier schon mal Probleme mit der Polizei gehabt? »Sicher«, sagt Da Fan. »Vor zwei Monaten traten wir in einem Nachtklub in Dalian auf. Plötzlich standen mehrere Polizisten im Raum. Sie prüften die Ausweise aller Gäste und schickten sie nach Hause. Uns nahmen sie mit in ein Hotel. Wir sollten 7000 Yuan Strafe zahlen. Dabei hatten wir nichts Illegales gemacht. Der Barbesitzer hatte eine Lizenz, und so weit ich weiß, gibt es in China kein Gesetz, das den Auftritt eines Mannes in Frauenkleidern untersagt. Die Polizisten lachten nur. Da wir nicht einmal 700 Yuan hatten, beschlagnahmten sie alle unsere Kostüme. Ein Freund in Peking hat uns Geld geliehen, damit wir von vorne anfangen konnten. Sonst hätten wir aufgeben müssen.«

Die vier regen sich über diese Art der räuberischen Erpressung nicht einmal besonders auf. Fast alle ihrer Freunde haben schon Ähnliches erlebt. Die Polizei braucht dafür weder einen Anlass noch einen Vorwand. Sie greift die Homosexuellen in Parks, öffentlichen Toiletten, Hotels oder Bars auf. Beim Verhör haben die Opfer die Wahl: Entweder sie zahlen 1000, 2000 oder 3000 Yuan, je nachdem, wie gierig die Offiziere sind, oder die Beamten rufen die Familien, Arbeitgeber oder Schulen an. Da Fan kennt niemanden, der nicht bezahlt hätte.

Schwule waren über Jahrzehnte im Reich der Mitte rechtlose Aussätzige, obwohl kein Gesetz die gleichgeschlechtliche Liebe verbietet. Das Gesundheitsministerium betrachtet Homosexuelle nach wie vor als Patienten, die der Behandlung bedürfen. Dennoch konnte sich – einer der vielen Widersprüche im heutigen China – in den vergangenen zwei Jahren eine kleine, aber sehr aktive homosexuelle Subkultur entwickeln. Es gibt, über ganz China verteilt, mehr als ein Dutzend Bars, ein paar Restaurants und Saunen, wo sich Homosexuelle treffen können. Einmal im Monat erscheint ein Schwulenmagazin. Das Internet offeriert nicht nur Kontakte zu Schwulengruppen in Hongkong, Taiwan oder den USA, sondern auch die Lektüre von Schwulenzeitschriften aus aller Welt. Die staatlichen Internet-Zensoren, die Publikationen wie die *New York Times*, CNN oder den *Playboy* blocken, geben sich hier erstaunlich tolerant. In Städten wie Peking, Shanghai, Shenzhen oder Dalian entstehen schwule Gemeinschaften mit dichten Netzwerken. Diese Art Familienersatz ist in China noch wichtiger als im Westen, da es kein staatliches soziales Netz für Notfälle gibt. Die Homosexuellen helfen sich gegenseitig mit Wohnungen oder bei der Jobsuche und versorgen einander im Krankheitsfall.

Es ist kurz vor 22 Uhr, und Da Fan drängt zur Eile. Sie haben um Mitternacht eine Vorstellung, und er hasst es, vor dem Auftritt zu hetzen. Ein paar Minuten später sind die vier fertig. In ihren langen, engen Abendkleidern wackeln sie auf Stöckelschuhen zur Hauptstraße. Wir hören Wu Meng hinter uns fluchen, als er mit einem Hacken im Matsch stecken bleibt. Kurz darauf sitzen wir mit Da Fan in einem Taxi, die anderen drei teilen sich ein zweites. Während der halbstündigen Fahrt durch das nächtliche Peking erzählt er von seiner Kindheit. Er tut das ohne Nostalgie oder Bitterkeit, trocken und sachlich, als verlese er einen Rechenschaftsbericht. Geboren 1974 in Harbin, Hauptstadt der Provinz Heilongjiang im Norden Chinas. Fünf Geschwister. Eltern Arbeiter in einer staatseigenen Fabrik. Vater treues Parteimitglied. Für den revolutionären Eifer seiner Eltern und ihrer Generation hat er kein Verständnis. Höchstens Mitleid. »Sie waren sechzig oder siebzig Jahre auf dieser Welt, ohne je gelebt zu haben.« Zu Mao fällt ihm nicht viel ein. »Hat er vom Volk nicht Opfer für die Revolution verlangt und ein entbehrungsreiches Leben gefordert«, sagt er. »Sie haben auf ihn gehört und bekommen was sie wollten, oder nicht?«

Als typisches Kind der Deng'schen Reformära kennt er den Hunger und die materielle Not seiner Eltern nur noch aus Erzählungen. Er kam zur Schule, als das Land 1979 mit der Öffnung zum Westen und ersten zaghaften Wirtschaftsreformen begann. Seither steigt der Lebensstandard, von Mao und Marx war in der Schule immer seltener die Rede. »Als Kind wollte ich noch Mitglied der kommunistischen Jugendliga werden«, erinnert er sich und lacht bei dem Gedanken. »Aber nachdem ich mit sechzehn die Schule verließ, lernte ich schnell, dass die Parteipropaganda mit der Wirklichkeit nichts zu tun hat.«

Da Fan nutzte die Möglichkeiten, die ihm die Liberalisierung der Wirtschaft bot. Nach dem Schulabschluss bewarb er sich nicht, wie früher in China üblich, in der Fabrik, in der seine Eltern seit dreißig Jahren arbeiteten, sondern jobbte bei mehreren Firmen, um möglichst schnell Geld zu verdienen. Mit zwanzig heuerte ihn eine Hongkonger Werbeagentur an und schickte ihn als Produkt- und Verpackungsdesigner in ihr Büro nach Singapur. Der Kontakt mit der Außenwelt veränderte sein Leben. Die Welt war plötzlich rund. »Ich erlebte ein Gefühl von Freiheit und Unabhängigkeit, das ich nicht beschreiben kann«, erzählt er und macht gar nicht erst den Versuch, die Wehmut in seiner Stimme zu verbergen. »In Singapur habe ich zum ersten Mal Kontakt zu Homosexuellen bekommen. Bis dahin wusste ich nicht, dass ich schwul bin. Ich hatte eine Freundin in der Schule, aber fühlte mich komisch dabei. Gutaussehende Jungs interessierten mich mehr. In Singapur hatte ich zum ersten Mal Sex mit einem Mann, und es war schön. Ich habe mich nicht schuldig gefühlt und auch keine Angst vor den Konsequenzen gehabt, habe nicht einmal an meine Eltern gedacht oder an die Erwartungen zu Hause. Ich habe getan, was mir Spaß machte, und es ging mir gut dabei.«

Nach zwei Jahren musste er zurück nach Harbin. Sein ältester Bruder war gestorben, der zweitälteste im Gefängnis gelandet. Zwar hat er noch drei ältere Schwestern, aber es war seine Pflicht als Sohn, sich um die kränkelnden Eltern zu kümmern. Es dauerte nicht lange, bis er merkte, dass auch in China Homosexuelle zu finden waren. Damals, 1996, gab es zwar noch keine Gemeinschaft, keine halboffiziellen Treffpunkte wie in Singapur, aber Männer, die er mochte und die ihn mochten und die sich ihre Gefühle auch eingestanden. »Selbst die Nähe meiner Eltern machte mir nichts aus«, erzählt er. »Ich habe ihnen gesagt, dass ich nie heiraten werde. Es war kein Problem, da einer meiner Brüder einen Sohn hat. So bleibt die Familie erhalten. Ich schicke ihnen bis heute regelmäßig Fotos von Frauen und behaupte, sie seien meine Freundinnen. Das genügt ihnen.« Zwei Jahre später hatte sich die Szene verändert. In Dalian und Peking eröffneten zwei Bars, in denen sich Homosexuelle trafen. Da Fan hatte seinen ersten Auftritt als Drag Queen.

Das Taxi hält auf der Sanlitun, dem Zentrum des Nachtlebens in Peking. Restaurants und Bars säumen die schmale Allee. Im Sommer stehen Tische und Stühle bis an den Straßenrand, Studenten, Intellektuelle und Ausländer sitzen hier bis tief in die Nacht, reden und trinken und verleihen so dem Viertel ein fast südländisches, weltoffenes Flair, das der chinesischen Hauptstadt sonst fehlt. Es ist ein bitterkalter Abend im Januar, und die Straße sieht so verlassen aus wie ein Sommerkurort im Winter. Die Butterfly Bar liegt in einem versteckten Winkel der Amüsiermeile. Ein pinkfarbenes Schild mit zwei nackten Körpern, die ineinander verschlungen einen Schmetterling formen, weist den Weg. Wir eilen über einen dunklen Hinterhof. Von den Hauswänden bröckelt der Putz in dicken Klumpen. In manchen Fensterrahmen stecken nur noch kantige Glasreste, vor anderen kleben Plastikfolien. Glühbirnen baumeln von den Decken, und durch die Gardinen schimmern Schatten. In einem Torweg lehnen zwei Fahrräder.

Wir verschwinden hinter einer unauffälligen Haustür. Drinnen ist es warm und laut. Neben dem Eingang sitzt ein kräftiger junger Mann auf einem Barhocker: enges schwarzes T-Shirt, muskulöse Oberarme, gelgetränkte Haare, die im Scheinwerferlicht glänzen. Mit strengem Blick begrüßt er neue Besucher, die vier Königinnen bekommen ein Lachen und einen Kuss auf die Wange. Vor einer Wand hocken ein halbes Dutzend junger Männer wie Hühner auf der Stange. Sie ähneln dem Türsteher. Pomadige Haare, hautenge Kleidung, die mehr zeigt, als sie verdeckt. Junge, faltenlose Gesichter mit dunklen, seltsam traurigen Augen, die jeden Neuankömmling gründlich mustern. Er könnte ein Kunde sein.

Der Nachtklub ist erstaunlich schlicht eingerichtet. Eine kleine Tanzfläche, eine winzige Bühne mit einem Fernseher unter der Decke. Unbequeme Hocker und weiße Plastikstühle, wie sie in zweitklassigen Gartenlokalen stehen. An den dunklen Wänden kein Schmuck, keine Dekoration. Der Laden ist halb voll, nicht schlecht für einen Mittwochabend. Die Mehrzahl der Männer mag um die dreißig Jahre alt sein, manche tragen Anzüge und Krawatten, die meisten offene Hemden oder Rollkragenpullover und Lederjacken, alles in schwarz. Viele Paare stehen eng umschlungen beieinander, andere halten Händchen oder sitzen schmusend in einer Ecke. Gesten, die man in der Öffentlichkeit nie wagen würde.

Wir gehen in den hinteren, ruhigeren Teil des Lokals zur Bar.

Davor stehen ein paar Tische, zwei Männer bauen für die Drag Queens eine Garderobe. Sie befestigen einen Vorhang an der Decke und hängen einen Spiegel an die Wand. Da Fan stellt uns Sandy vor, den Besitzer der Bar. Er trägt ein langes, schwarzes Abendkleid, voluminöse Ohrringe, die aus einem Kronleuchter gefallen sein müssen, und schwarze Samthandschuhe, die bis zum Ellenbogen reichen. »Willkommen«, sagt er und reicht uns die Hand zum Kuss. Sandy ist, wie wir später erfahren, eine der Seelen der Schwulenszene. Er unterstützt brotlose Künstler, hilft bei der Suche nach Arbeit und Wohnungen und manchmal auch mit Krediten, wenn sich jemand selbstständig machen möchte. Der 33-Jährige hat als einer der ersten aber auch die Marktnische, das wirtschaftliche Potential der langsam erwachenden Gemeinschaft, erkannt und versteht es prächtig, damit Geschäfte zu machen. Er plant bereits einen Butterfly-Fitness-Club mit Sauna und Restaurant.

Wie kam er auf die Idee, eine Schwulenbar zu eröffnen? »Angebot und Nachfrage. Marktwirtschaft, wie alles in China heute«, sagt er und lächelt. »Es gibt in Peking mindestens 10 000 Homosexuelle, die sich ihre Neigung eingestehen. Wir trafen uns in ›normalen‹ Bars, wo wir allenfalls geduldet wurden. Da machte es Sinn, ein Lokal zu eröffnen, wo wir uns wohl fühlen und willkommen sind.« Hatte er keine Probleme eine Genehmigung zu bekommen, erkundigen wir uns vorsichtig. »Nein«, antwortet er. »Überhaupt nicht. Ich habe einfach eine Lizenz für eine Bar beantragt. Daraus ging nicht hervor, wer meine Kunden sind. Ich habe gute Kontakte zu den Behörden, und solange wir uns nicht in Politik einmischen und keine Pornographie betreiben, lassen sie uns in Ruhe. Hoffentlich.«

Sandy winkt uns zu einem Mann an einen Tisch. Wenn wir etwas über die Schwulen in China schreiben, sollten wir unbedingt mit seinem Freund A Ping reden, einem der führenden Aktivisten der Szene. Er sitzt in einer Ecke vor einem Bier, ein großer, kräftiger Mann mit schütterem, halblangem Haar und einem freundlichen Lächeln. Wir erklären ihm unser Projekt, und A Ping beginnt zu erzählen, als hätte er auf diese Gelegenheit gewartet.

Im Herbst 1997 hatte er mit zwei Freunden in Peking einen telefonischen Hilfsdienst für Homosexuelle gegründet. Auf die Idee war der 42-Jährige gekommen, nachdem ein befreundeter Soziologe ihm von dem amerikanischen Sexualforscher McKinsey berichtet hatte und dessen Theorie, dass in jeder Gesellschaft im Schnitt 3 bis 4 Prozent der Bevölkerung homosexuell seien. »Das wären in China zwischen 40 und 50 Millionen Menschen«, sagt A Ping und trinkt einen kräftigen Schluck von seinem Bier. »Wir haben gedacht: Wo stecken die? Was machen sie mit ihren Gefühlen und sexuellen Bedürfnissen? Wer hilft ihnen? Mit wem können sie reden? Wir wollten einen Anfang machen.« In den ersten Monaten bekamen sie nicht mehr als ein oder zwei Anrufe pro Woche. Kaum jemand kannte die Nummer.

Das änderte sich, nachdem eine Frauenzeitschrift sie in einem Artikel mit zwei Zeilen erwähnt hatte. In der Woche darauf klingelte über 2000-mal das Telefon. Seitdem hören sie Tag für Tag aus allen Provinzen des Landes Geschichten voller Angst und Einsamkeit und immer die gleichen Fragen: Wo finde ich einen Liebhaber, wo einen Freund? Wo kann ich Sex haben? Mit wem kann ich reden? Bin ich krank? Manche Anrufer bekommen vor Aufregung kaum ein Wort heraus, andere weinen oder drohen mit Selbstmord. »Viele glauben, sie seien krank und fragen nach einem Arzt oder Medikamenten, die sie heilen könnten. Der gesellschaftliche Druck ist kaum zu ertragen, und viele zerbrechen daran«, sagt er und erzählt die Geschichte von zwei jungen Männern aus dem Süden Chinas. Die beiden hatten sich beim Sex fotografiert. Die Eltern des einen fanden die Fotos und riefen die Polizei. Die beiden Männer flohen und versuchten, sich mit Autoabgasen zu vergiften. Einer starb, der andere überlebte. »Er ging später in ein buddhistisches Kloster und wurde Mönch. Wenn er die Einsamkeit und die Schuldgefühle nicht mehr erträgt, ruft er uns an.«

Oder die Geschichte der jungen Frau aus Wuhan in der Provinz Hubei. Sie hatte ihr Doppelleben nicht mehr ausgehalten und ihren Eltern gesagt, dass sie nicht heiraten werde, weil sie eine andere Frau liebt. Die Eltern warfen sie aus dem Haus, sofort und ohne Fragen zu stellen. Eine ältere Schwester folgte ihr und gab ihr ein Messer: Sie solle sich umbringen. Sie hatte zu viel Schande über die Familie gebracht. Wie konnte A Ping am anderen Ende der Leitung helfen? »Ich fragte, warum um alles in der Welt sie es ihrer Familie erzählen musste? Was hatte sie erwartet? Verständnis? Wir sind in China. Niemand in ihrer Familie wird sie je verstehen. Ich riet ihr, sich für die Aufregung und den Ärger, den sie verursacht hatte, zu entschuldigen. Das tat sie, ohne jedoch ihre Erklärung zurückzunehmen oder in eine Heirat einzuwilligen. So wahrten beide Seiten ihr Gesicht. Die Eltern nahmen sie wieder auf, und das Thema ist seither tabu in der Familie.«

Gehört Aids nicht zu den Sorgen seiner Anrufer? »Nein«, er schüttelt den Kopf. »Es gibt in China erst rund 12 000 diagnostizierte HIV-Infizierte und ungefähr 500 bis 800 Aids-Kranke. Ich kenne keinen. Aids spielt in der Schwulengemeinschaft noch keine so große Rolle wie im Westen.« Das könnte sich bald ändern. Die Angaben des Gesundheitsministeriums basieren auf Untersuchungen von Risikogruppen wie Prostituierten und Drogenabhängigen. Dass die tatsächliche Zahl der Infizierten bei fast einer Million liegen könnte, glauben selbst Experten der Behörde. Die Aufklärungsarbeit steckt noch in den Anfängen, und »safe sex« ist im prüden China nur unter den Schwulen ein Thema, weit weniger bei den Prostituierten, so gut wie gar nicht beim Rest der Bevölkerung.

Das Licht geht aus und wieder an. Durch das Publikum trippeln die vier Drag Queens auf die Bühne. Auftritt »Desert Storm«. Sie sind als Hula-Hoop-Mädchen verkleidet. Um ihre Hüften hängen orangefarbene, kürbisartige Miniröcke, ihre Brust verdecken ausgestopfte Bikinioberteile, und auf dem Kopf tragen sie grüne Perücken. Sie wackeln mit den Hüften, und Wu Meng versucht einen Bauchtanz. Für die nächste Nummer erscheint auf dem Bildschirm des Fernsehers unter der Decke plötzlich ein Propagandafilm der Volksbefreiungsarmee. Rote Fahnen wehen im Wind. Panzer feuern aus allen Rohren. Soldaten mit Maschinengewehren kriechen durch den Schlamm. Kampfflieger am wolkenlosen Himmel. Soldatinnen singen Hymnen auf die Helden in Uniform. Auf der Bühne tanzt Da Fan in grüner Militärmontur, schwarzen, hochhackigen Schuhen, grell geschminkt und mit Perücke. Nur die paar Ausländer unter den Gästen wagen es, über die Parodie laut zu lachen. Die anderen starren stumm und ungläubig auf die Bühne. Zu ungewohnt ist dieser Anblick, zu herausfordernd die Gesten.

»Ich weiß nicht, was an der Nummer provokant sein soll«, sagt Da Fan später und nippt an einem Bier. »Wir lieben Soldaten. Sie sehen toll aus in ihren Uniformen. Besonders die Ärsche.« Er verzieht keine Miene, blickt uns mit leichtem Augenaufschlag unschuldig ins Gesicht. Hat er keine Angst? Er schaut uns an, als wolle er fragen: Habt ihr Westler eigentlich überhaupt nichts begriffen? Das sagt er aber nicht. Er sagt: »Wer kann sich in China schon wirklich sicher fühlen?«

Da Fan weiß, dass er mehr Freiheiten genießt als jede Generation vor ihm, und er will nicht undankbar sein, wie er immer wieder betont. Aber im chinesischen Verständnis wird der Mensch nicht als Bürger mit unveräußerlichen Rechten geboren. Die Regierung gewährt sie ihm, und was die Regierung gewährt, kann sie auch wieder zurücknehmen. Ist die Liberalisierung wirklich so weit fortgeschritten, dass es kein Zurück mehr gibt, höchstens Rückschläge? Sollen Randgruppen wie die Homosexuellen den zunehmend größer werdenden Spielraum in der Gesellschaft still und unauffällig nutzen, oder sollen sie offen und lautstark um mehr öffentliche Anerkennung kämpfen, um verbriefte Rechte, auf die sie sich in schwierigen Zeiten berufen können? Ein Dilemma, vor dem in China heute alle Interessengemeinschaften stehen, ob das Frauengruppen, Umweltschützer, Privatunternehmer, Rechtsanwälte oder Homosexuelle sind.

»Meine westlichen Freunde sagen immer, wir müssten aggressiver sein und sollten uns nicht verstecken«, erzählt A Ping. »An die Öffentlichkeit gehen. Demonstrieren. Aber das ist westliches Denken. In China hieße das Konfrontation, offene Rebellion. Das ist nicht Teil unserer Kultur. Wir müssen für eine behutsame, graduelle Veränderung kämpfen. Solange die Behörden und die Regierung uns nicht als Bedrohung empfinden, lassen sie uns gewähren. Sobald wir die Rechte der Homosexuellen mit politischer Freiheit in Verbindung bringen oder etwa das Wort Menschenrechte in den Mund nehmen, ist Schluss. Wir müssen das Vertrauen der Regierung gewinnen und mit ihr zusammen arbeiten. Je mehr sie uns vertraut, umso mehr Freiraum bekommen wir.«

Es ist ein Seiltanz ohne Netz und doppelten Boden. Wenn sich das politische Klima wieder ändert, die Regierung Sündenböcke benötigt oder eine politische Kampagne startet, wie so oft in der jüngeren Geschichte des Landes, geht es Außenseitern und sozialen Minderheiten zuerst an den Kragen. In diesem Fall muss jeder für sich sorgen. A Ping hat im vergangenen Jahr eine bisexuelle Amerikanerin geheiratet. Das gibt ihm die Möglichkeit, jederzeit in die Vereinigten Staaten zu emigrieren. Da Fan hat einen hochrangigen homosexuellen Freund im Büro der Öffentlichen Sicherheit in Peking, der ihn schon mehrmals vor geplanten Razzien warnte. Dennoch träumt Da Fan von einer Green Card, der Arbeitserlaubnis für die USA, oder einem Leben in der großen Schwulenszene von Sydney.

»Egal, wie tolerant sich die Mächtigen in China jetzt geben, ich traue ihnen nicht. Sie sind unberechenbar. Das ganze System ist korrupt«, sagt er und erzählt als Beispiel die Geschichte seines Bruders. Der war während einer Schlägerei einem Freund zu Hilfe geeilt und hatte dabei einen Mann schwer verletzt. Ein Gericht verurteilte ihn zur Zahlung der Krankenhauskosten und eines Schmerzensgeldes von 32 000 Yuan. Gegen ein Bestechungsgeld von weiteren 50 000 Yuan würde man von einer längeren Haftstrafe absehen. »Aber meine Familie hat kein Geld.

Unsere Ersparnisse waren durch die anderen Ausgaben völlig aufgebraucht. Wir haben keine Beziehungen und kannten niemanden, der uns helfen konnte.« Der Bruder wurde zu lebenslänglich verurteilt.

Seither fährt Da Fan einmal im Monat nach Harbin, um jeden Yuan, den er entbehren kann, der Gefängnisleitung und den Wärtern zu geben. Für jede Vergünstigung – eine 8-Mann-Zelle anstatt einer für 16 Mann, im Winter einen Job drinnen anstatt draußen in der bitteren Kälte, eine Portion Fleisch in der dünnen Gefängnissuppe – muss er zahlen. Außerdem haben die Beamten die Möglichkeit, die Strafe wegen guter Führung auf sechzehn bis achtzehn Jahre zu reduzieren. Auch dieser Gefallen ist käuflich. In den vergangenen zwei Monaten konnte Da Fan nichts bezahlen. Da musste er die Ärzte im Krankenhaus bestechen, damit sie seinen an einer Lungenentzündung erkrankten Vater überhaupt behandelten. »In diesem Land helfen nur Beziehungen und Geld gegen die Willkür der Behörden«, glaubt Da Fan. »Wobei die richtigen Kontakte noch wichtiger sind als Geld. Beziehungen habe ich nicht, deshalb muss ich Geld verdienen. So viel und so schnell wie möglich. Geld bedeutet Macht. Macht bedeutet Sicherheit.«

Sandy ruft. Es ist Zeit für den zweiten Auftritt von »Desert Storm«. Die Bar ist voller geworden, eine Geburtstagsgesellschaft mit knapp zwei Dutzend Gästen ist gekommen. Die Männer tragen biedere Anzüge und Krawatten, sitzen da mit ernsten, angespannten Gesichtern, als erwarteten sie die Ansprache ihres örtlichen Parteisekretärs. Da Fan betritt die Bühne: gelbes, langes Abendkleid, Federboa, schwarze Handschuhe und dunkelblonde Perücke. Wie eine Diva durchschreitet er den Raum, mit halbgeöffnetem Mund und einem laszivem Blick, der Lust oder Arroganz verspricht. Es läuft die Titanic-Filmmusik »My heart will go on«. Er formt seine Lippen zu einem Kussmund und haucht Küsse ins Publikum, leckt mit der Zunge über die Oberlippe. Jede Geste, jede Bewegung eine Provokation. Er wirft den Kopf nach hinten und zieht an seinem Kleid. Es rutscht hoch über die

Waden, die Knie und seine langen, schlanken Oberschenkel. Die Zuschauer wagen sich kaum zu rühren. Da Fan dreht ihnen den Rücken zu. Er lässt die Hüften kreisen, geht in die Hocke und richtet sich auf, geht wieder in die Knie und richtet sich wieder auf, und langsam, ganz langsam fällt das Kleid den Körper hinab. Es gibt die Schultern frei, den Rücken. Es gleitet an der Hüfte hinunter, am Po, den Schenkeln, den Knien. Keine professionelle Stripperin könnte es besser. Die Gäste glotzen mit weit aufgerissenen Augen. Da Fans nackter Körper, die langen Beine glänzen im Scheinwerferlicht. Er dreht sich um, nur noch mit einem Slip aus imitiertem Tigerfell bekleidet. Die Musik erlischt. Stille. Heftiges Atmen. Es dauert Sekunden, bis die Männer sich erholen und Beifall klatschen, erst zögernd, dann wild und gefährlich.

Da Fan verzieht keine Miene. Wir müssen an einen Satz denken, den er uns kurz vor seinem Auftritt gesagt hatte, als wir über die Fesseln sprachen, die diese Gesellschaft Menschen wie ihm noch immer anlegt. »Ich befreie mich selber, indem ich ehrlich zu mir bin.« Er steht im Licht der Strahler und deutet eine Verbeugung an. Für einige kostbare Sekunden ist die Trauer aus seinen Augen verschwunden. Ein Gesicht ohne Schatten.

9

»Wir sind wie Küken,
die gerade aus dem Ei schlüpfen.«

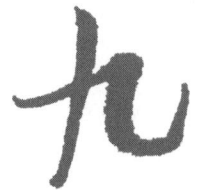

Es gab eine Zeit, da konnte der kleine Yang Xin von seinem
Bett aus den Fluss sehen. Er lag auf seiner Matratze aus Stroh und
lugte durch die Risse und Löcher in der morschen Holzwand,
und bei Mondschein funkelte und blitzte das Wasser, als tanzten
tausend Glühwürmchen darauf. Er stellte sich vor, wie der Fluss
die Steine streichelte, wie er die Gräser am Ufer hin und her
wiegte und vor der kleinen Brücke die Strudel formte, die immer da waren und doch nie gleich aussahen. Xin schloss die
Augen und genoss das Glucksen und Gurgeln. Nichts beruhigte
ihn mehr als dieses vertraute Rauschen. Von Geburt an hatte der
Jangtse ihm sein Wiegenlied gesungen.

Später lernte er dann schwimmen und angeln und Flusskrebse
fangen. Was gab es Schöneres, als am Ufer zu sitzen, die Strö-
mung zu beobachten oder selbstgebastelte Schiffchen auf große
Fahrt zu schicken. Ruhig und träge floss der Strom im Sommer
am Dorf vorbei, wild und gefährlich im Frühjahr, wenn ihn die
Schneeschmelze in den Bergen unablässig fütterte. Der kleine
Xin kannte all die Launen und verschiedenen Gesichter seines
Freundes, und er war sich sicher, dass er dort, wo der Jangtse ins

Meer mündete, das Flusswasser auch noch in der Weite des Ozeans erkennen würde. Ganz sicher. Dies war sein Fluss.

Später, als Jugendlicher, begann er zu fotografieren. Seine Kameraden machten Bilder von ihren Familien, Xin kannte nur ein Objekt: den Fluss mit seinen Biegungen und Windungen, den Fluss im Morgengrauen bei Sonnenaufgang oder im Winter, wenn Schnee an seinen Ufern lag. Er wanderte oder reiste auf Ochsenkarren und Traktoren den Flusslauf auf und ab, immer auf der Suche nach neuen Motiven und Perspektiven. Er studierte den Strom mit seiner Kamera wie andere Fotografen Körper oder Gesichter erforschen.

Es war der Fluss, der seinem Leben zum ersten Mal eine unerwartete Wendung gab. Im Sommer 1986 wollte ein amerikanisches Expeditionsteam den kaum erforschten oberen Lauf des Jangtse in Schlauchbooten bewältigen. In einer Ausstellung vor Ort sahen sie seine Bilder und heuerten ihn als Fotografen an. Damals arbeitete Yang Xin als Buchhalter in einem Kraftwerk, und eine Reise in die Nähe der Quelle des Jangtse war sein Lebenstraum. »Der einzige Wandschmuck in unserem Haus war ein Bild von Mao und eine Landkarte Chinas«, erinnert er sich. »Als Kind stand ich oft vor der Karte und verfolgte die dicke blaue Linie, die von Shanghai über Wuhan und Chongqing in unser Dorf führte, immer dünner wurde und irgendwo im Himalaja-Gebirge verschwand. Ich stellte mir vor, wie es dort aussah: Ich sah wilde Tiere, die von meinem Fluss tranken und Drachen, die in Höhlen hausten, Kinder, die in meinem Fluss spielten. Und ich wünschte mir nichts sehnlicher, als einmal dorthin zu fahren.«

Yang Xin fand weder Drachen noch Kinder, die im Wasser spielten. Er fand die endlose Weite und Einsamkeit der tibetischen Hochebene, in der Himmel und Erde verschmelzen, und einen Fluss, der längst nicht so mächtig und stark war, wie er ihn kannte. Der plötzlich zart und verletzbar und sehr schutzbedürftig wirkte. »Oben im Gebirge war der Jangtse schöner denn je, aber er war Teil eines empfindlichen Ökosystems, und das war schon damals bedroht. Ich hatte das Gefühl, mein Fluss braucht mich, er kann sich nicht allein helfen.« Nach seiner Rückkehr überlegte Yang, was er tun könnte. Im China von 1986 gab es nicht viel, was ein Buchhalter in einem Kraftwerk machen konnte, um den Jangtse zu schützen. Aber von nun an hatte er einen Traum, ein Ziel, und das verfolgte er beharrlich.

Yang fuhr in den folgenden Jahren häufiger auf eigene Faust zum oberen Stromlauf. Er musste mitansehen, wie die Menschen seinen Fluss mehr und mehr quälten. »Es wurde von Mal zu Mal schlimmer«, erinnert er sich. »Am Anfang waren die Hügel am Ufer saftig grün und mit Gras bewachsen, am Ende ganz gelb und versandet. Auf meiner ersten Reise sah ich hunderte von Antilopen über die Steppe galoppieren. Zum Schluss keine einzige mehr. Dafür immer mehr Menschen, und die fielen über die unberührte Landschaft her wie eine Armee über ein besetztes Land. Sie schmissen ihren Müll in den Fluss und holzten die letzten Bäume und Büsche ab, als gäbe es kein Morgen. Ihre Viehherden grasten die Wiesen restlos ab und zerstörten sie damit. Dann zogen sie einfach weiter den Fluss hinauf, als wäre er unendlich. Aber je höher sie kamen, desto empfindlicher wurde das Ökosystem. Ein Plateau auf 5000 Meter Höhe bietet nur begrenzten Lebensraum für Menschen und Tiere.«

Mit jeder Reise fiel es ihm schwerer, zurückzukehren in die Fabrik. Als Buchhalter musste er Geld zählen, Eingänge und Ausgänge abstempeln, Tee trinken, Zeit totschlagen – ein üblicher Job im China der 80er Jahre. Die Arbeit hatte Yang nie interessiert, sie war ihm 1983 zugewiesen worden. »Damals erklärte uns die Partei, wir seien Nägel der Revolution. Wir müssten unsere Arbeit machen, egal, wo sie uns reinschlägt«, sagt er. »Ich wäre nie auf die Idee gekommen, über meine persönlichen Interessen oder Wünsche nachzudenken. Meine Eltern sagten, ich sollte stolz sein, in einem Staatsunternehmen arbeiten zu dürfen. Der Job hatte Prestige, war gut bezahlt und ich war praktisch unkündbar. Andere Kriterien gab es nicht.« Yang war dreiundzwanzig und zu jung, zu hungrig, zu neugierig, um sich lange in dieser vorgefertigten Existenz einzurichten. Und er hatte den Fluss, der ihn bei jeder Reise erinnerte, dass es im Leben mehr gibt, als Buch zu führen.

Es war die Zeit, in der Dengs Wirtschaftsreformen für Millionen von Chinesen persönliche Freiräume schufen, von denen sie wenige Jahre zuvor nicht einmal zu träumen wagten. Yangs Leben ist ein Sinnbild für Chinas Wandel in den vergangenen zwanzig Jahren. Er sah, wie Kollegen, Freunde und Bekannte sich selbstständig machten, ihre eigenen kleinen Unternehmen gründeten, vorsichtig anfingen, ihre bescheidenen Träume zu verwirklichen. Nach den Protesten und Studentenunruhen und dem darauf folgenden Massaker am Platz des Himmlischen Friedens im Juni 1989 war das Land in einen politischen und wirtschaftlichen Stillstand verfallen, aus dem es erst 1992 nach Dengs »Tour durch den Süden« erwachte. Deng hatte zu mehr Mut und Eigeninitiative aufgerufen; und das war die Ermunterung, die Yang noch gefehlt hatte. Er schmiedete große Pläne. Er wollte ein Buch schreiben, eine Organisation zum Schutz des Jangtse gründen und die chinesische Öffentlichkeit auf das langsame Sterben des größten Flusses des Landes aufmerksam machen. Er wollte vor den Folgen der Umweltzerstörung warnen. Yang nahm erst einmal unbegrenzten und unbezahlten Urlaub.

»Ich hatte Glück«, sagt er. »Ich bin 1963 geboren und gehöre zur ersten Generation von Chinesen, die eine Chance hat, ihr Leben selbst in die Hand zu nehmen. Wäre ich zehn Jahre früher geboren, würde ich noch immer als Buchhalter arbeiten. Es gab keine Möglichkeit, den von der Partei beschlossenen Lebensweg zu verlassen.« Seine Freunde und Kollegen hielten ihn für verrückt. Selbst seine Frau nahm ihn nicht ernst. Die Idee des Umweltschutzes war den Chinesen so fremd wie den Menschen im Westen in den 50er und 60er Jahren. Sie waren gerade dabei, sich ihren ersten Fernseher oder Kühlschrank anzuschaffen. Sie freuten sich über Hühner- oder Rindfleisch auf dem Tisch statt Reis und wässriger Suppe, und sie hatten andere Sorgen, als sich ihrer Umwelt anzunehmen. Die Regierung war froh, dass die Wirtschaft wuchs; nach der blutigen Niederschlagung der Studentenproteste war ein steigender Lebensstandard ihre beste Legitimation. In dem ehrgeizigen Reformprogramm, das Chinas Planwirtschaft in eine »sozialistische Marktwirtschaft« verwandelte, spielte der Schutz der Umwelt keine Rolle. Die Partei hatte beschlossen, dass es Grenzen des Wachstums nicht gibt.

Wir sitzen in der Bar eines Fünfsternehotels in Shenzhen. Die Luxusherberge ist ein Symbol des neuen, aufstrebenden China. Die Lobby ist ganz in hellem Marmor gehalten, von der Decke hängen schwere Kronleuchter, in deren Licht die Messingbeschläge an den Türen und Wänden, an der Rezeption und dem Treppengeländer glänzen wie Gold. In der Mitte steht ein prachtvoller Strauß frischer Blumen, der vermutlich mehr kostet, als die Pagen, die davor stehen, im Monat verdienen. Yang Xin fühlt sich sichtlich unwohl. Er zieht seinen grauen Parka nicht aus, verschränkt die Arme vor der Brust, zieht die Schultern hoch. Er passt nicht in diese Welt. Dies ist nicht sein China. Mit seinem langen Vollbart, den Haaren, die bis auf die Schulter reichen, seinem Rollkragenpulli, der schweren Brille und der abgewetzten Ledertasche sieht er aus, als käme er gerade von einer Demonstration der APO gegen den Vietnamkrieg. Doch zwei- bis dreimal im Jahr muss er sich in diese kapitalistisch anmutende Enklave an der Grenze zu Hongkong begeben. Hier sitzen seine wichtigsten Geldgeber; nirgendwo in China gibt es mehr Firmen, die bereit sind, ein paar tausend Yuan für den Umweltschutz zu spenden. Yang holt aus seiner Tasche eine Vierfarbbroschüre, die er 1996 an die Behörden in der Provinz Sichuan und die verantwortlichen Ministerien in Peking geschickt hatte. Sie zeigt auf einer Wiese den abgenagten Totenschädel einer Antilope, im Hintergrund die Jangtse. Kleinere, eingeklinkte Bilder illustrieren die Verwüstung des Flussbettes. »SOS« steht in großen roten Buchstaben darüber. Er hatte keine Antwort darauf bekommen.

Zwei Jahre später, im August 1998, schwoll der Jangtse an. Er stieg und stieg, bis er trotz aller Dämme über die Ufer trat, Höfe und Dörfer fortspülte, Menschen und Tiere in den Fluten ertranken. Die Hochwasserkatastrophe im Sommer 1998 erwies sich als eine der schwersten dieses Jahrhunderts. Wochenlang überschwemmte der Jangtse ganze Landstriche in drei der wirtschaftlich wichtigsten Provinzen, zerstörte annähernd fünf Millionen Häuser und richtete einen Schaden von fast 60 Milliarden Mark an. Betroffen waren über 230 Millionen Menschen, und nach offiziellen Angaben gab es 3600 Tote; doch die Gerüchte, dass die echte Zahl erheblich höher liegt, sind nie verstummt. Chinas Politiker und Behörden wiesen zunächst den Naturgewalten die Schuld zu, sintflutartige Regenfälle seien die Ursache der Katastrophe. Die Statistiken der Meteorologen besagten etwas anderes. Seit Gründung der Volksrepublik 1949 hatte es in vielen Jahren höheren Niederschlag gegeben, ohne dass es zu vergleichbaren Überschwemmungen gekommen wäre. Das Desaster im Sommer 1998 war von Menschenhand angerichtet.

An den Ufern des Jangtse leben etwa 350 Millionen Chinesen, der Fluss führt durch die größten Industrie- und Agrargebiete des Landes. Seit die Wirtschaft im Reich der Mitte boomt, gehen Dörfern, Städten und Gemeinden Grund und Boden aus. Man kämpfte mit der Natur um jeden Quadratmeter ohne Rücksicht auf die ökologischen Folgen. Tausende von Teichen und Seen wurden trocken gelegt, um Platz für die ständig wachsende Bevölkerung, für Fabriken oder Ackerland zu gewinnen. Diese Seen aber hatten dem Jangtse Jahrtausende lang im Falle von Überschwemmungen als natürliche Auffangbecken gedient. Die Provinz Sichuan betrieb Kahlschlag an den Uferwäldern, über 85 Prozent der Bäume am oberen Stromlauf sind verschwunden. Die Folge ist eine verheerende Erosion. Der Boden kann das Regenwasser nicht halten, es strömt direkt in den Jangtse und reisst die mineralienreiche Oberflächenerde mit sich. 500 Millionen Tonnen Erde fließen im Jahr den Jangtse hinunter, mehr als in Nil, Amazonas und Mississippi zusammen genommen.

Yang Xin hatte all das prophezeit. »Niemand nahm mich ernst«, sagt er mit seiner strengen Stimme und einem Gesichtsausdruck, der den Überzeugungstäter verrät. »In China geht es heute ausschließlich um sofortigen Profit. Langfristige Planung ist nicht Teil unseres Denkens. Die Konsequenzen unseres Handelns für die Umwelt, was in zehn oder zwanzig Jahren passiert, das hat bis vor kurzem niemanden interessiert.«

Wer heute durch das Reich der Mitte reist, sieht, riecht, schmeckt und fühlt, welch katastrophale Folgen diese Politik für China hat. Das Land ist physisch erschöpft. Ausgelaugt. Ausgequetscht wie eine Frucht. Kann eine Wirtschaft über zwei Jahrzehnte fast zweistellige Wachstumsraten erbringen? Ja, sagen die Ökonomen. Nein, schreit die Erde. Nein, schreien die Luft und das Wasser. Jedenfalls nicht, ohne einen hohen Preis dafür zu bezahlen. Wir erinnern uns an die spielenden Kinder auf dem Schulhof in Chongqing. Sie trugen Mullbinden vor Mund und Nase, als hätten sie eine ansteckende Krankheit. Der Stoff bedeckte ihre Gesichter jeden Tag, er sollte sie vor der verpesteten Luft schützen. Schon nach einem Tag in der Stadt bekamen wir Kopfschmerzen, der Hals kratzte, und die Augen tränten.
Oder die Wintertage in Peking. Wolkenlos und blau könnte der Himmel über der Hauptstadt sein, doch die Sonne ist nur ein blasser, weißer Punkt, der durch den Smog schimmert, und in der Luft liegt der Geruch von Schwefel. Wie überall in Zentral- und Nordchina heizen die Pekinger mit Kohle – einer der wenigen Rohstoffe, von dem das Riesenreich mehr als genug hat. Es handelt sich um eine besonders schadstoffreiche Kohle, und moderne Filtersysteme gibt es kaum irgendwo. Von den zehn Städten mit der höchsten Luftverschmutzung der Welt liegen heute neun in China. Erkrankungen der Atemwege sind die häufigste Todesursache. Die Zahl der Lungenkrebskranken ist seit 1988 um 18,5 Prozent gestiegen.
Wenn ich an unsere vielen Autofahrten über Land denke: die Tümpel und Teiche in den Dörfern gefüllt mit Plastiktüten und

Styroporverpackungen, alten Dosen und Flaschen, Fahrrädern und Kühlschränken. China produziert heute über viermal so viel Müll wie vor zwanzig Jahren. Niemand weiß, wohin damit. In den meisten Bächen und Flüssen dümpeln braune, stinkende Soßen, in denen die letzten Tiere längst verendet sind. Über 90 Prozent des Oberflächenwassers in Chinas Städten und Gemeinden sind verdreckt, 70 Prozent aller Wasserwege sind vertrocknet oder so verschmutzt, dass kein Fisch mehr darin schwimmt. Nicht einmal 20 Prozent der Abwässer laufen durch Kläranlagen, der Rest fließt unbehandelt in Flüsse, Seen oder ins Meer. Viele Flüsse sind heute nicht einmal mehr sauber genug, um zur Bewässerung der Felder zu dienen.

Wir erinnern uns an die Reisen in den Nordosten Chinas. Dort liegt die vertrocknete Erde aufgebrochen wie eine Wunde, die wasserlosen Flussbetten ziehen sich wie Narben durch die graubraune Landschaft. Überbevölkerung, Verschmutzung und eine jahrzehntelange Verschwendung haben zu einer katastrophalen Wasserknappheit geführt. 550 Millionen Chinesen haben nicht genug Trinkwasser, in 400 der 600 größten Städte des Landes ist dieses kostbare Gut rationiert; oft kommt es nur tröpfchenweise für Stunden mitten in der Nacht aus dem Hahn. Der berühmte »Gelbe Fluss« ist seit 1985 jedes Jahr monatelang ausgetrocknet, viele seiner Nebenarme sind völlig versiegt. Trockenheit, Kahlschlag, Überweidung und eine verfehlte Wasserpolitik lassen mehr und mehr Land verwüsten. Annähernd 50 000 Quadratkilometer Boden verlor China in den vergangenen Jahrzehnten an die Wüste, die mittlerweile mehr als ein Viertel der Gesamtfläche ausmacht. Die Zerstörung der Umwelt kostet das Land jedes Jahr rund 7 Prozent des Bruttosozialproduktes, schätzt das offizielle Parteiblatt China Daily. Einige westliche Experten vermuten, dass der wirkliche Schaden noch erheblich höher liegt. Nicht Dissidenten, Wirtschaftskrisen oder außenpolitische Probleme könnten sich in den kommenden Jahren als die größte Gefahr für das politische System und die Stabilität des Landes erweisen, sondern die Umweltzerstörung.

»Seit der Flutkatastrophe am Jangtse hat das auch unsere Regierung erkannt«, glaubt Yang. »Das war ein Wendepunkt für die Umweltschutzbewegung in China. Selbst Provinzpolitiker reden plötzlich von Umweltschutz. Es ist wie eine Mode. Wer zur Zeit kein grünes Kleid trägt gilt als old fashioned, hat den Bezug zur Realität verloren.«

Peking beließ es nicht bei den üblichen Lippenbekenntnissen. Seit 1. September 1998 ist jegliches Abholzen an den Ufern des Jangtse verboten, über hunderttausend Holzfäller in den Provinzen Sichuan und Yunnan wurden arbeitslos, viele sollen zu Baumpflanzern umgeschult werden. Grüne Einzelkämpfer und Außenseiter wie Yang Xin wurden durch die Überschwemmungen zu Medienstars. Yang gibt pro Woche mehrere Radio- und Zeitungsinterviews, TV-Anstalten erbitten seinen Rat bei der Produktion von Sendungen über Chinas Umweltprobleme. Er erhielt den Auftrag für eine mehrteilige Dokumentation über die Zerstörung des Jangtse. Die erforderlichen Drehgenehmigungen bekam er in wenigen Tagen, früher hätte das Monate gedauert. Er muss nicht mehr als Bittsteller von Unternehmen zu Unternehmen laufen, die Spenden kommen von allein. Wichtiger noch: Die Behörden stehen seiner 1997 gegründeten, regierungsunabhängigen Umweltschutzorganisation »Grüner Fluss« etwas hilfsbereiter gegenüber. Fast vier Jahre musste er kämpfen, bis er die offizielle Genehmigung dafür bekam. »Alle offiziellen Stellen waren mir zunächst feindlich gesinnt«, sagt er.

Organisationen wie der »Grüne Fluss« stellen Partei und Regierung vor ein Dilemma. Die KP Chinas hat das politische Machtmonopol im Land und misstraut jeder Vereinigung, über die sie nicht die totale Kontrolle ausübt. Obwohl die chinesische Verfassung Versammlungs- und Vereinigungsfreiheit garantiert, bedarf jedes geplante Treffen von mehr als zwanzig Personen der polizeilichen Erlaubnis. Bis vor kurzem gab es überhaupt keine Organisationen außerhalb der Partei. Mittlerweile aber hat die Führung in Peking erkannt, dass zu einer modernen Gesellschaft auch unterschiedliche Interessengemeinschaften gehören: Bürgerinitiativen, Umweltschützer, Verbraucher- und Berufsverbände, Handelskammern und Innungen. China ist da keine Ausnahme, und im ganzen Land gibt es zaghafte Ansätze, unabhängige Organisationen zu gründen. Die Regierung versucht, sie mit einer Vielfalt an Bestimmungen und Auflagen zu kontrollieren. Yang musste ein Vorbereitungskomitee und einen Vorstand benennen und eine Liste der potentiellen Mitglieder bei den lokalen Behörden in der Provinz Qinghai einreichen. Die Umweltbehörde bearbeitete den Antrag, von der Idee hielt sie gar nichts. Als nächstes prüfte das Büro der Öffentlichen Sicherheit die Unterlagen, um sicherzustellen, dass sich unter den Mitgliedern weder Kriminelle noch politische Dissidenten befinden. Schließlich benötigte Yang noch einen Bürgen, eine Regierungsorganisation, die für die Aktionen von »Grüner Fluss« verantwortlich zeichnet. »Als ich nach vier Jahren die Erlaubnis erhielt, sagte mir der Leiter der Verwaltungsstelle, ich könne machen was ich wolle, solange ich mich nicht in die Politik einmische. Daran halte ich mich.« Wie kann man Umweltzerstörung und Politik trennen? Yang schmunzelt und schweigt. Er weiß, dass eine unpolitische Umweltbewegung zu den typischen Widersprüchen im China des Umbruchs gehört, die Westler kaum verstehen können.

Die chinesische Regierung toleriert keine Dissidenten und keine Meinung, die das politische System in Frage stellt. Sie erlaubt mehr und mehr Freiräume für Kritik an Missständen wie etwa Korruption oder Umweltverschmutzung, solange niemand deren Ursachen mit der Alleinherrschaft der KP in Verbindung bringt. Geduldet werden Proteste gegen vereinzelte Umweltsünder, aber nicht gegen die Wirtschafts- oder Industriepolitik der Regierung. Zuweilen benutzt die Führung entstehende Bürgerinitiativen und eine liberale Presse, um ungehorsame Provinzfürsten zur Raison zu bringen. Wenn etwa die Regierung per Gesetz den Kahlschlag an den verbliebenen Wäldern landesweit verbietet, weiß sie nicht, ob Parteisekretäre und Bürgermeister das Dekret auch überall umsetzen. Auf lokaler Ebene gehen wirtschaftliche Interessen grundsätzlich vor, und das Land ist einfach zu groß, um Kontrolleure bis in die letzten Winkel zu schicken. Im Sommer 1996 ordnete die Regierung die Schließung hunderter von Säge- und Papiermühlen, Lederfabriken und anderer Dreckschleudern in der Provinz Anhui an. Zwei Jahre später war die Hälfte dieser Unternehmen klammheimlich wieder aktiv.

In der Hauptstadt gibt es mittlerweile drei Umweltschutzorganisationen, landesweit um die zwanzig. Die meisten konzentrieren sich noch auf das Beobachten von Vögeln oder seltenen Tieren, ihre Aktionen beschränken sich auf das Pflanzen von Bäumen, das Säubern von Parkanlagen oder auf Ausflüge in die Natur mit Schulklassen. Harmlose Veranstaltungen, nach westlichen Maßstäben betrachtet und angesichts der Umweltprobleme, die das Land hat. »Aber für uns sind das erste wichtige Schritte«, sagt Liang Congjie, Gründer und Vorsitzender der »Freunde der Natur«, einer Bürgerinitiative mit über 500 Mitgliedern. »Wir fangen ganz von vorne an. Es gibt in China kein Umweltbewusstsein. Umweltschutz ist ein westliches Konzept. Die traditionelle chinesische Kultur ist der Natur eher feindlich gesinnt.«

Liangs Organisation ist verantwortlich für die bisher radikalste Aktion chinesischer Umweltschützer. Kurz nach dem Beginn des Abholzverbots reiste ein Team in den Bezirk Hongya in der Provinz Sichuan. Sie verkleideten sich als Touristen und Geschäftsleute und interviewten mit versteckten Kameras und Mikrofonen lokale Behördenvertreter. »Sie prahlten, dass sie uns so viel Holz liefern könnten, wie wir nur wollten. Sie zeigten uns sogar, wie sie mit einer Motorsäge einen tausend Jahre alten Baum fällen konnten«, sagte Liang. Die Umweltschützer übergaben das Video einem chinesischen Fernsehsender. Die Ausstrahlung verursachte einen Skandal, die Regierung schickte zusätzliche Inspektoren in die Provinz und die Aktivisten erhielten Morddrohungen.

Könnte der nächste Schritt eine Aktion im Stil von Greenpeace sein? Klettern chinesische Umweltschützer bald auf rauchende Fabrikschlote? Werden sie sich an Bäume ketten oder an das Tor eines Stahlwerkes, das den Jangtse verseucht? Yang schüttelt den Kopf. »Auf absehbare Zeit undenkbar«, sagt er. »Wir sind wie Küken, die gerade aus dem Ei schlüpfen. Wir sind noch klein und zerbrechlich. Wenn ein Vogel größer wird, wird er auch aggressiver. Unser Ziel ist es, eines Tages Regierung und Behörden unter Druck setzen zu können. Zur Zeit müssen wir noch mit ihnen zusammenarbeiten und ihr Vertrauen gewinnen.« Schon allein deshalb, weil die Lizenz für jede regierungsunabhängige Organisation nur zwölf Monate gilt. Die Behörden müssen eine unbequeme Initiative nicht verbieten, sie erneuern einfach die Genehmigung nicht.

Yang Xin und der »Grüne Fluss« haben eine andere Strategie, als mit radikalen Aktionen auf Chinas Umweltprobleme aufmerksam zu machen. Yang will fünf Beobachtungs- und Forschungsstationen am oberen Lauf des Jangtse errichten. In den Häusern sollen Umweltschützer, Wissenschaftler und Polizisten zusammen leben und arbeiten. Dabei kann er auf ein Netzwerk von 200 Mitgliedern und 400 Unterstützern bauen. Seit Sommer 1997 steht die erste, nur mit Spendengeldern finanzierte Anlage in über 5000 Metern Höhe auf der tibetischen Hochebene in der Provinz Qinghai. Ein roter, L-förmiger Kasten, der aussieht, als hätte jemand mehrere Container hintereinander gestellt, daneben Solarzellen und ein Windrad zur Stromversorgung. Beim Blick aus dem Fenster verliert das Auge jeglichen Halt. Kein Strauch, kein Baum, kein Haus, an dem es sich festhalten könnte, nichts als grüne Steppe. Am Horizont ragen die Gipfel des Himalaja in den Himmel. Kein Ort, der den Menschen zum Bleiben einlädt. Im Winter fallen die Temperaturen nachts auf minus 40 Grad, die Höchstwerte am Tag: minus 20 Grad. Das nächste Dorf ist über 200 Kilometer, das heißt sechs bis acht Autostunden, entfernt.

Die Station ist das ganze Jahr über mit mindestens vier Polizisten besetzt. Sie kämpfen gegen Wilderer, die die kostbare, vom

Aussterben bedrohte Tschiru-Antilope jagen. Ein aus ihrem besonders weichen Fell hergestellter Shatoosh-Schal bringt auf dem Schwarzmarkt in London, Paris oder New York bis zu 15 000 US-Dollar. Polizisten und Wilderer liefern sich regelmäßig Feuergefechte, bei denen schon mehrere Menschen starben. »Ohne unsere Station gäbe es die Antilope bald nicht mehr«, glaubt Yang. »Die Gegend ist eine der ärmsten Regionen in China, und die Behörden könnten sich so eine Anlage gar nicht leisten.« Zwischen Mai und Oktober leben zusätzlich Wissenschaftler auf der Station, die das Ökosystem des Plateaus beobachten und erforschen. Im Sommer kommt Yang mit Studentengruppen dazu. Er wandert mit ihnen über die Ebene, studiert Pflanzen und Tiere, zeigt ihnen seinen Fluss und kann erkennen, dass die Reise auf viele von ihnen eine ähnliche Wirkung hat wie auf ihn die erste Expedition 1986. Mit den meisten Studenten bleibt er in Kontakt; sie kehren zurück in ihre Heimatstädte, gründen Umweltschutzinitiativen an ihren Universitäten, sammeln Spenden und helfen ihm beim Bau der Stationen.

Kürzlich traf Yang sich nach einer Reise mit ein paar jungen Umweltschützern in einem Restaurant. Aus Gewohnheit griff er zu den Wegwerfstäbchen aus Holz. Mit strafendem Blick schauten ihn die Studenten an. Sie hatten alle ihre eigenen Stäbchen dabei. »Die zweite Generation wächst heran«, sagt Yang zufrieden. »Die Jungen sind aggressiver und mutiger als wir. Sie wissen aus dem Internet, wie radikal andere Umweltschutzorganisationen im Rest der Welt sind. Sie werden sich nicht mehr lange mit dem Zählen von Vögeln oder dem Pflanzen von Bäumen zufrieden geben.«

10

»Heute muss man Beziehungen haben,
aber keine Skrupel.
Die Gesetze kennen, aber nicht achten.«

Als ihre Mutter stirbt, ist Jia Guimin elf Jahre alt. Ein Jahr lang lag die Mama zu Hause. Wimmerte nachts im Familienbett. Konnte kaum sitzen und nicht laufen vor Schmerzen. Trank tapfer den Tee aus chinesischen Kräutern, den die Nachbarin empfahl. Irgendwann trug der Vater sie in den Armen zum nächsten Krankenhaus. Gebärmutterkrebs. Zwei Tage später ist sie tot. Sie wurde vierunddreißig Jahre alt.

Guimin muss für zwei Jahre die Schule verlassen, um auf ihren 3-jährigen Bruder und die 7-jährige Schwester aufzupassen. Das Nachbarschaftskomitee und die Partei nehmen sich der Familie an. Regelmäßig sammeln sie ein paar Yuan, damit die Kinder nicht hungern, spenden Hosen, Schuhe und Jacken, damit die Kleinen nicht frieren. Es ist der Parteisekretär, der abends beim Vater sitzt und ihn tröstet. Es ist seine Frau, ebenfalls Parteimitglied, die immer ein offenes Ohr hat für den Witwer mit seinen drei kleinen Kindern. Und irgendwann in dieser Zeit entsteht bei Guimin die Idee, Parteimitglied zu werden. Sie weiß es nicht mehr genau. Sie sagt nur: »Solange ich denken kann.«

Aus der Idee wird ein Wunsch, aus dem Wunsch ein Lebensziel. Am Tag nach ihrem achtzehnten Geburtstag, der Altersgrenze für die Mitgliedschaft, stellt sie den ersten Antrag. Sechzehn Jahre muss sie warten. Sechzehn Jahre muss sie täglich aufs neue beweisen, dass sie würdig ist, zur Elite des Landes zu gehören. Sie lernt Mao auswendig und studiert Dengs Theorien. Übt Selbstkritik auf endlosen Sitzungen ihrer Arbeitseinheit. Schwört, der Revolution als treuer Soldat zu dienen. Gelobt unermüdlichen Einsatz im Kampf gegen bourgeoise Elemente und Klassenfeinde. Am 29. April 1986 geht ihr Lebenstraum in Erfüllung. Die Kommunistische Partei Chinas macht sie zu ihrem Mitglied.

Und weil Frau Jia zu jenen Menschen gehört, die sich und anderen ständig etwas beweisen müssen, rackert sie weiter, als gäbe es bezahlte Überstunden. Sie arbeitet in der Bäckerei des Volkseigenen Betriebes Shenyang Hotel in Shenyang, Hauptstadt der Provinz Liaoning im Norden des Landes. Sie knetet morgens schon vor Sonnenaufgang den Teig und schrubbt abends noch die Fliesen, wenn die Kolleginnen längst zu Hause sind. Wochenenden kennt sie nicht. Zur Belohnung kürt die Partei sie im Mai 1992 zur Heldin der Arbeit. HELDIN DER ARBEIT. Für sie war das mehr als nur eine Auszeichnung. Sie bekommt einen Blumenstrauß, ein Fahrrad und eine Anstecknadel. Die Parteizeitung lobt ihren revolutionären Eifer und druckt ein Foto. Ein Jahr später wird sie entlassen.

Sie erinnert den Tag, sie erinnert die Uhrzeit, sie erinnert den Ort. Ein früher Vormittag, ein kleines, verrauchtes Zimmer, eine Sitzung der Abteilungsleiter mit dem Hoteldirektor. Er vergeudet keine Zeit. Das Hotel ist pleite, sagt er. Wir müssen Arbeiter und Manager entlassen. Frau Jia, wir brauchen Sie nicht mehr. Ihr wird übel. Der Raum dreht sich, die Gesichter verschwimmen. Sie steht auf und geht. Wortlos. »Ich bin direkt nach Hause gegangen«, erinnert sie sich. »Ich stand unter Schock und habe nur noch geweint. Vier Wochen lang.«

Eine Entlassung ist immer eine Kränkung, eine persönliche Niederlage, die Selbstzweifel und Zukunftsangst auslöst, auch im Westen mit seinen Abfindungen und dem sozialen Netz, das den sofortigen Absturz in die Armut verhindert. In China ist sie eine Katastrophe. Ein Erdbeben, das in der kleinen Welt der Betroffenen keinen Stein auf dem anderen lässt. Das gilt besonders für Menschen wie Frau Jia und ihre Generation. Und zwar nicht so sehr, weil es weder Arbeitslosenversicherung noch Sozialhilfe gibt; ein paar Verwandte, die in den ersten Monaten aushelfen, finden sich immer. Wer aber in China entlassen wird, verliert nicht nur seine Arbeit. Er verliert sein Gesicht, seinen Halt; er wird aus einer ganzen Welt mit ihren Werten, Regeln und Sicherheiten entlassen. Jahrzehntelang basierte Chinas Gesellschaft auf den »Danweis«, den Arbeitseinheiten, und jeder Chinese gehörte einer an, egal ob er im Stahlwerk, in einer Behörde oder auf dem Land arbeitete. In der Vorstellung der Kommunisten war die Danwei seine eigentliche Familie. Sie garantierte Arbeit und Auskommen bis zur Pensionierung und die Rente danach. Sie sorgte für die Wohnung, sie half im Notfall, sie stimmte geplanten Hochzeiten und Schwangerschaften zu oder auch nicht. Sie garantierte vollkommene Geborgenheit und absolute Sicherheit und übte dafür die totale Kontrolle über das Leben ihrer Mitglieder aus. Es gab keine Existenz außerhalb der Danwei. Aber Frau Jia hatte, wie Millionen anderer Chinesen, plötzlich keine Danwei mehr.

Im an Vollbeschäftigung gewöhnten kommunistischen China geht ein Gespenst um, die Angst vor der Arbeitslosigkeit. In den Städten sind mindestens 10 Prozent, über elf Millionen Menschen, ohne Arbeit, auf dem Land sollen es 30 Prozent, an die 120 Millionen, sein. Wie im Westen trifft es auch dort die Frauen am härtesten; sie verlieren den Job als erste, und sie haben die größten Probleme, neue Arbeit zu finden. 61 Prozent der Entlassenen sind Frauen, obwohl sie nur 39 Prozent der Beschäftigten ausmachen. Auf den Wirtschaftsseiten der chinesischen Tageszeitungen häufen sich die Meldungen über geplante Massenentlassungen: 500 000 Stahlarbeiter sollen in Zukunft ihren Job verlieren, 1,2 Millionen in der Textilindustrie, 1,1 Millionen Bahnangestellte.

Zwanzig Jahre nach Beginn der Wirtschaftsreformen hat der Prozess der Umwandlung der Planwirtschaft in eine Marktwirtschaft eine neue, entscheidende Phase erreicht. Deng Xiaoping hatte das Prinzip der Danweis und der garantierten staatlichen Versorgung nicht angetastet. Er hat den Menschen die Chance geboten, Privatinitiative zu entwickeln, wenn sie das wollten. Seine Nachfolger müssen radikaler sein. Noch immer herrschen sie über 300 000 Staatsunternehmen mit mehr als 100 Millionen Beschäftigten, die weiterhin Güter nach Plan produzieren, die niemand kauft. In manchen Branchen erreicht die Überkapazität fast 60 Prozent, in vielen Firmen liegen Produkte für Jahre auf Halde. In Chinas Fabriken stapeln sich 20 Millionen Fahrräder, 1,5 Milliarden Oberhemden, 10 Millionen Armbanduhren, 700 000 Motorräder. Rund die Hälfte der Betriebe macht Verluste. Ihre Verschuldung hat sich auf mindestens 600 Milliarden Dollar addiert, das entspricht fast drei Viertel des Bruttoinlandprodukts. Am Leben gehalten werden sie einzig durch Kredite der Staatsbanken, durch versteckte Subventionen also, denn dieses Geld sehen die Kreditinstitute nie wieder. »Das Schicksal unseres Landes hängt an der Reform der Staatsbetriebe«, warnt Mao Yushi, Gründer und Leiter eines renommierten privaten Wirtschaftsforschungsinstitutes in Peking. »Wenn wir dafür nicht bald eine Lösung finden, steht unsere Wirtschaft vor dem Kollaps.«

Chinas Wirtschaft muss wachsen. Schneller und stärker als jede andere auf der Welt. Über 13 Millionen junge Menschen drängen jährlich neu auf den Arbeitsmarkt, das sind 130 Millionen in den kommenden zehn Jahren. Nur wenn die Wirtschaft um mindestens 8 Prozent expandiert, wird es genügend Jobs für sie geben. Die Überschuldung und die Ineffizienz der Staatsbetriebe wirken wie ein Bremsklotz auf das gesamte System, und zweistellige Zuwachsraten gehören längst der Vergangenheit an. Nur durch gigantische Infrastrukturprojekte wie Autobahnen, Dämme oder Flughäfen ließ sich eine Rezession in den vergangenen Jahren abwenden. Aber selbst die mit Staatsgeldern künstlich angekurbelte Wirtschaft wuchs in den Jahren 1998 und 1999 um weniger als 8 Prozent.

Zhu Rongji, seit März 1998 Ministerpräsident und Pekings führender Wirtschaftsreformer, weiß, dass ein zukünftiges Wirtschaftswachstum von der erfolgreichen Umstrukturierung der Staatsunternehmen abhängt. In drei Jahren, so versprach der chinesische Ludwig Erhard nach seiner Amtsübernahme, wollte er das Problem gelöst haben. Gemessen an seinen ehrgeizigen Reformplänen erscheint Maos Langer Marsch wie ein gemütlicher Spaziergang. Fast täglich kündigte der Premier im Frühjahr 1998 neue Reformen, Initiativen und Umbesetzungen für die Schlüsselpositionen der Wirtschaft an. Profitable Staatsfirmen sollten eine kleine Anzahl der Betriebe schlucken, der Rest sollte in Aktiengesellschaften umgewandelt, an ausländische Konzerne verkauft, privatisiert werden oder schlicht Konkurs anmelden. Von den über 300 000 Unternehmen in Staatshand sollten rund tausend Konglomerate übrig bleiben.

Schon ein Jahr später musste der neue Ministerpräsident das Tempo der Reformen drosseln. Die staatliche Propaganda sprach nun hauptsächlich von sozialer Stabilität. Es war deutlich geworden, dass eine Reform der Staatsbetriebe einen dramatischen Anstieg der Massenarbeitslosigkeit bedeutete, und in vielen Teilen des Landes kam es zunehmend zu gewalttätigen Protesten. Nach einer internen Statistik des Büros der Öffentlichen Sicherheit gab es 1998 über 215 000 Demonstrationen, Sitzstreiks und ähnliche Aktionen, an denen mehr als drei Millionen Menschen teilnahmen. Über 100 000 entlassene Textilarbeiter protestierten in der Provinz Sichuan, und erst das gewaltsame Eingreifen der Polizei machte den Unruhen ein Ende. In einer Seidenfabrik nahmen Arbeiter ihren Manager als Geisel, in Harbin erschossen sie einen Parteisekretär. In den Provinzen Hunan, Jiangxi und Fujian rebellierten eine halbe Million Arbeiter, weil sie seit Monaten keinen Lohn bekommen hatten, und zu zwei Bombenanschlägen in Peking bekannte sich angeblich ein »Komitee der entlassenen Arbeiter«.

Noch handelt es sich um vereinzelte, spontane Proteste«, sagt der im Hongkonger Exil lebende Gewerkschaftsführer Han Dongfang. »Aber daraus kann eine Massenbewegung werden.« Funktionäre beruhigen die aufgebrachten Arbeiter mit Geld und dem Versprechen, neue Arbeitsplätze zu schaffen, Arbeitsämter versuchen, zumindest für die besser Ausgebildeten über Zeitungsannoncen, Sondersendungen im Radio oder das Internet Jobs zu finden. In den Städten werden hunderte von Umschulungskursen angeboten. Aus Fabrikarbeitern sollen Friseure, Köche, Kellner, Fahrradreparateure, Reis- und Gemüsehändler werden, aus einem Volk von Klassenkämpfern und Revolutionären eines von Krämern und Hökern.

In Shenyang hocken hunderte von Arbeitssuchenden auf einer breiten Allee. Misstrauisch mustern sie die Fremden. In den Händen halten sie selbstgemalte Schilder: Klempner. Maler. Tischler. Auf manchen steht nur: »Ich bin kräftig.« Viele haben ihr Handwerkszeug gleich dabei. Eine Säge, Pinsel, Schraubenschlüssel. Ihre Geschichten klingen alle ähnlich. Dreißig Jahre in einer Fabrik gearbeitet, seit fünf Monaten vor verschlossenen Werkstoren, keine Abfindung, keine Entschädigung, keine Nachricht, wie es weitergeht. Sie hoffen geduldig auf einen Job als Tagelöhner. Um die Ecke liegt einer der vielen Kleinmärkte, wie sie in China in diesen Jahren in jeder Stadt zu Dutzenden entstehen. Arbeitslose sitzen an selbstgebastelten Ständen oder hinter auf dem Fußweg ausgebreiteten Plastikplanen. Einige verkaufen Obst und Gemüse, die meisten den bescheidenen Besitz eines Lebens in China: Mao-Buttons, Propagandaposter, vereinzelte Bücher, Teekannen, Familienstempel, angeschlagenes Porzellan, abgetragene Jacken. Dazwischen Arbeiter, die aus ihren Fabriken mitnahmen, was sie tragen konnten. Sie bieten Schrauben und Muttern an. Hämmer, Zangen, Luftpumpen, Fahrradklingeln, Autoreifen, Batterien, Armbanduhren.

Frau Jia wusste nicht, was sie nach ihrer Entlassung machen sollte. Zwei Monate lang ging sie nicht aus der Wohnung, aus Angst vor den Blicken der Nachbarn. Sie musste von vorne anfangen und wusste nicht wo. Sie hatte nie gelernt, für sich selbst zu entscheiden, sondern dreißig Jahre getan, was man ihr gesagt oder von ihr erwartet hatte. Nun gingen ihr Mann und ihre Tochter morgens aus dem Haus und kamen erst abends wieder. Dazwischen lagen acht oder zehn lange, einsame Stunden. Das Hotel bot ihr an, einen kleinen Stand mit Zigaretten, Getränken und Reiseproviant neben dem Eingang zu eröffnen. Gegenüber lag der Hauptbahnhof, und viele Reisende kamen auf ihrem Weg zu den Zügen daran vorbei. Frau Jia zögerte. Sollte sie für sich arbeiten? Als Teenagerin hatte sie erlebt, wie Rotgardisten Menschen die Köpfe kahlschoren und sie als »kapitalistische Wegbereiter« wie Vieh durch die Stadt trieben. Sie war am Straßenrand gestanden und hatte mitgejubelt. Wie konnte sie selbstständige Unternehmerin werden? Ein Teil der Privatwirtschaft? »Das waren Menschen, auf die ich immer herabgeblickt habe«, sagt sie. »Ich war so stolz darauf, eine Arbeiterin zu sein. Wir waren die führende Klasse des Landes. So hat Mao es immer gesagt. So steht es in der Verfassung. Bei der Suche nach einem Ehemann war sein Beruf für mich das wichtigste Kriterium: Arbeiter musste er sein, sonst hätte ich ihn nicht geheiratet.« Ihr Mann riet ihr, das Angebot des Hotels anzunehmen.

Wir trafen sie bei unserem ersten Besuch an ihrem Stand auf dem Bürgersteig. Eine kräftige, rundliche Frau mit roten Wangen und einem freundlichen, ansteckenden Lachen. Mit ihren vollen schwarzen Haaren, strahlend weißen Zähnen und einem fast faltenlosen Gesicht sah sie jünger aus als ihre achtundvierzig Jahre. Ihre Ware lag ausgebreitet auf den Stufen eines Seiteneingangs der geschlossenen Herberge. Getränkedosen, Zigaretten, Kekse und Kuchen. Seit einem Jahr betrieb sie ihren Stand und verdiente prächtig, bis zu 3000 Yuan im Monat, zehnmal mehr als zuvor. »Es ging mir noch nie in meinem Leben so gut«, erzählte sie uns. »Ich habe gelernt, aufrecht zu gehen.«

Knapp ein Jahr später besuchten wir sie wieder. Es ist ein wolkenloser, bitterkalter Wintertag in Shenyang, die Höchsttemperatur liegt bei minus 20 Grad. Der Stand ist verschwunden. Frau

Jia hat die Räume eines pleite gegangenen Fotogeschäftes im Erdgeschoss des ehemaligen Hotels übernommen. Über dem Laden eine Neonreklame: »Shenyangs Heldin der Arbeit bietet ihren Service an. 24 Stunden am Tag.«

Stolz zeigt sie uns ihren Laden, der im Westen nicht einmal als Lagerhalle durchgehen würde. Ein langer, schmaler Raum, an der Decke zwei Neonröhren, die ein kaltes, flimmerndes Licht ausstrahlen. Ihr Mann hat Glasregale an die kahlen Wände geschraubt. Sie stehen voller Reisschnaps, dreiundvierzig verschiedene Sorten. Daneben in Plastik eingeschweißte Kuchen und Kekse, Chips und Schokolade, Zigaretten und sechs Sorten Bier. Im Tresen getrocknete Früchte und Hundefleisch in Aspik. Den Raum teilt ein schwerer, blaugeblümter Vorhang, dahinter ein Gaskocher, ein Kühlschrank und ein Klappbett mit sechs Wolldecken darauf. Es gibt eine Heizung, aber sie funktioniert nur im Sommer. Im Laden ist es so kalt, dass in den Cola- und Mineralwasserflaschen Eisbrocken schwimmen. Wenn ein Kunde wärmere Getränke haben möchte, holt sie die aus dem Kühlschrank.

Frau Jia trägt drei Hosen und drei Pullover übereinander und dazu einen dicken, gefütterten Wintermantel. »Am Tag geht es«, sagt sie. »Nur in der Nacht ist es manchmal etwas kalt.« Da fällt die Temperatur im Laden auf unter zehn Grad minus, und alle Flaschen müssen in den Kühlschrank, damit sie nicht platzen. 6500 Yuan kostet die Miete im Monat, und sie musste eine Jahresmiete im Voraus zahlen. Sie hat die gesamten Ersparnisse ihrer Familie investiert, und das Geschäft läuft schlecht. »Es liegt am Wetter. Hoffentlich«, sagt sie und setzt sich hinter eine Glasvitrine. »Aber draußen ist es so eng geworden. Jeder verkauft irgendetwas auf der Straße. Ich musste mich vergrößern, um konkurrenzfähig zu bleiben.«

Wir stecken den Kopf aus der Tür. Ein eisiger Wind beißt im Gesicht. Vor dem Geschäft stehen ein Dutzend Arbeitslose. Manche bieten sich als Gepäckträger an, ein paar Frauen verkaufen Stadtpläne und heiße Maronen. Neben Frau Jias Laden liegt ein wohlig warmer Kentucky-Fried-Chicken-Imbiss, daneben ein Sexshop, der mit künstlichen Penissen und Reizwäsche im Fenster wirbt. Auf den 50 Metern bis zum Bahnhof gibt es noch drei Geschäfte, die das gleiche Sortiment wie Frau Jia haben.

Gegen Mittag schaut Li Shu, ihre Schwägerin, vorbei. Eine dünne Frau Mitte dreißig mit tiefen, dunklen Schatten unter den Augen. Ihre bleiche Haut und die eingefallenen Wangen lassen sie sehr viel älter aussehen. Li übernimmt die Nachtschicht von 6 bis 6. Sie geht nach hinten, kocht sich einen heißen Tee, kommt wieder und zeigt Frau Jia einen Brief, den sie am Tag zuvor bekommen hat. Von ihrem Arbeitgeber, einer staatlichen Maschinenfabrik. Vor eineinhalb Jahren war sie entlassen worden, erhielt aber trotzdem noch hundert Yuan im Monat. Damit sei nun Schluss, schreibt der Direktor, das Unternehmen ist bankrott. Sie habe auch keinen Anspruch mehr auf die betriebliche Kranken- und Rentenversicherung. Li hatte fast zwanzig Jahre lang eingezahlt, das Geld ist weg. Zur Entschädigung bietet man ihr die einmalige Zahlung von 2500 Yuan an. Frau Jia liest den Brief. Sie schaut ihre Schwägerin an, und in den Gesichtern der beiden Frauen liegt nicht einmal Empörung. Das ist Alltag in China. »Reichen 2500 Yuan, um einen Verkaufsstand zu eröffnen«, fragt die Schwägerin. »Nein«, antwortet Frau Jia. »Heute nicht mehr.«

Kann sich Li Shu nicht gegen die Fabrik wehren, wollen wir wissen. Das Angebot ablehnen und mit anderen Arbeiterinnen protestieren? »Was sollen wir machen«, fragt sie zurück. »Demonstrieren können nur die Rentner, weil sich die Polizei nicht traut, sie zu verhaften oder zu verprügeln. Wenn wir etwas unternehmen, kommen wir sofort ins Gefängnis.« Sie berichtet von ihren drei Schwestern und Schwagern. Alle arbeiteten in Staatsbetrieben, alle wurden im vergangenen Jahr entlassen. Sie machten Ausbildungskurse beim Arbeitsamt, lernten Fahrräder reparieren oder Haare schneiden. »Aber heute stehen ja an jeder Straßenecke drei Friseure. Damit verdienen wir kein Geld.«

Am Nachmittag kommt Yong in den Laden. Die Geschichte dieses 13-jährigen Jungen hat Frau Jia gelehrt, dass in China nicht nur Arbeitsplätze verloren gehen. Das Kind war ihr vor zwei Jahren aufgefallen, als sie ihren Stand vor dem Hotel hatte. Der Junge lungerte den ganzen Tag auf der Straße herum, hatte offensichtlich kein Zuhause, sah aber immer gewaschen und gepflegt aus und begegnete ihr besonders aufmerksam und höflich. Er war nicht aggressiv und nicht verwahrlost. Im Gegenteil. Seine Augen strahlten, sein Gesicht war offen, und mit der Zeit wurde er zutraulich wie eine junge Katze. Er träume davon, einmal wieder zur Schule zu gehen, gestand er Frau Jia. Die beiden schlossen Freundschaft.

Yong erzählte ihr, wie sein Vater ihn als 10-jährigen Jungen mit dem Bus von ihrem Dorf nach Shenyang gebracht hatte. Er war mit ihm zum Hauptbahnhof gefahren, hatte ihn in die Wartehalle gesetzt und ihm 20 Yuan in die Hand gedrückt. »Ich komme gleich wieder«, waren die letzten Worte des Vaters. Yong wartete, bis es dunkel wurde, rührte sich die ganze Nacht über nicht von seinem Platz. Er wartete den nächsten Tag und die folgende Nacht. Der Hauptbahnhof wurde sein Zuhause. Er schlief in einer der Wartehallen oder, wenn die Polizei ihn verscheuchte, in einer der Fußgängerunterführungen. Die saubere Toilette bei Kentucky-Fried-Chicken machte er zu seinem Badezimmer. Er lebte von den Essensresten der Restaurants rund um den Bahnhof und dem Geld, das ihm Passanten manchmal zusteckten. Zurück in sein Dorf wollte Yong nicht. Sein Vater war schon morgens voll mit Reiswein und hatte ihn oft geschlagen. Seine Mutter hatte die Familie schon vor Jahren verlassen. Wenn die Polizei ihn aufgriff, behauptete Yong, er wisse nicht, woher er stamme. Da seine Familie nicht aus Shenyang kam, war weder die Polizei noch die Jugendbehörde zuständig, und die Beamten ließen ihn laufen.

Wir hatten ihn bei unserem ersten Besuch kennen gelernt. Seine Sehnsucht nach Geborgenheit war größer als seine Angst vor Fremden. Schon bald ließ er unsere Hände kaum mehr los, war schmusebedürftig wie ein Zweijähriger. Das Jahr als Straßenkind hatte in seinem Gesicht noch keine Spuren hinterlassen. Er hatte warme, freundliche Augen und einen vertrauensvollen Blick, wie ihn nur Kinder haben können. Die Familie Jia wollte ihm helfen, aber ohne Papiere konnte er die Schule nur gegen eine monatliche Sondergebühr besuchen. Die Jias nahmen ihn trotzdem bei sich auf. Das war vor einem Jahr.

Als Yong uns sieht, kommt er angelaufen und drückt uns heftig. Zu Frau Jia schaut er mit verstohlenem Blick. Sie hat ihn gestern beim Klauen aus der Ladenkasse erwischt. Zum fünften Mal. Morgen wollen sie mit ihm aufs Land fahren und versuchen, sein Dorf und seine Familie zu finden. Einer der Verwandten soll ihn entweder aufnehmen oder aber die Einwilligung zur Adoption unterschreiben. Sie bitten uns mitzukommen.

Am nächsten Tag fahren wir durch eine verschneite Winterlandschaft. Die Heizung des Minibusses geht nach wenigen Kilometern kaputt, draußen sind es um die 20 Grad minus. Wir hocken, eingewickelt in dicke Armeemäntel, zusammengekauert auf den Rückbänken. Der Winter ist gnädig zur ansonsten trostlosen Landschaft. Er hat die graubraunen Felder und Dörfer weiß gemalt, und zusammen mit dem blauen Himmel ergibt das die Schönheit einer Postkarte. Yong weist den Weg. Er ist aufgeregt, aber nicht ängstlich. Die Jias haben ihm fest versprochen, ihn wieder mitzunehmen, wenn er das möchte. Nach einer knapp dreistündigen Fahrt erreichen wir ein kleines Dorf. Yong blickt sich um, sucht nach Orten seiner Kindheit. »Da war meine Schule«, ruft er plötzlich. »Jetzt links abbiegen. Dann rechts. Noch mal links.«

Wir halten vor einer kleinen Lehmhütte. »Das ist Opas Haus«, sagt Yong und steigt aus dem Wagen. Er nähert sich der Hütte vorsichtig, mit zaghaften Schritten. Tastet sich vor, als gehe er auf dünnem Eis. Aus der offenen Tür steigt Qualm, drinnen ist es finster. »Opa«, ruft Yong zunächst leise, dann etwas lauter. »Opa!« Im Türrahmen erscheint ein alter Mann. Zahnlos, kleine, zusammengekniffene Augen, rußverschmiertes Gesicht. Lumpen am

Körper und selbst geflochtene, zerschundene Schuhe. Verwirrt blickt er uns an. »Opa. Opa«, sagt Yong, geht aber nicht auf ihn zu. »Was willst du denn hier«, bellt der Großvater, nachdem er seinen Enkel erkannt hat.

Wir gehen ins Haus. Zwei Räume ohne Möbel, ohne elektrisches Licht. Nicht einmal für einen Betonfußboden hat es gereicht. Wir stehen auf gefrorener Erde. In der Mitte lodert ein offenes Feuer, der Qualm brennt schon nach wenigen Sekunden in den Augen. Ein Steinbett für den alten Mann und seinen behinderten Sohn. Der sitzt in der Dunkelheit, eingepackt in Decken. Ab und zu werfen die Flammen einen Lichtstrahl auf ein ausdrucksloses Gesicht.

Die Nachricht von Yongs Rückkehr spricht sich schnell herum, und ein paar Minuten später sitzen wir im Haus einer Tante, umringt von zwei Dutzend Onkeln und Tanten, Cousins und Cousinen väterlicherseits. Sie bestaunen ihren kleinen, gut gekleideten, sauber gewaschenen Verwandten. Ein Bad können sie sich im Winter nicht leisten. Das Haus ist gut beheizt und für ländliche Verhältnisse komfortabel eingerichtet. Es gibt Tische und Stühle, in jedem Zimmer ein breites Bett, einen Einbauschrank und sogar einen Schwarzweiß-Fernseher. Yongs Vater hat sich vor zwei Jahren mit einer Frau davongemacht, niemand weiß wo er steckt, erzählen sie. Die Mutter soll irgendwo im Süden leben. Nein, Yong aufnehmen wollen sie nicht. Das Geld reicht gerade mal für uns, klagen die Tanten. Keiner kann sich um ihn kümmern, sagen die Onkel. Er ist nicht unser Kind, lasst uns in Ruhe. Sagen sie nicht, meinen sie aber. Die Jias sagen nichts. Yong steht in der Mitte. Er fängt an zu weinen. Alle verstummen. Niemand tröstet ihn. Er läuft aus dem Haus zum Auto. Wir stehen auf und verabschieden uns kurz. Nein, gegen eine Adoption hätten sie nichts einzuwenden, sagen sie, als wir in den Wagen steigen.

Auf der Rückfahrt ist Yongs Schweigen lauter als jeder Hilfeschrei: Was jetzt? Was wird mit mir? Muss ich zurück auf die Straße? Die Jias sind wütend auf seine Verwandten. »Sie hätten es wenigstens anbieten müssen«, sagt Herr Jia. »Ja«, sagt Frau Jia. »Dort gelassen hätte ich ihn nie«, sagt er. »Nein«, sagt sie. Sie versichern Yong, dass er bei ihnen bleiben kann. Der Junge ist verunsichert. Sie wiederholen ihr Versprechen. Nach ein paar Minuten schläft er erschöpft ein.

Für den nächsten Tag laden uns die Jias zum Abendessen ein. Sie leben in einer typisch chinesischen Mietskaserne, vier-, manchmal fünfstöckige Häuser mit Innenhöfen und winzigen Wohnungen. Wir überqueren den Hof in der Dunkelheit, gehen vorbei an Fahrrädern und den Rudimenten eines Spielplatzes. Eine Sandkiste ohne Sand. Ein Schaukelgestell ohne Schaukel. Ein paar verrostete Kletterstangen. Das Licht im Hausflur ist kaputt. In der Finsternis tasten wir uns knarrende Holztreppen hinauf in den zweiten Stock. Herr Jia öffnet die Tür. Er hat sich für den Besuch fein gemacht, trägt Hemd und Krawatte und eine neue lange Wollunterhose.

Die Jias leben in einer für chinesische Verhältnisse großzügigen Zweizimmerwohnung. Die Eltern teilen sich einen Raum mit der 19-jährigen Tochter. In der Ecke steht eine pinkfarbene Schrankwand, auf dem Bett sitzen in Plastik eingeschlagene Stoffteddys. Im Zimmer nebenan schläft Yong. Als Ess- und Wohnzimmer dient der sechs Quadratmeter große Flur. Stolz zeigen sie uns ihre neuen Besitztümer: zwei Farbfernseher, eine Videokamera, zwei Stereoanlagen und ein Mobiltelefon. Zum Essen klappen wir einen Tisch und ein paar Stühle auf und sitzen im Flur. Unter der Decke hängen Plastikweintrauben und eine bunte Lichterkette. Herr Jia hat gekocht. Auf dem Tisch stehen Muscheln und Pilze, Huhn und Schweineschwarte, Bohnen und gefüllte Pfannkuchen. Vor Beginn des Abendessens steht er auf und hebt sein Glas. Er möchte anstoßen auf den Mann, »dem wir dies alles zu verdanken haben: Deng Xiaoping. Ganbei«. Zum Wohl.

Frau Jia klagt über das Geschäft wie eine alte Einzelhändlerin im Westen. Die Kosten steigen, der Umsatz nicht. Sie arbeitet von 6 Uhr morgens bis nach 20 Uhr, und im Winter bleibt nicht viel übrig. Dazu kommt die Unsicherheit. In dem Laden steckt ihre Altersversorgung. Es darf nicht schief gehen. Würde sie lieber wieder als Angestellte in einem Staatsbetrieb arbeiten? »Nein, niemals«, sagt sie ohne zu zögern. Es klingt, als hätte sie sich diese Frage selber oft gestellt und auch eindeutig beantwortet. »Ich bin ein anderer Mensch geworden. Viel stärker. Viel selbstbewusster. Ich freue mich jeden Morgen, wenn ich in meinen Laden komme. Es ist mein Geschäft. Ich habe es mir aufgebaut. Das gibt mir Kraft.«

Es gehört zu den für Ausländer schwer verständlichen Widersprüchen dieser Gesellschaft, dass Menschen wie die Jias nicht die Partei für die Armut und die Krise des Landes verantwortlich machen. Im Gegenteil. Frau Jia ist noch immer stolz auf ihre Parteimitgliedschaft. Ihren Hochzeitstag hat sie vergessen, aber an das Datum ihres Beitritts erinnert sie sich genau. In ihrem Nachttisch liegen achtzehn rote Büchlein, säuberlich in Plastik eingeschlagen: ihre Parteiauszeichnungen. Die Jias fühlen sich nicht verraten, ihr Glaube ist ungebrochen. Seit zwei Jahrzehnten steigt ihr Lebensstandard. In ihrer Kindheit litten sie Hunger und hausten in Bretterbuden ohne Strom und Wasser. Ihre Tochter wurde in einer beheizten 4-Quadratmeter-Hütte geboren. Später teilten sie sich zwölf Jahre lang eine 40-Quadratmeter-Behausung mit zwei anderen Familien. Jetzt leben sie in ihrer eigenen Zweizimmerwohnung. Alles dank der wirtschaftlichen Öffnung des Landes, und die hat schließlich die Partei ermöglicht.

»Unseren Wohlstand hätten wir nicht, wenn meine Frau nicht selbstständig geworden wäre«, erklärt Herr Jia. Wäre die Familie auf sein Einkommen angewiesen, säßen sie schon auf der Straße. Der 48-Jährige ist Vorarbeiter in einer Gummifabrik. Er verdient 400 Yuan, hat aber seit sechs Monaten kein Gehalt mehr gesehen. Der Staatsbetrieb ist praktisch bankrott. Freunde haben ihm angeboten, eine Motorradwerkstatt mit ihnen aufzumachen. Er will nicht kündigen. »Alle guten Arbeiter sind weg«, sagt er. »Ich kann die Fabrik nicht im Stich lassen. Ich habe dort als 16-Jähriger angefangen. Sie ist wie meine Familie. Falls wir doch wieder Aufträge bekommen, braucht sie mich.« Könnten wir uns seinen Arbeitsplatz anschauen? Einmal mit eigenen Augen sehen, wie es um die maroden Staatsunternehmen bestellt ist? »Selbstverständlich«, sagt er und lacht und fühlt sich ein wenig geehrt.

Am nächsten Morgen ruft Herr Jia an. In seinen Betrieb können wir leider nicht gehen. Er hätte unseren Besuch mindestens drei Tage vorher ankündigen müssen. Ausländische Gäste empfängt das Unternehmen nicht jeden Tag, das will schon gut vorbereitet sein, hatte der Direktor gesagt. Aber ein Freund arbeitet in einem großen Staatsbetrieb, den könnten wir uns anschauen, ganz inoffiziell natürlich.

Eine Stunde später sind wir im Taxi auf dem Weg zu einer Landmaschinenfabrik in Shenyang. Die Fabrikhallen aus rotem Backstein stammen noch aus der Zeit der japanischen Besatzung in den 30er Jahren, das Gelände gleicht einer Geisterstadt. Die Alleen zwischen den Montagehallen liegen so verlassen da wie Kriegsruinen. Die Tür zur Kantine versperrt ein schweres Hängeschloss, viele Fensterscheiben sind eingeschlagen, in manchen hängen Plastikfetzen. In der Fabrikhalle ist es kalt, feucht und still wie in einer Gruft. In langen Reihen stehen hunderte von alten Drehbänken, keine ist in Betrieb. Dazwischen hockt eine Frau und strickt. Im Büro des Vorarbeiters schlürfen zwei alte Männer in blauen Mao-Anzügen Tee. In der nächsten Halle liegen Automotoren, gestapelt bis unter das Dach. »Wir gehören nicht zu den profitabelsten Unternehmen«, räumt der stellvertretende Manager ein. »Unsere Fertigungstechnik stammt aus den 50er und 60er Jahren, und die meisten unserer Produkte stammen noch aus der Planwirtschaft. Keiner will sie haben.«

Das Unternehmen hat in den vergangenen zwanzig Jahren keinen Yuan Gewinn gemacht. Trotzdem stehen noch 24 000 Arbeiter auf der Lohnliste, dazu 4000 Pensionäre. Da es in China noch keine staatliche Rentenversicherung gibt, sind die Betriebe für die Altersversorgung ihrer Mitarbeiter verantwortlich. Eine Last, die mit jedem Jahr wächst und viele Staatsbetriebe unverkäuflich macht. Die große Mehrzahl der Arbeiter bekommt noch rund ein Drittel ihres Monatslohns ausbezahlt, 150 Yuan. Dafür dürfen sie zu Hause bleiben. So tauchen sie in keiner Arbeitslosenstatistik auf, und das Geld reicht knapp zum Überleben. »Wenn wir unsere Belegschaft auf 10 000 reduzieren und uns auf die Traktoren- und Pumpenproduktion konzentrieren könnten, würden wir in drei Jahren Gewinne machen«, glaubt der Manager. Aber bis vor kurzem noch haben die Behörden Massenentlassungen verboten. Wird sich das mit Zhu Rongji als Ministerpräsident ändern? Der Manager nickt. »Wir fangen jetzt an.« Die Kündigungen erfolgen nach etwas anderen Kriterien als im Westen. »Wir behalten die Älteren und entlassen die Jungen und am besten Ausgebildeten zuerst«, erklärt er. »Die haben es am leichtesten, einen neuen Job zu finden. Ein so großes Unternehmen wie wir hat schließlich auch eine gesellschaftliche Verpflichtung.«

Hin und her gerissen zwischen sozialer Verantwortung und dem Zwang zur Wirtschaftlichkeit suchen die Staatsbetriebe ihren Weg in die Unabhängigkeit. Direktiven aus Peking, die zu mehr Selbstständigkeit und Eigenverantwortung aufrufen, helfen dabei wenig. »Unsere Direktoren sind in der Planwirtschaft aufgewachsen«, erklärt Herr Jia, als wir ihn am Abend wiedersehen. »Sie haben gelernt, auf Parteidisziplin zu achten, nicht auf Profitmargins.« Die Jias haben uns wieder zum Essen eingeladen, wir sollen ihre Tochter Liyang kennen lernen. Die 19-Jährige ist, wie ihr Vater, schmal und groß gewachsen. Sie trägt ein enges, glitzerndes Kleid und eine weiße Federboa. Ihre vollen, kräftigen Lippen hat sie tiefrot angemalt, die Augenbrauen schwarz nachgezogen. Liyang arbeitet als Model. Seit zwei Jahren tingelt sie mit einer Truppe gleichaltriger Mädchen durch die Provinz und tritt in Restaurants auf. Die jungen Frauen stolzieren, nur mit Badeanzügen, Bikinis oder Miniröcken bekleidet, über Laufstege zwischen den Tischen, eine in China sehr beliebte Form der Abendunterhaltung. Seit einem halben Jahr managt sie ihre eigene Truppe und arbeitet hauptsächlich hinter der Bühne.

Liyang hat Maos oder Dengs Theorien in der Schule noch auswendig gelernt. Mit acht Jahren wurde sie, wie alle ihre Schulkameraden, Mitglied der Jungen Pioniere, der Kinderorganisation der Partei. »Ich bin ein Junger Pionier«, mussten sie unter den stolzen Augen ihrer Eltern und Lehrer schwören. »Ich verspreche unter der Fahne der Jungen Pioniere, dass ich der Führung der Chinesischen Kommunistischen Partei folgen werde, dass ich fleißig lernen und hart arbeiten werde und bereit bin, all meine Kräfte dem Kommunismus zu widmen.«

Das war vor elf Jahren und muss in einem anderen Leben gewesen sein. Die Liyang, die vor uns sitzt, hat mit diesem Gelübde nichts zu schaffen. Die Realität im heutigen China ist mächtiger als alle Theorien von gestern. Auf die Frage, ob sie, wie ihre Eltern, Parteimitglied werden möchte, antwortet sie nur mit einem Wort: »Wozu? Die Partei ist keine Instanz mehr, eine Mitgliedschaft kein Kriterium für Erfolg«, sagt sie so sachlich und kühl, als zitiere sie aus dem Telefonbuch. »Früher war das Leben einfacher. Meine Eltern mussten nur gehorchen und hart arbeiten, um Anerkennung zu bekommen. Heute muss man clever sein, Geschäftsmöglichkeiten erkennen und rücksichtslos ausnutzen. Beziehungen haben, aber keine Skrupel. Die Gesetze kennen, aber nicht achten. Nicht, dass ich das gut finde. Aber so ist die Welt nun mal.«

Ihre Ansichten könnten eine Quelle endloser Generationskonflikte sein. Aber Herr und Frau Jia haben mitansehen müssen, wie ihre Welt mit den alten Wahrheiten zerfallen ist. Ihre Erfahrungen zählen nicht mehr, ihnen fehlt die Sicherheit, um ihre Meinung und ihren Willen ihrem Kind aufzuzwingen. Einmal hatte der Vater es versucht und seine Tochter nach der Schule bei der Polizeiakademie angemeldet. Das sei ein sicherer Job, hatte er ihr gesagt. Drei Monate später brach sie die Ausbildung ab und erklärte ihrem Vater, dass ein Mensch nur gut sei in Dingen, die ihn wirklich interessieren. Darüber hatte er noch nie nachgedacht. Seither darf sie machen, was sie möchte. Herr und Frau Jia ahnen, dass ihre 19-jährige Tochter mehr vom heutigen

China versteht, als sie beide mit ihren fast fünfzig Jahren. In vielen ihrer Ansichten klingt Liyang so modern wie ein Teenager in Berlin, Paris oder London. Sie will Modedesignerin werden und ihre Karriere auch nach einer Hochzeit nicht aufgeben, um unabhängig zu bleiben. Der Beruf ihres zukünftigen Mannes ist ihr egal. Hauptsache, er ist zärtlich, ehrlich, hilft im Haushalt und kümmert sich auch um die Kinder. Sie ist nicht sehr optimistisch, was die Zukunft ihres Landes betrifft, aber um ihre eigene macht sie sich keine Sorgen. »Ich werde Modedesignerin mit einem eigenen Label und mehreren Läden«, erklärt sie mit dem ungebrochenen Selbstbewusstsein der Jugend. »Wenn ich es wirklich will, schaffe ich es auch.«

Herr und Frau Jia sitzen schweigend dabei und hören so aufmerksam zu wie Studenten bei der Vorlesung eines prominenten Professors. Es ist ein Zeugnis für ihre Liebe und Toleranz, dass sie ihre Tochter nicht nur gewähren lassen, sondern sichtlich stolz sind auf ihre Individualität, ihre Eigenständigkeit und Unabhängigkeit. Eigenschaften, die die Eltern zu verachten und zu bekämpfen gelernt hatten. »China hat sich verändert«, sagt ihr Vater und hebt das Glas zu einem weiteren Toast. »Meine Generation hat davon geträumt, sich für das Land zu opfern. Deshalb ist China so arm geblieben.«

Macht es ihn nicht wütend, dass seine Tochter auf dem Laufsteg dreimal soviel verdient wie er nach dreißig Jahren Schufterei in der Gummifabrik? Er zieht an seiner Zigarette und überlegt lange. Blickt seine Frau an und seine Tochter. »Nein«, sagt er. »Es zeigt, dass unser Land auf dem richtigen Weg ist.«

11

»Die Partei zwingt uns zur Lüge.
Immer.«

In einem Buch über China am Beginn des 21. Jahrhunderts darf das Porträt eines Mitglieds der Kommunistischen Partei nicht fehlen. Sie herrscht und kontrolliert das Reich der Mitte seit über fünfzig Jahren, jeder zwanzigste Chinese gehört ihr an, und die Zukunft des Landes ist ohne sie kaum vorstellbar, egal in welche Richtung es sich entwickelt. Zhou Nan schien wie geschaffen für ein Porträt. Wir hatten ihn durch Zufall bei einem Abendessen kennengelernt, als Freund einer Bekannten. Er war zweiunddreißig Jahre alt und vor zehn Jahren der KP beigetreten. Ein Intellektueller, der in einem staatlichen Künstlerverband arbeitet, dort die Parteizelle leitet und mutig genug ist, mit uns zu reden, auch ohne offizielle Erlaubnis. So jemanden hatten wir gesucht. Einen Vertreter der jüngeren Generation, offen und kritisch, intelligent, risikobereit und reformfreudig. Das sind Eigenschaften, die die KP benötigt, wenn sie das Land irgendwann in die schwierigste Phase des Reformprozesses, die der politischen Öffnung, führen will. Wir könnten ihn sogar zu Hause besuchen, versprach er, vorausgesetzt, wir nennen nicht seinen richtigen Namen.

Zhou lebt im Zentrum Pekings in einem Hutong, einem der alten Stadtviertel, die heute mehr und mehr Einkaufszentren, Hochhäusern und spiegelverglasten Bürotürmen weichen müssen. Wir gehen durch eine schmale Gasse, in der Kinder Fangen und Federball spielen. Aus den Fenstern tönt das Klappern von Küchengeschirr, und es riecht nach gegrilltem Fleisch. Ein Greis trägt seinen Enkel spazieren. Vor den Häusern hocken alte Frauen und tratschen. Die Menschen hier sind an den Anblick ausländischer Touristen gewöhnt, wir erregen kein Misstrauen mehr. Unseren chinesischen Gruß, »ni hao«, wie geht's, beantworten sie mit einem Lächeln.

Zhou wohnt im hinteren Teil eines zweihundert Jahre alten Hauses. Wir steigen über Fahrräder, gehen an einem Kohleberg vorbei und gelangen durch ein Labyrinth von Gängen in einen Hof. Auf Wäscheleinen trocknen Unterhemden, Hosen und Strümpfe. Darunter sitzt ein Mann und schneidet sich die Fingernägel. Etwas weiter weg steht eine Frau vor einem selbst gebauten Kohleherd und brät auf offener Flamme Gemüse in einem Wok. Es ist ein Gefühl, als würden wir fremden Leuten durch die Wohnung laufen. Das großzügige Haus mit seinen vielen Seitenflügeln und Innenhöfen gehörte einst einem wohlhabenden Architekten des kaiserlichen Hofes. Heute leben darin sieben Familien, mehr als dreißig Menschen. »Es gab einen Moment, ich war fünfzehn oder sechzehn Jahre alt«, erzählt Zhou, als wir in seinem Zimmer sitzen, »da begriff ich, dass es für mich keine Intimsphäre gibt. Keinen Ort, keine Zeit, nicht einmal eine Minute, wo mich niemand beobachtet, wo niemand sieht, hört oder weiß, was ich mache. Ein entsetzliches Gefühl. Ich bekam Platzangst und wurde depressiv. Es dauerte über ein Jahr, bis ich mich daran gewöhnt hatte.«

Wir schauen aus seinem Fenster direkt in den Hinterhof. Zwischen der Wäsche hockt eine Nachbarsfamilie beim Essen, Zhou lässt eine selbst gebaute Sichtblende, ein Rollo aus Papier, herunter. Er lebt in einem schmalen, vielleicht 15 Quadratmeter großen Zimmer. Mit seiner spartanischen Einrichtung – ein

Bett, ein Schrank, zwei Stühle und ein Tisch – wirkt es wie eine Zelle in einem Gefängnis oder einem Kloster. Den ungefähr gleich großen Nebenraum teilen sich seine Eltern. Obwohl Zhou vor acht Monaten geheiratet hat, lebt seine schwangere Frau aus Platzgründen noch bei ihren Eltern. Das Paar steht auf der Warteliste für eine Neubauwohnung.

Zhous leise, fast flüsternde Stimme mag aus der Enge seiner Kindheit herrühren. Eine andere Konsequenz war, dass er sich als Jugendlicher aus der beklemmenden Realität in die Welt der Bücher flüchtete. Er las und lernte viel und gehörte zur Elite der Schule. Es war selbstverständlich, dass er als einer der besten Schüler auch Mitglied der Kommunistischen Jugendliga wurde, der Nachwuchsorganisation der Partei. Mitglieder der KP standen damals, Anfang der 80er Jahre, noch in hohem Ansehen. Nur wenige Chinesen kannten das wirkliche Ausmaß und die Zahl der Opfer, die die politischen Kampagnen in den vergangenen Jahrzehnten gefordert hatten. Die dreißig bis vierzig Millionen Hungertoten während Maos »Großem Sprung nach vorn« zwischen 1958 und 1961 waren angeblich die Folge von Dürrekatastrophen. Die Millionen Opfer ideologischer Feldzüge, die oft Jahre in Arbeitslagern verbrachten, gaben sich häufig selbst die Schuld. Bis heute sind die Verbrechen der Kulturrevolution und die Verantwortung, die die KP dafür trägt, ein Tabuthema.

Für Jugendliche wie Zhou waren Parteimitglieder von Kindheit an Helden, im westlichen Sinn mit einer Mischung aus Robin Hood und Superman zu vergleichen. »Ich wuchs auf mit Filmen und Büchern, in denen Parteimitglieder starben im Kampf für die armen Bauern gegen gierige Großgrundbesitzer, für entrechtete Fabrikarbeiter gegen ihre brutalen Bosse. Sie waren zu allen Opfern bereit, wurden von den japanischen Besatzern zu hunderten exekutiert und von den Kuomintangtruppen zu Tode gefoltert. Immer auf der Seite des Guten und der Gerechtigkeit.« Die Kommunisten schienen ihm wie eine große Familie der besseren Menschen, und der 17-jährige Zhou konnte sich keine größere Ehre vorstellen, als eines Tages dazuzugehören.

Als er achtzehn war, stellte er einen Antrag auf Parteimitgliedschaft. Nach dem Studium schickten ihn die Behörden als Lehrer in eine der ärmsten Provinzen aufs Land, eine Art Bewährungsprobe. Er schlief auf Strohmatten, teilte seine Reissuppe mit hungernden Bauernkindern, unterrichtete in Klassenräumen, in denen der Schnee im Winter niemals taute. »Ich glaubte damals wirklich, dass wir für eine bessere Welt kämpften«, sagt er und muss selber über seine Naivität schmunzeln. »Ich wusste, dass wir es nicht in meinem Leben schaffen würden, aber ich wollte dazu beitragen und ...« Er unterbricht sich, und sein Blick gleitet ziellos im Zimmer umher. »Wie seltsam, fast albern so idealistische Sätze im heutigen China klingen. Dabei ist es erst zwölf Jahre her.«

Zhou bestand die Prüfung auf dem Land und durfte zurück nach Peking. Als Auszeichnung machte ihn die Partei zu einem vorläufigen Mitglied, ein Jahr später nahm sie ihn auf. Es war eine feierliche Zeremonie unter der roten Fahne der KP. Zhou musste die Faust in die Luft strecken und schwören: dass er der Parteiführung immer gehorcht; dass er Geheimnisse für sich behält; dass er fortan sein Leben dem Kampf für den Kommunismus widmet. Zhou sprach die Formeln nach. Als eine Ehre empfand er es nicht mehr. Ein paar Monate zuvor, in der Nacht zum 4. Juni 1989, hatte die Volksbefreiungsarmee auf Befehl der Partei in den Straßen Pekings hunderte, vielleicht tausende von Demonstranten getötet. Zhou war auf Seiten der protestierenden Studenten gewesen und hatte beim Anblick sterbender Altersgenossen jegliche Illusionen verloren. Mit dieser Partei wollte er nichts mehr zu tun haben. Es war zu spät. »Ich war schon vorläufiges Mitglied, und die Partei erlaubt es niemandem auszutreten. Sie verlässt man nicht. Sie schließt aus. Und ein Parteiausschluss kommt in die Kaderakte, das ist ein ganz dunkler Fleck, mit dem niemand mehr im offiziellen China eine Arbeit findet. Ich hätte in die Privatwirtschaft gemusst, und das traute ich mir nicht zu.«

Seither ist Zhou ein Parteimitglied in der inneren Emigration. Er beobachtet, wie andere Mitglieder ihre Position zu Geld machen. Sein Chef zum Beispiel. Raucht die teuren Zigaretten aus dem Westen und fährt eine Limousine, wo doch jeder weiß, dass er sich das von seinem Gehalt nicht leisten kann. Oder der Parteisekretär. Als der Verband im vergangenen Jahr ein paar neue Wohnungen an seine Mitglieder verteilte, setzte er sich an die erste Stelle der Warteliste. Er hatte kein Recht dazu, aber er bekam zwei Apartments. Für sich und seinen Bruder. »Ich glaube, es gibt im ganzen Land keinen Funktionär, der nicht korrupt ist«, sagt Zhou mit dem Abscheu des enttäuschten Idealisten. Zhou sieht all das und schweigt. Zumindest öffentlich. Seine Kollegen und er reden hinter vorgehaltener Hand. Aber niemand wagt etwas laut zu sagen. Viel zu gefährlich. Zhou selbst ist in der Hierarchie zu weit unten, als dass er von seiner Position profitieren könnte. Seine Art des passiven Widerstandes liegt in der Verweigerung. Er versucht, sich zu entziehen, alles zu vermeiden, was einen Aufstieg fördern könnte. Das geht nur begrenzt, wenn man dabei nicht allzu negativ auffallen will. So leitet er dienstbeflissen Sitzungen der Parteizelle im Künstlerverband. Verliest mit überzeugter Stimme Parteitagsbeschlüsse und Direktiven von oben. Besteht jede Prüfung, in der Deng Xiaopings Theorien oder Jiang Zemins Reden abgefragt werden. Kurz, für seine Vorgesetzten ist er ein vorbildliches Parteimitglied.

»Das ist das Schlimmste«, sagt er. Seine Stimme wird für einen Augenblick ungewöhnlich laut. »Die Partei zwingt uns zur Lüge. Immer. Ich sage jetzt, was ich denke. Wäre heute Nachmittag ein Treffen meiner Parteizelle, ihr würdet mich nicht wiedererkennen.« Seine Unterlippe zittert. »Meine Stimme, mein Ton, meine Sätze. Alles wäre das Gegenteil von dem, wie ich jetzt bin, was ich jetzt erzähle. Ich trage Masken. Ich muss verschiedene Persönlichkeiten haben, um zu überleben. Was ich sage, richtet sich ausschließlich danach, mit wem ich rede, nie danach, was ich denke oder fühle. Manchmal ist mir das nur peinlich. Manchmal macht es mich krank. Manchmal ekle ich mich vor mir selber.«

Wir schweigen. Zhou sitzt zusammengesunken auf seinem Stuhl. Er hat sich verausgabt, er war offen in einem Maß, wie es Menschen zuweilen sind, die die Wahrheit kennen und sie unterdrücken müssen. Aber manchmal platzt sie heraus. Nach einer Weile stehen wir auf, und Zhou scheint dankbar für die Geste. Er will uns noch bis zur Hauptstraße bringen. Wie denkt er über die Zukunft der Partei, möchten wir wissen, als wir gemeinsam durch den Hutong gehen. Er ist doch jung genug, um in ein paar Jahren eine Reformbewegung aktiv zu unterstützen, vielleicht mehr Verantwortung in der Partei zu übernehmen? »Ich vertraue keiner politischen Kampagne mehr. Davon hat es in der über 50-jährigen Geschichte der Volksrepublik zu viele gegeben. Sie endeten alle im Desaster.«

Und wenn ein Liberaler die Führung übernimmt? Wenn es wirklich darum geht, die Partei zu reformieren und das System zu öffnen? Nun muss Zhou schmunzeln. Es ist kein heiteres Lächeln, es ist das traurige, bittere Lächeln eines Menschen, in dem etwas zerbrochen ist. »Ich war einmal naiv genug, daran zu glauben. Nie mehr. Ich würde den Kopf einziehen und abwarten, bis die Bewegung vorbei ist.« Er verabschiedet sich, kehrt um und geht die lange, graue Gasse entlang, ohne sich noch einmal umzudrehen.

Zhou war offen und ehrlich gewesen, aber er war nicht das Parteimitglied, das wir suchten. Wie typisch war er mit seiner Resignation? Aus einer internen Studie der Partei, die in einer Hongkonger Tageszeitung zitiert worden war, wussten wir, dass der Zustand der KP Chinas in der Tat weniger stabil ist, als es die Zahlen vermuten lassen. Offiziell gibt es über 3 Millionen Parteizellen, die die Interessen der KP in Fabriken und Schulen, Ministerien und Behörden, Zeitungsredaktionen, Sportvereinen, Nachbarschaftskomitees, Dörfern und Siedlungen vertreten. Die Partei ist wie eine Riesenkrake, deren Arme überall hin reichen. Diese Graswurzelorganisationen sollen auch noch die entlegensten Winkel, die verstecktesten Nischen Chinas kontrollieren. In ihrem Selbstverständnis regiert die Partei das Land nicht nur, sie hat es durchdrungen wie Wasser einen Schwamm. Doch in dem internen Arbeitspapier führt die Partei Klage, dass über ein Drittel der Zellen ihre Aufgaben nicht mehr voll erfüllen. So werden Sitzungen nur noch unregelmäßig oder gar nicht mehr abgehalten, Befehle aus der Hauptstadt nicht weiter geleitet, Berichte mit falschen Angaben über Aktivitäten geschönt oder gar nicht erst erstellt. Fast jedes Jahr schickt die Zentrale hunderttausende von Politkommissaren aus, die allzu laxe Kader disziplinieren und Verbände neu organisieren sollen. Dennoch bricht das einst allumfassende Netzwerk auf dem Land allmählich zusammen. Da neben der Partei eine administrative Struktur kaum vorhanden ist, entsteht in vielen Dörfern ein politisches Vakuum. Die Macht wird wieder von den alten Familienclans, von reichen Bauern oder Unternehmern, von kriminellen Banden oder aber obskuren Sekten übernommen.

Trotz all dieser Krisenzeichen aber regiert die KP das Land auch mehr als fünfzig Jahre nach dem Sieg im Bürgerkrieg noch immer unangefochten. Die Verfassung garantiert ihr eine politisch allmächtige Rolle im Staat. Sie bildet den »Kern der Führung des Chinesischen Volkes«, und die Arbeiterklasse regiert das Land »durch ihre Vorhut, die Kommunistische Partei Chinas«. In der Hierarchie thront sie über der Regierung, die lediglich ausführendes Organ der Beschlüsse der KP ist. Die Öffnung des Landes hat ihrer Beliebtheit anscheinend nicht geschadet, ihre Mitgliederzahl wächst. Seit 1980 hat sie sich mit annähernd 61 Millionen fast verdoppelt. Nach einer drastischen Verjüngungskur in den vergangenen Jahren sind heute drei Viertel aller Funktionäre und Kader jünger als fünfundvierzig Jahre. Sie sind die Zukunft der Partei, und unter ihnen, so glauben wir, muss es viele geben, die eine Vorstellung davon haben, wie diese Zukunft aussehen soll.

Wir suchten weiter. Freunde und Bekannte hörten sich um, fragten ihre Freunde, ob sie vielleicht bereit wären oder jemanden kennen würden, der… Persönliche Kontakte waren unsere einzige Chance. Parteifunktionäre, so erfuhren wir, riskieren ungleich mehr Ärger als andere Chinesen, wenn sie mit einem ausländischen Reporter reden, der ohne die erforderlichen Genehmigungen durch das Land reist. Zudem gäbe es kein sensibleres Thema als politische Reformen und die Zukunft der Partei.

Ein paar Wochen später meldet sich ein Freund aus Sichuan. Ein ehemaliger Studienkollege arbeite als Parteifunktionär in der Stadtverwaltung von Chongqing. Er sei jung, 1963 geboren, ehrgeizig, für einen Kader erstaunlich offen, und zudem sei das politische Klima in der Stadt dank eines pragmatischen Bürgermeisters relativ liberal.

Wir treffen Li Jiannan in einem Restaurant oberhalb des Jangtse. Der Blick aus den großen Fenstern könnte imposant sein: eine tiefe Schlucht, eine Flussgabelung, Schiffe und Kräne und auf der anderen Seite eine Stadtlandschaft. Leider erlaubt die verschmutzte Luft keine Sicht. Die Häuser am anderen Ufer liegen in einer Smogwolke, die nur ihre Konturen erkennen lässt, der Fluss verschwindet im schwarzbraunen Dunst. Li entschuldigt den schlechten Ausblick mit der Jahreszeit. Im Herbst sei es besser. Er ist ein Managertyp, wie wir ihn aus dem Westen kennen. Er trägt einen modischen grauen Anzug, ein passendes Hemd und Krawatte dazu. Fester Händedruck, forscher Auftritt. Kaum am Platz, legt er sein Handy auf den Tisch, überreicht seine Visitenkarte, im Gesicht die Worum-geht-es-womit-kann-ich-dienen-Miene. Entspannt lehnt er sich in seinem Sessel zurück. Nur das fortwährende Wippen der Beine, so heftig, dass es die Tischplatte in Schwingung bringt und der Kaffee in den Tassen zu tanzen beginnt, deutet an, dass die lässig-souveräne Oberfläche nur ein Teil der Geschichte ist.

Li hat Jura studiert und arbeitet in einer Parteikommission, die für die neuen Gesetze und Verordnungen in der Stadt verantwortlich ist. Die Kommission berät sich mit anderen Parteigremien, den Behörden, zieht zuweilen Experten zu Rate und schreibt die Gesetze. Das örtliche Parlament, der Volkskongress, hat keine beratende Funktion; es stimmt den fertigen Entwürfen nur noch zu, und die Verwaltung übernimmt sie. Bevor wir über ihn reden, möchte Li wissen, was wir vom Sexskandal um den amerikanischen Präsidenten Bill Clinton halten. Über das Internet verfolgen er und seine Kollegen die Saga täglich. Sie haben sogar Auszüge aus dem Starr-Report gelesen, obwohl das nicht erlaubt war. Für die Älteren sei die Geschichte nur ein Beweis der moralischen Dekadenz Amerikas, Li und seine Altersgenossen sehen es anders. »Wir sind beeindruckt, gerade als Juristen«, sagt er. »Da ist der mächtigste Mann im Staate in einen Prozess um seine Amtsenthebung verwickelt, und das Land funktioniert trotzdem noch. Das wäre in China undenkbar.«

Wäre es wünschenswert? Li schaut uns irritiert an. Die Frage hat er sich noch nicht gestellt und überhaupt sei es Zeitvergeudung, über etwas nachzudenken, das unmöglich ist. Er schüttelt den Kopf, trinkt von seinem Kaffee und erzählt lieber von seiner Familie, den Eltern, beide Parteimitglieder, den Großeltern, ebenfalls Parteimitglieder. Da war klar, dass auch er so früh wie möglich der KP beitrat. Er vergleicht das mit einem Familienunternehmen im Westen, das der Sohn in der nächsten Generation ganz selbstverständlich übernimmt. Nein, es sei ihm nie in den Sinn gekommen, einen anderen Weg zu gehen. »Parteimitglieder sind Vorbilder. Ich wollte dazugehören.« Haben ihn, wir versuchen uns vorsichtig auszudrücken, die Irrtümer und Irrwege der KP in der Vergangenheit zögern lassen? Die Kulturrevolution vielleicht? »Nein, nein, ganz und gar nicht«, wehrt er ab. »Die Partei ist wie ein Mensch. Manchmal wird sie krank. Schwer krank sogar. Aber deshalb bringt man sie ja nicht um. Man behandelt sie, gibt ihr Medizin und viel Zuneigung und Aufmerksamkeit, dann geht es ihr bald besser. Unsere Partei ist wieder gesund.«

Welcher Medizin, um im Bilde zu bleiben, bedarf es denn in Zukunft? Was muss geschehen, damit die Partei nicht zum Hindernis im Reformprozess wird? Li rutscht etwas unruhig in seinem Sessel hin und her. »Langfristig wäre es natürlich gut, wenn

Partei und Regierung getrennt sind«, sagt er zögernd. »Eine Art Gewaltenteilung. Das Parlament sollte nicht Befehlsempfänger der Partei sein, sondern selber Gesetze entwerfen und verabschieden.«

Macht ein unabhängiges Parlament nicht nur Sinn, wenn darin mehrere Parteien vertreten sind, Parteien, die die verschiedenen Interessen und Meinungen im Volk repräsentieren? Li sitzt plötzlich still, als hätte jemand laut seinen Namen gerufen. In seinem inneren Frühwarnsystem müssen alle Lämpchen leuchten: Vorsicht, Gefahr im Verzug. Es geht um die Alleinherrschaft, um das Machtmonopol der Partei. Abgesehen vom 4. Juni 1989 gibt es in China kaum eine politisch sensiblere Frage. Li zieht sich instinktiv zurück in die Burg der Parteitagsbeschlüsse und Anordnungen aus Peking: Es gibt acht gleichberechtigte Parteien, die von den Kommunisten zum Demokratischen Verbund zusammengeschlossen wurden. Sie stehen in fairem Wettbewerb mit der KP. Freie Wahlen sind nicht nötig in China, da es sich um eine Volksdemokratie handelt. Die Massen finden ihre Vertretung durch die KP. Li hat auf Autopilot geschaltet. Es ist klar, dass er nicht bereit ist, auch nur einen Halbsatz von der offiziellen Parteilinie abzuweichen. Nach einer weiteren halben Stunde beenden wir das Gespräch. Li verabschiedet sich höflich. Wenn wir noch Fragen hätten, sollten wir uns melden. Selbstverständlich wäre er gern bereit, auch die zu beantworten.

»Wenn er keine großen Fehler macht, hat Li seine Parteikarriere noch vor sich«, erklärt unser Freund später das Verhalten seines Bekannten. »Eine eigene, von der Parteilinie abweichende Meinung kann ein großer Fehler sein.« Warum hat er dann in das Gespräch überhaupt eingewilligt? »Er wollte sich souverän und weltoffen zeigen. Das gehört heute zum Image eines Funktionärs dazu. Außerdem schuldete er mir einen Gefallen.«

Ein paar Tage später bekommen wir den Anruf einer Frau. Sie hatte über verschiedene Ecken von unserem Projekt gehört. Sie ist Parteimitglied und zu einem Interview bereit. Nein, Angst habe sie keine. Wir könnten sogar ihren Namen nennen. Es ist an der Zeit für wirkliche Veränderungen, sagt sie schon am Telefon. Wenn sich die Partei nicht reformiert, wird sich das Volk bald eine andere suchen. Innerparteiliche Demokratie ist der erste Schritt. Sie, als Parteimitglied, wolle nicht nur Befehle empfangen. Sie will auch Einfluss haben, Mitspracherecht. Am Ende der Reformen sollte eine Sozialdemokratische Partei stehen, die in freien Wahlen mit anderen Parteien konkurriert.

Was sie sagt, klingt ungewöhnlich offen und engagiert. Wir wollen einen Gesprächstermin vereinbaren. Jederzeit, sagt sie. Nur nächste Woche nicht. Da feiert sie Geburtstag. Ihren achtundsiebzigsten.

Zurück in Peking, treffen wir eine gute Bekannte, die uns in den vergangenen Jahren schon öfter geholfen hatte, wenn es darum ging, Gesprächspartner zu besonders sensiblen Themen zu finden. Ihr Vater war einst ein hohes Regierungsmitglied, und sie hat sehr gute Kontakte zur Partei und in die Regierung. Sie verspricht, sich umzuhören. Ein paar Tage später ruft sie an. Es gebe jemanden, der bereit sei, mit uns zu reden. Vielleicht nicht genau der Typ, den wir suchen, aber sie kenne kaum jemanden, dessen Einstellungen derart typisch seien für diese Generation der Parteimitglieder.

Wir erkennen Hu sofort. Unsere Freundin hatte ihn gut beschrieben. Mitte dreißig, schlank, feingliedriger Körperbau, blass mit großer Brille. Wir hocken auf Tatami-Matten in einem japanischen Restaurant. Hu war schon häufiger in Südostasien und Japan und liebt Sushi, rohen Fisch. Er ist stellvertretender Abteilungsleiter in einem Ministerium, zuständig für Außenkontakte, eine Art Presseabteilung, und begleitet seinen Minister häufig auf Auslandsreisen.

Hu wurde Parteimitglied, »weil es sich so gehörte«, wie er sagt. Als einen der besten Studenten seines Jahrgangs rekrutierte ihn die Partei. Einer der Professoren kam zu ihm und sagte, er solle die Bewerbungsformulare ausfüllen. Also füllte Hu die Bewerbungsformulare aus. Ein Jahr später machte die KP ihn zu ihrem Mitglied. Das war 1987, und für Politik interessiert er sich bis heute nicht. Regierungsbeamter wurde er nur, weil zu der Stelle eine Dienstwohnung gehörte und er mit seiner Frau und seinem Sohn noch bei den Eltern wohnte. Besonderen Ehrgeiz, Karriere zu machen, hat er nicht. Weder im Ministerium noch in der Partei. »Ist auch nicht nötig«, sagt er zwischen zwei Stückchen Lachs. »Wir werden sowieso befördert. Es ist wie im Pekinger Straßenverkehr. Man kann entweder ruhig in seiner Spur bleiben oder wie ein Verrückter rasen und drängeln. An der nächsten Ampel treffen wir uns alle wieder. Nur wer besonders rücksichtslos ist und wirklich gute Beziehungen hat, macht etwas schneller Karriere. Ich warte lieber in Ruhe, bis ich dran bin.« Das Wichtigste sei, nicht unangenehm aufzufallen. So geht er selbstverständlich zu den wöchentlichen Sitzungen seiner Parteizelle. Meldet sich zu Wort. Kennt die Reden der Staatsführung. Hat Mao und Deng Xiaoping studiert. Was sind sonst noch die Pflichten eines Parteimitglieds, möchten wir wissen. Was wird von ihm erwartet?

»Nichts, außer Gehorsam«, antwortet er und wundert sich über die Frage. »Die Struktur der KP ist anders als die der Parteien im Westen. Auf unseren Parteitreffen gibt es keine Diskussionen und keine Wahlen. Wir verabschieden keine Resolutionen, die auf Parteitagen beraten werden oder ins Programm einfließen. Politik wird ausschließlich ganz oben gemacht, alle Entscheidungen trifft die Führungsspitze. Sie werden nach unten weitergegeben. Wir erhalten Befehle und müssen sie ausführen. Irgendeinen Einfluss auf die Entscheidungen haben wir nicht.«

Nein, auch Hu ist kein Parteimitglied, wie wir es uns vorgestellt haben. Vielleicht gibt es diesen Idealtypus nicht. Junge Chinesen, die offen und kritisch sind, intelligent, risikobereit und reformfreudig, entscheiden sich heute in den seltensten Fällen für eine Parteikarriere. Sie nutzen die Möglichkeiten, die ihnen die Privatwirtschaft bietet. Sie gründen Internetcafés oder Computergeschäfte, werden Wirtschaftsjuristen, Unternehmensberater oder machen Karriere in Gemeinschaftsunternehmen mit westlichen Partnern.

»Natürlich gibt es vor allem unter der jüngeren Generation viele Parteimitglieder, die sich nach Reformen sehnen«, hatte uns unsere Freundin nach dem Treffen mit Hu erklärt. »Aber die Initiative muss von oben kommen. So ist die Struktur der KP und die Mentalität ihrer Mitglieder. Solange das nicht geschieht, stecken sie den Kopf in den Sand und warten ab. Wenn an der Spitze ein Liberaler steht, werden sie aus ihren Verstecken kommen und mitlaufen, und alle Welt wird überrascht sein, wie offen und reformfreudig die Kommunistische Partei Chinas plötzlich ist.«

12

»Die Menschen fangen endlich an,
an sich selber zu glauben.
Das ist der Beginn eines neuen China.«

Man sieht Wang Yuru nicht unbedingt an, dass sie zu den Pionieren im heutigen China gehört, mit ihrer biederen Dauerwelle, dem sperrigen, viel zu großen Brillengestell, der alten Handtasche und der roten Windjacke aus Kunststoff, die gemeinsam sämtliche Moden der vergangenen Jahre schadlos überstanden haben. In ihrem runden Gesicht mit den roten Wangen liegt das freundliche Lachen einer gutmütigen Hausfrau. Selbst ihre Stimme führt in die Irre; sie ist warm und weich wie die einer Großmutter, die ihren Enkeln Gute-Nacht-Geschichten vorliest. Äußerlich entdecken wir nirgendwo auch nur eine Andeutung des revolutionären Geistes, der in der 45-Jährigen steckt.

Wir treffen sie an einem warmen und sonnigen Frühlingstag in Shanghai. Sie ist, wie offenbar fast jeder in dieser hektischen 15-Millionen-Metropole, sehr, sehr beschäftigt. Vor kurzem erschien ihr neuestes Buch. Das zwölfte Buch in sechs Jahren. Ihr Kalender ist engzeilig vollgekritzelt mit Terminen. Sie hält Vorlesungen und Vorträge an Hochschulen, bei Elternabenden oder Betriebsversammlungen, gibt Radio- und Fernsehinterviews.

Nebenbei schreibt sie Kolumnen für Tageszeitungen und Monatszeitschriften, macht eine Art Telefonberatung bei einer Hotline und versucht, in einem Jugendzentrum eine Familientherapie einzurichten. Wang ist eine Mischung aus Seelsorgerin, Psychologin und Kummerkastentante, sie selbst versteht sich als die chinesische Version einer Psychotherapeutin. Ein Beruf, der im Reich der Mitte heute noch fast so fremd ist, wie der des Börsenmaklers oder Unternehmensberaters während der Kulturrevolution.

»Jahrzehntelang war Psychologie für uns eine dekadente, bourgeoise Idee aus dem Westen«, sagt Wang. »Psychische Probleme waren politische Probleme. Ansprechpartner war der Parteisekretär. Die Ursachen konnten nur egoistisches, selbstbezogenes Denken oder mangelnder Revolutionsgeist sein.« Im kommunistischen China unter Mao sorgte die Partei von der Wiege bis zum Grab für das Wohl ihrer Untertanen. Im Selbstverständnis der KP waren die Menschen gleich und solidarisch und kämpften gemeinsam für ein starkes China und eine bessere Welt. Es gab kein Privatleben und keinen Platz für Persönliches. Wie sollte es da zu Depressionen, Gemütsschwankungen, Angstzuständen oder Liebeskummer kommen? Wer darunter litt, entlarvte sich automatisch als Klassenfeind und Konterrevolutionär. Er gehörte ins Arbeitslager, nicht auf die Couch.

Wang Yuru ahnte sehr früh, dass daran etwas nicht stimmte. Sie war von Geburt an eine Außenseiterin, und diese Distanz lehrte sie schon als Kind, den Wahrheiten der Partei zu misstrauen. Äußerlich unterschieden sich die Wangs nicht von den anderen Familien in der Straße. Sie lebten in einem kleinen, zweistöckigen Haus, Yuru teilte sich ein Zimmer mit ihren drei jüngeren Geschwistern. Das Geld reichte wie bei den Nachbarn gerade mal fürs Essen; abends, wenn die Kinder schliefen, nähte die Mutter Hosen, Hemden und Schuhe. Doch in der gesellschaftlichen Hierarchie standen sie in Maos China ganz unten. Ihr Vater hatte in der Armee der Nationalisten gedient. Damit war sein Schicksal und das seiner Familie in der Volksrepublik besiegelt. Die Kommunisten verfolgten ihn nicht, da er über den Rang des einfachen Soldaten nie hinausgekommen war, aber er hatte keine Chance, Parteimitglied zu werden oder eine Arbeit zu finden, die seiner Ausbildung als Lehrer entsprochen hätte. Die Partei machte den Intellektuellen aus gutbürgerlichem Haus zum Teigtaschenbäcker in einem Restaurant. »Mein Vater wusste, dass er an seinem Schicksal nichts ändern konnte, deshalb akzeptierte er es«, sagt Wang. »Das machte ihn zu einem glücklichen Menschen.« Und zum ersten Psychologielehrer seiner Tochter.

Ihre schönsten Kindheitserinnerungen, so erzählt sie, sind die Nachmittage und Abende, die sie mit ihrem Vater verbrachte. Sie saß auf seinen Knien, er trank ein Bier, von dem sie probieren durfte, und sie hörte seiner Lebensphilosophie zu. Die hatte wenig zu tun mit der Ideologie, die die Partei den Menschen aufzwang. Vertraue dir selbst, sagte er seiner Tochter. Glaube an dich. Akzeptiere, was du nicht ändern kannst. Konzentriere dich auf das, was du wirklich brauchst, anstatt immer mehr und mehr haben zu wollen. Das hätten auch leere Phrasen sein können, doch die Worte ihres Vaters prägten die junge Wang. Er predigte sie nicht. Er lebte sie und war dabei zufrieden und ausgeglichen.

Es war eine einsame Kindheit. Die Nachbarskinder und die Klassenkameraden ahnten, dass mit den Wangs etwas nicht in Ordnung war und mieden sie. Die vier Geschwister konnten auf Grund ihrer Familiengeschichte weder Mitglieder der kommunistischen Pioniere werden noch in die Jugendliga eintreten; diese beiden Organisationen organisierten sämtliche Aktivitäten innerhalb und außerhalb der Schule. Wer da nicht zugehörte, war wirklich allein. Für ein Kind in der damaligen gruppenorientierten Gesellschaft gab es vermutlich kaum eine schlimmere Strafe. Das offizielle China ignorierte die Familie; die Wangs blieben selbst von politischen Kampagnen unbehelligt und überlebten in einer der wenigen Nischen, die es in der Volksrepublik der 50er und 60er Jahre gab.

»Als Kind hat mich das sehr verletzt. Ich litt unter unserer

Außenseiterrolle und wollte einfach dabei sein«, sagt Wang. »Später, als Jugendliche, begriff ich, dass die Ignoranz der Partei mir außergewöhnliche Freiheiten ermöglichte. Außerhalb einer Gruppe zu stehen macht einsam, aber stark. Ich hatte den nötigen Abstand, um die Entwicklungen in China kritisch zu sehen. Ich lernte, frei und unabhängig zu denken, weil sich für mich niemand interessierte. Mich wollten sie ja nicht einmal als Mitläuferin haben.«

Während der Kulturrevolution arbeitete Wang einige Jahre in der Küche einer Arbeitsbrigade auf dem Land in der Nähe von Shanghai, auch dort mehr geduldet als akzeptiert. Ihre Kolleginnen gaben ihr den Spitznamen »die, die zu nichts taugt«. Sie ertrug die Hänseleien und flüchtete in die Welt der Literatur, las wahllos alles, was sie kriegen konnte. Die Bücher ließen sie träumen: von einem Studium, einer Anstellung als Lehrerin und von eigenen Büchern, die sie schreiben wollte. Stattdessen bekam sie von der Partei einen Job als Kassiererin in einem Restaurant zugewiesen. Nach Wiedereröffnung der Universitäten durfte sie dann Bibliothekswesen studieren und entdeckte Schriften von Freud, Fromm und Jung. Ihr Interesse für Psychologie war geweckt. Sie wusste, was Einsamkeit war, sie kannte Depressionen und Angstzustände aus eigener Erfahrung, und sie wusste, dass die Ursachen dafür nicht in selbstbezogenem Denken oder mangelndem Revolutionsgeist lagen. Sie suchte nach Antworten. Als sich China 1979 langsam zu öffnen begann, war sie als selbstständiger, unabhängiger Freigeist für die kommenden Umwälzungen weit besser gerüstet als die meisten Chinesen. Sie hatte früh gelernt, alleine zu gehen.

Ihr Interesse an der menschlichen Psyche führte Wang im Frühjahr 1989 zu einem Treffen mit Kommilitonen und Professoren ihrer Universität, die ein Sorgentelefon für Studenten gründeten. »Ich hatte gleich am zweiten Abend Dienst«, erzählt sie und erinnert den Tag wie heute. »Das Telefon klingelte, und ich hob ab, und ich wusste im selben Augenblick: Das war es, was ich mein Leben lang machen wollte.« Sie spürte eine Art Seelenverwandtschaft mit den Anrufern, Menschen, die nicht zurecht kamen im vom Wachstum besessenen China mit all seinen neuen Werten und Erwartungen, Wahlmöglichkeiten und Verpflichtungen. Die sich verloren, einsam und unverstanden fühlten. Das waren Gefühle, die sie gut kannte.

Seither befasst sie sich mit den Schattenseiten des Reformprozesses und des chinesischen Wirtschaftswunders, beschäftigt sich mit Fragen, von denen das offizielle China lieber nichts wissen will. Wie viele Veränderungen verkraften Menschen, ohne Schaden zu nehmen? Wie überleben sie in einer Gesellschaft, in der Widersprüche das einzig Konstante sind? Nach den ersten zwanzig Jahren der Reformen zeigt sich allmählich, wie verheerend der Preis ist, den die Umwelt für den rasenden Wandel zahlen muss. Das sind Verwüstungen, die sichtbar und messbar sind, die in der Psyche der Menschen sind es nicht. Welchen Preis zahlen sie? Es sind Fragen, die auch wir uns seit unserer ersten Reise ins Reich der Mitte im Sommer 1995 stellen.

Wir erzählen Wang von der 40-jährigen Unternehmerin, mit der wir damals einen Tag verbracht hatten. Sie besaß mehrere Fabriken und Immobilien im Süden Chinas, baute gerade einen Büroturm in Shanghai und hatte bereits Firmen in den USA und Australien gegründet. Zehn Jahre zuvor hatte sie noch als Arbeiterin am Fließband einer staatseigenen Fabrik gestanden und eingelegtes Gemüse in Dosen gefüllt. Ihre unternehmerische Leistung war auch nach westlichen Maßstäben bemerkenswert. Dort hätte sie vielleicht Betriebswirtschaft studiert und dann das Familienunternehmen übernommen und zu neuer Blüte geführt. Für China war ihr Aufstieg ein Wunder. Niemand hatte ihr beigebracht, auf Profitmargins zu achten, Entscheidungen zu treffen, Risiken einzugehen. Im Gegenteil. Sie war ein Kind staatlicher kommunistischer Erziehung. Sie hatte Mao und seine Lehre vergöttert, als Führerin einer Einheit der Roten Garden angebliche »Wegbereiter des Kapitalismus« durch die Straßen getrieben und vor zehntausenden von Schaulustigen verprügelt. Sie hatte in kurzer Zeit nicht nur ein erhebliches Vermögen erwirtschaftet, sondern dabei auch mit allen Werten und Wahrheiten gebrochen, an die sie in den ersten dreißig Jahren ihres Lebens geglaubt hatte. Dieser Bruch in der Biografie, typisch für eine ganze Generation, war ihr zumindest nach außen hin gut gelungen. Wie schaffte sie das? Wieso schien ihr die Anpassung von der sozialistischen Planwirtschaft zum Kapitalismus so reibungslos zu gelingen? Konnte sie wirklich von einem System ins andere wechseln, so als handle es sich lediglich um verschiedene Paar Schuhe? Unsere damalige Gastgeberin wollte von solchen Überlegungen nichts wissen. »Ich bin Pragmatikerin«, hatte sie gesagt. »Bei mir müssen heute die Zahlen stimmen. Was früher war, interessiert mich nicht.« Seither beschäftigen uns diese Gedanken, und mit jeder Reise mehr.

In den folgenden Jahren erlebten wir, wie die Volksrepublik versucht, vom 19. wenn nicht sogar 18. Jahrhundert direkt ins nächste Jahrtausend zu springen. Wirtschaftliche, gesellschaftliche und politische Entwicklungen, für die sich der Westen zweihundert, dreihundert Jahre Zeit gelassen hat, sollen die Menschen in wenigen Jahrzehnten vollziehen. Die Chinesen reformieren ihre Gesellschaft nicht, sie pflügen sie um wie ein Bauer seinen Acker. Wir lernten, die Hektik, die nervöse Unruhe vieler unserer Gesprächspartner nicht nur als Zeichen überschüssiger Energie zu interpretieren. Auf stundenlangen Fußmärschen durch Chinas Städte sahen wir, dass es oft nur weniger Schritte bedarf, um von einer Welt in die andere, von einem Jahrhundert ins nächste zu gelangen.

In Peking zum Beispiel herrscht auf den Hauptstraßen die Hektik des modernen China. Restaurants, Boutiquen, Friseursalons und Kaufhäuser säumen die Straßen, und am Abend erhellt das bunte Glitzern und Flimmern der Neonreklamen die Alleen. Passanten hetzen durch das Menschengewühl, als seien sie auf der Flucht. Biegt man aber von den großen Verkehrsadern ab, kommt man häufig in ein Labyrinth von schmalen, baumlosen Gassen, Hutongs genannt. Es gibt keine Autos mehr. Es gibt keine Hast, keine Schilder, keine Plakate, keine Geschäfte.

Graue, fensterlose Mauern mit dicken Eingangstüren aus Holz, eher Schutzwälle für die dahinter liegenden Innenhöfe, in denen sich in den vergangenen zweihundert Jahren kaum etwas geändert hat. In ähnlicher Weise prallen in allen großen Städten das alte und das neue China aufeinander. Für Besucher mögen das faszinierende Kontraste sein, aber wie halten die Bewohner diese Gegensätze aus?

Das sind Fragen, die bis vor kurzem weder in China noch im Ausland ein Thema waren. Die Chinesen waren zu beschäftigt mit der Steigerung ihres Bruttosozialprodukts, der Westen zu fasziniert von den Geschichten über den Riesen, der erwacht, von diesem gigantischen potentiellen Markt mit seinen 1,3 Milliarden Konsumenten, seinen Superlativen, seinen berauschenden Wachstumszahlen. Über die psychischen Probleme, die der Wandel bringt, gibt es kaum Material. Die Selbstmordrate mag ein Indiz für das Ausmaß der Schwierigkeiten sein. Sie ist dreimal so hoch wie im Westen. Weit über 40 Prozent der Suizide weltweit ereignen sich im Reich der Mitte, obwohl dort nur 21 Prozent der Weltbevölkerung leben. Bei den Frauen ist die Zahl sogar fünfmal höher als im Rest der Welt. Nirgendwo finden Hilfesuchende Unterstützung oder Beistand, selbst in den großen Städten existieren kaum Beratungsstellen für Selbstmordgefährdete. »In China gibt es in Kliniken ungefähr 128 000 Betten für psychisch Kranke«, schätzt Zhang Mingyuan, Vorsitzender der Chinesischen Gesellschaft für Psychiatrie in Shanghai. »Es gibt nur wenige Psychiater und noch weniger psychiatrisch geschulte Sozialarbeiter, aber mindestens 27 Millionen psychisch Kranke. Und die Zahl wird weiter steigen. Die Gesellschaft verändert sich, der Konkurrenzdruck nimmt zu, Familien zerfallen; alles Faktoren, die zu einer Zunahme psychischer Erkrankungen führen werden.«

Eine Befürchtung, die Wang teilt. Als sie im Herbst 1989 mit ihrer Arbeit beim telefonischen Notdienst für Schüler und Studenten anfing, klingelte das Telefon am Abend oft nicht häufiger als zwei-, dreimal. Heute sind es mehr als hundert Anrufe die

Woche, und die Leitungen sind völlig überlastet. Kürzlich rief eine junge Frau aus einem kleinen Dorf in der Provinz Hebei an, die es sechs Monate lang versucht hatte, bis sie durchkam. Sie wollte nur ein bisschen reden; sie war traurig und einsam, seit sich ihre beiden Freundinnen im vergangenen Jahr umgebracht hatten.

Wang kennt solche Geschichten. Frauen auf dem Land gehören zu den Verlierern des Wandels in China. Ihre Männer wandern oft für immer in die Städte ab auf der Suche nach Jobs, sie müssen die Kinder allein großziehen und die Feldarbeit machen. Aber sie sind nicht mehr bereit, so bescheiden und anspruchslos zu leben wie ihre Eltern, der Reformprozess hat Wünsche und Erwartungen geweckt, denen die Realität nicht standhalten kann. Der Abend vor dem Schwarzweiß-Fernseher, mit Werbung und Soap-Operas, zeigt ihnen, wie schön und aufregend das Leben sein kann, und wie beschwerlich und hoffnungslos ihres ist. Sie haben in den seltensten Fällen ein Telefon zur Hand, um Hilfe bei einer Hotline zu suchen.

Die meisten der Anrufe und Leserbriefe, die Wang erhält, kommen aus den großen Städten. Und sie kreisen immer wieder um dieselben Fragen: Die alten Regeln und Werte gelten nicht mehr, aber wie sehen die neuen aus? Meist sind es jüngere Leute zwischen achtzehn und fünfunddreißig, die sich verloren fühlen in der komplizierten und vielschichtigen Welt des heutigen China. Die nicht verstehen, wo Freiheit endet und Verantwortung beginnt.

Wang berichtet von einem jungen Mann, der vor einigen Monaten in ihre Sprechstunde im Jugendzentrum kam. Er trug einen modischen, zweireihigen Anzug aus dem Westen, eine Armani-Brille, und am Handgelenk glänzte eine goldene Uhr. Er hatte Computerwissenschaften studiert, sprach Englisch und arbeitete für einen europäischen Konzern in Shanghai. Mit seinen 6000 Yuan Monatsgehalt plus Urlaubsgeld und Krankenversicherung gehörte er zu den Spitzenverdienern. Äußerlich war er ein Symbol des neuen China, unter der Oberfläche des modernen, weltgewandten Managers aber verbarg sich ein unsicherer, angstgeplagter Mann, der unter Depressionen litt. Ein Mensch, der müde und einsam war und sein Geld in Nachtklubs und für Prostituierte ausgab, immer auf der Suche nach Sicherheit und Geborgenheit. »Er war in unserem alten Erziehungssystem aufgewachsen«, erklärt Wang, »und hatte gelernt, den sozialistischen Moralvorstellungen zu folgen. Solidarität statt Konkurrenzkampf, hieß es da. In der freien Wirtschaft ging es plötzlich ganz anders zu. Kollegen waren Rivalen und nicht Partner. Er war gut und behauptete sich. Aber er konnte seinen Erfolg nicht genießen. Er fühlte sich schuldig.«

Der Mann erzählte eineinhalb Stunden, und Wang hörte schweigend zu. »Oft hilft es schon, wenn sie merken, dass sie nicht allein sind, dass es Menschen gibt, die ähnliche Schwierigkeiten haben, und sie verstehen. Das können die meisten gar nicht glauben, weil sie noch nie mit jemandem offen geredet haben.«

Bei persönlichen Problemen Hilfe zu suchen, noch dazu professionelle Hilfe außerhalb der Familie, ist für Chinesen nicht üblich. Hilfsbedürftigkeit ist ein Eingeständnis von Schwäche, und Schwäche ist eine Schande, ein Gesichtsverlust. Deshalb hat Wangs Arbeit auch noch wenig gemeinsam mit dem, was ein Psychotherapeut im Westen macht. Sie sitzt ihren Klienten nicht in einer privaten Praxis gegenüber, sondern in ihrem Büro im Jugendzentrum, einem fensterlosen Raum mit zwei Stühlen und einem Schreibtisch, der in seiner sterilen Atmosphäre an eine Beamtenstube erinnert. Wang hat keine formale Ausbildung, und es gibt keine Supervision. Was sie über Gesprächs- und Gestalttherapien oder sonstige Therapieformen weiß, hat sie aus Büchern. Die meisten ihrer Klienten sieht sie nur einmal. Wer im Reich der Mitte den Mut hat oder verzweifelt genug ist, therapeutische Hilfe in Anspruch zu nehmen, sucht nach Lösungen für ganz konkrete Probleme, nicht nach deren Ursachen. Sie rufen Wang an oder kommen in ihre Sprechstunde, wenn sie sich nicht wohl fühlen, so wie man zum Arzt geht. »Ich höre zu, analysiere ihre Probleme und gebe Rat«, beschreibt sie ihre Arbeit. »Mehr kann ich im Moment noch nicht tun.« Das Konzept einer langfristigen Therapie gibt es in China noch nicht.

»Eines der größten Probleme vieler Chinesen ist«, sagt Wang, »dass wir so lange hinter einer großen Mauer gelebt haben, uns nun sehr fremden Gedanken, Ideen und Werten aus dem Westen öffnen, aber überfordert sind, wenn wir sie in unserem Land umsetzen sollen.« Als Beispiel erzählt sie die Geschichte eines jungen Mannes, der sie in den vergangenen Jahren regelmäßig angerufen hat. Er hatte während seines Studiums sehr viel westliche Philosophie und Literatur gelesen und war fasziniert von der Idee der individuellen Freiheit. Nach dem Hochschulabschluss wurde er Lehrer an einer Schule in Shanghai. Um seine persönliche Unabhängigkeit unter Beweis zu stellen, lief er an heißen Tagen in Badehosen über den Schulhof. Die Aufforderung, damit aufzuhören, ignorierte er; das sei ein Eingriff in seine persönliche Freiheit. Er wurde entlassen und verstand nicht, warum.

Oder die 25-jährige Frau, mit der sie in der vergangenen Woche lange telefonierte. Sie war eine hervorragende Studentin gewesen und hatte nach dem Studium eine Anstellung als Lehrerin gefunden. Nach wenigen Monaten kündigte sie. Beamtin wollte sie nicht werden. Ein koreanischer Konzern stellte sie als Sekretärin an. Sie quittierte den Job nach vier Wochen, weil sie sich von ihrem Chef belästigt fühlte. Dann arbeitete sie als Altenpflegerin, zwei Monate lang, die Arbeit gefiel ihr irgendwie nicht. Anschließend versuchte sie sich als Kosmetikverkäuferin. Kaum zwei Wochen hielt sie durch. Zu langweilig. »Sie war verzweifelt und einsam und dachte an Selbstmord. Im Gespräch stellte sich heraus, dass sie ihre Freunde fast so oft wechselte wie ihre Arbeitsstellen, weil sie ständig ihre Unabhängigkeit beweisen wollte. Als ich sie fragte, wonach sie denn suche, was sie denn wolle, wusste sie keine Antwort. Darüber hatte sie noch nie nachgedacht. Sie ist symptomatisch für eine ganze Generation. Sie haben Chancen und Wahlmöglichkeiten wie nie zuvor in unserer Geschichte, aber es fällt ihnen schwer, die richtigen Entscheidungen für sich zu treffen, weil sie nicht wissen, was sie wollen. Sie haben nie gelernt, sich als Individuen zu sehen mit individuellen Fähigkeiten und ganz eigenen Bedürfnissen. Sie haben nie gelernt, sich zu fragen, wer sie sind und was sie brauchen.«

Wie auch? Und von wem? Über vierzig Jahre lang waren in der Volksrepublik persönliche Interessen und Bedürfnisse ein Tabu, gleichbedeutend mit konterrevolutionären Gedanken. Das Wort »ich« kam im Sprachschatz vieler Chinesen gar nicht vor. Die erzwungene Kollektivierung war so erfolgreich, weil sie sich im Einklang befand mit tiefverwurzelten, traditionellen Werten der chinesischen Kultur. Seit jeher hatte sich der Einzelne den Bedürfnissen der Gruppe unterzuordnen. Anpassung und Konformität honorierte die Gesellschaft. Widerspruch und Eigensinn bestrafte sie. Nun sind plötzlich Eigenschaften gefordert, die im Gegensatz stehen zu jahrtausendealten Erziehungsidealen.

Wer soll sie vermitteln? Die Schule? An ihr sind die Veränderungen der vergangenen zwanzig Jahre bisher fast spurlos vorübergegangen. Es gelten noch immer die alten Richtlinien und Lehrbücher des orthodoxen kommunistischen Systems, das von den Kindern in erster Linie Disziplin und Unterwürfigkeit fordert. Ein guter Schüler ist ein gehorsamer Schüler. Kreativität und Unabhängigkeit fördert das System nicht. Die Jugendlichen werden in die chinesische Version der freien Marktwirtschaft entlassen, deren Anforderungen kaum etwas zu tun haben mit dem, was sie in der Schule lernen. Diese Widersprüche sind nur schwer auszuhalten. Nach einer chinesischen Untersuchung leidet fast jeder fünfte Schüler und Student an Angstzuständen, Beklemmungen, Depressionen oder Hypochondrie. Die Jugendkriminalität nimmt rapide zu, die Zahl der Delikte, von Diebstahl und Erpressung bis Menschenraub und Mord, hat sich in den vergangenen zehn Jahren verdreifacht.

Wer kann ihnen helfen? Die Eltern? Die sind mit sich selbst beschäftigt, mit der Angst vor Arbeitslosigkeit, mit Eheproblemen. Die Scheidungsrate ist seit Anfang der 80er Jahre von 3 auf

12 Prozent gestiegen, in den großen Städten zerbricht fast jede vierte Ehe. Peking erwägt deshalb drakonische Gesetze, die eine Trennung erschweren sollen; sie würden Ehebruch zu einem Verbrechen machen, und falls eine Affäre zu einer Scheidung führt, könnte der verlassene Ehepartner den oder die Geliebte auf Schadensersatz verklagen.

Die Eltern sollen ihre Kinder anleiten, Vorbild sein, ihnen Beispiel und Orientierung geben und verstehen selbst die neuen Spielregeln nicht. Wang berichtet von einer jungen Studentin, die sich bitter über ihre Eltern beklagte. Jahrelang hatten sie sie gezwungen, Kung-Fu zu lernen, obwohl die Tochter es hasste. »Ihr habt mich nie ernstgenommen«, warf sie ihnen vor. »Warum habt ihr meine Wünsche und Bedürfnisse nicht respektiert?« Der Vater verstand gar nicht, was seine Tochter meinte. Ihn hatte noch nie jemand nach seinen Wünschen und Bedürfnissen gefragt.

In ihrer Hilflosigkeit geben viele Eltern den Druck, unter dem sie stehen, direkt an ihre Kinder weiter. Als Beispiel erzählt Wang die Geschichte des 15-jährigen Jungen, der eines Abends weinend bei ihr anrief und sich umbringen wollte. Er war bester Schüler der Klasse gewesen, aber für seine Eltern war das nicht genug. Ihr Sohn sollte Bester der Schule sein. Die Eltern waren während der Kulturrevolution groß geworden, kaum zur Schule gegangen und hatten nur einen Mittelschulabschluss gemacht. Ihr Sohn sollte nun das Versäumte nachholen und die Träume seiner Eltern leben. Der Junge war folgsam und fleißig und arbeitete hart. Doch der Erfolgsdruck machte ihn nervös, und er verkrampfte und machte zunehmend Fehler. Dadurch verstärkte sich der Druck, und seine Prüfungsangst wurde so groß, dass seine Hände zitterten und er nicht mehr schreiben konnte. Die Eltern gingen mit ihm zum Psychiater, der ihm Beruhigungsmittel und später Psychopharmaka verschrieb. Das half für eine Weile, aber mit dem Druck kehrten auch die Symptome zurück. Eines Tages dann standen Mutter und Sohn in Wangs Sprechstunde. Sie stellte dem Jungen ein paar Fragen, die Mutter antwortete. Ihr Sohn sei faul. Er arbeite nicht genug. Er verstehe seine Eltern nicht. Dabei hätten sie seine Karriere so gut geplant, wenn er nur besser kooperieren würde. »Das Problem war die Mutter, nicht der Sohn«, sagt Wang. »Es kam ihr gar nicht in den Sinn, dass es erst mal Aufgabe der Eltern ist, ihre Kinder zu verstehen, nicht umgekehrt, oder ihren Sohn nach seiner Meinung, seinen Wünschen und Interessen zu fragen. Ich sagte ihr, dass Kinder nicht dazu da seien, die Erwartungen ihrer Eltern zu erfüllen, dass sie kein Recht habe, über die Zukunft ihres Kindes zu entscheiden. Ob es etwas genützt hat, weiß ich nicht. Sie kam nie wieder. Die Familie hätte eine mehrmonatige Familientherapie gebraucht.«

Generationskonflikte, wachsende Jugendkriminalität und steigende Scheidungsraten, Eltern, die ihre Kinder nicht verstehen, erfolgreiche Manager, die plötzlich auf Sinnsuche gehen – das sind Probleme und Konflikte, die wir auch im Westen kennen. In China werden sie dramatisch verschärft durch das beispiellose Tempo des Wandels und durch eine Gesellschaft, die keinerlei Erfahrung im Umgang mit derartigen Schwierigkeiten hat. In der die Menschen nicht gelernt haben, über Probleme zu reden, da es nichts Schlimmeres gibt als einen Gesichtsverlust. Eine Gesellschaft, die Individualismus fordert und ihn gleichzeitig bestraft. Eine Kultur, die unter dem Einfluss von Buddhismus und Daoismus jahrhundertelang Genügsamkeit und Passivität predigte und in der die Menschen eine zuweilen endlos scheinende Leidensfähigkeit entwickelten.

Wang ist dennoch optimistisch. Sie erlebt zwar in ihrer Arbeit jeden Tag, dass die persönlichen Probleme zunehmen, gleichzeitig wächst aber auch das Bewusstsein für die Kompliziertheit der menschlichen Psyche. Von ihrem ersten Buch verkauften sich vor sechs Jahren weniger als tausend Exemplare, mittlerweile sind ihre Bücher im Stil von *Wie erziehe ich mein Einzelkind*, *Wie rette ich meine Ehe* oder *Probleme der Pubertät* Bestseller. Ihre Kolumnen kann sie gar nicht so schnell schreiben, wie Tageszeitungen und Zeitschriften sie drucken möchten. In Buchhandlungen gehören

Selbsthilfebücher wie *100 Fragen und 100 Antworten über Kinder-erziehung* zu den populärsten Titeln. Die Behörden verwandeln ehemalige politische Schulungszentren in psychologische Beratungsinstitute. An den großen Universitäten können Studenten mittlerweile Psychologiekurse belegen. Landesweit gibt es über hundert telefonische Notdienste für angstgeplagte Jugendliche und überforderte Studenten, missbrauchte Frauen oder einsame Homosexuelle. Tageszeitungen haben ihre Ratgeber-Kolumnen, Radiostationen ihre Seelsorge-Sendungen, in denen Laienpsychologen den Hörern Trost und Mut zusprechen.

Das Wort Krise setzt sich im Chinesischen aus zwei verschiedenen Silben oder Lauten zusammen, erklärt uns Wang beim Abschied. Der eine steht für Gefahr, der andere für Chance. Sie glaubt fest, dass die letztere Bedeutung im heutigen China überwiegt. »Die Menschen sind verwirrt und desillusioniert und wissen nicht mehr, woran sie glauben sollen«, sagt sie. »Ich finde das nicht so schlimm. Eher im Gegenteil. Es macht die Menschen frei, und sie fangen endlich an, an sich selber zu glauben. Das ist der Beginn eines neuen China.«

Nachwort

Wir waren unterwegs auf einer vielbefahrenen Landstraße in der Provinz Sichuan. Es war meine erste Reise nach China, und begierig saugte ich alle Bilder und Eindrücke auf. Die bergige Landschaft, in der die Menschen selbst den steilsten Abhängen noch Ackerfläche abtrotzten. Die Bauern, die in fast biblisch anmutenden Szenen mit nacktem, muskulösem und gebräuntem Oberkörper mit Pferd und Pflug ihre Scholle umgruben. Die Ochsenkarren, die wir überholten, waren vollgepackt mit Kisten, Kartons und Menschen, die den Fremden oft unverhohlen anstarrten. Plötzlich wurde unser Wagen langsamer. Auf der Gegenfahrbahn war ein Lastwagen umgekippt. Er hatte Gemüse geladen, und mehr als ein Dutzend Fahrrad- und Mopedfahrer durchwühlten die im Straßengraben und auf dem Asphalt verteilte Fracht und suchten sich die besten Stücke heraus. Der Fahrer hockte machtlos und ziemlich unglücklich vor seinem Wagen. Wir mussten anhalten, da aus der Gegenrichtung Autos kamen, die auf unsere Spur auswichen, um das Hindernis auf ihrer Seite zu umfahren. Wir warteten. Fünf Minuten. Zehn Minuten. Ich wurde ungeduldig. Wir waren auf dem Weg zu einem Interview. Der Verkehr aus der anderen Richtung wollte kein Ende nehmen. Nach einer Viertelstunde bat ich meinen Übersetzer, auf die andere Seite des Lastwagens zu gehen und den Verkehr zu stoppen, so dass unsere Seite für ein paar Minuten fahren könnte. Abwechselnd. Das Reißverschlusssystem. Ganz einfach. Er schaute mich an, als hätte ich vorgeschlagen, freie Wahlen zu organisieren.

Als nach zwanzig Minuten noch immer kein Ende des Wartens in Sicht war, beschloss ich, die Sache selber in die Hand zu nehmen. Wir stiegen aus und gingen um den Lastwagen herum, der Dolmetscher trottete widerwillig hinter mir her. Wir hielten einen der langsam rollenden Wagen an. Der Fahrer öffnete das Fenster einen Spalt, und mein Übersetzer erklärte in wenigen Worten, was wir wollten. Er möge doch anhalten, so dass auch die andere Richtung einmal an die Reihe käme. In ein paar Minuten sei er dann wieder dran. Der Mann kurbelte das Fenster schnell wieder hoch. Ihm war anzusehen, was er dachte: Ich habe es mit Verrückten zu tun. Er gab kräftig Gas, um ja den Anschluss zum nächsten Auto nicht zu verlieren. Der Abstand war inzwischen so groß geworden, dass ein Wagen aus unserer Richtung versuchte, sich dazwischen zu schieben. Fast hätte es einen Frontalzusammenstoß gegeben. Der Verkehr floss weiter um das Hindernis herum. Nach über einer halben Stunde entstand eine Lücke, die das Auto vor uns nutzen konnte. Wir hängten uns an seine Stoßstange. Geschafft. Der Gegenverkehr musste anhalten. Wir waren an der Reihe. Ich drehte mich um. Die Schlange hinter uns reichte bis zum nächsten Hügel, verschwand in einer Senke und war auf einer Kuppe am Horizont wieder zu sehen. Ich erklärte dem Fahrer, wie so etwas im Westen funktioniert. Belehrte ihn, dass es insgesamt effizienter sei, wenn man sich gegenseitig vorlasse, weil dann niemand eine halbe Stunde, sondern jeder nur ein paar Minuten warten müsse.

»So, so«, murmelte er. »Das geht auch ohne Polizei?«

»In den meisten Fällen, ja«, antwortete ich.

Er überlegte lange. Dann sagte er: »Das funktioniert nur, weil jeder darauf vertrauen kann, dass er schnell wieder vorgelassen wird. Wer in China anhält, weiß, dass er dort steht, bis kein anderer mehr kommt. Das kann eine Stunde dauern.«

Auf meinen Reisen in den folgenden Jahren musste ich oft an diese kleine Geschichte denken. Zum einen war mir mein Verhalten im Nachhinein sehr peinlich. Aus Unerfahrenheit und Ignoranz war ich in genau jene Falle getappt, die es westlichen Besuchern oft so schwer macht, das Reich der Mitte zu verstehen. Sie fühlen sich überlegen, werden arrogant und selbstgerecht angesichts von Sitten und Gebräuchen, die ihnen fremd sind und weniger effizient erscheinen als ihre eigenen. Und wenn sie sich einmischen, richten sie aus Unwissenheit oft nur Unheil an, wie in meinem Fall fast einen Autounfall. »Das große Missverstehen der chinesischen Sitten beruht darauf«, kritisierte der französische Philosoph Voltaire schon im 18. Jahrhundert, »dass wir ihr Verhalten nach unseren Maßstäben beurteilen.«

Zum anderen illustriert die Anekdote in einem banalen Beispiel eines der großen Probleme des Wandels in China: den Mangel an Vertrauen innerhalb der chinesischen Gesellschaft und die Überforderung angesichts vieler neuer Konflikte im Alltag, für die es noch keinen Verhaltenskodex gibt, weder geschriebene noch ungeschriebene Gesetze, an die sich die Mehrheit halten könnte. Jeder kämpft gegen jeden. Doch ohne ein Mindestmaß an Vertrauen ist das konstruktive, produktive Zusammenleben in einer Gemeinschaft nur schwer möglich. Das Riesenreich befindet sich in einem dreifachen Umbruch, und jede dieser drei Umwälzungen für sich muss eine Gesellschaft bis an die Grenzen ihrer Möglichkeiten und darüber hinaus belasten.

Die Führung in Peking versucht, ein Agrarland – noch heute leben über 800 Millionen Chinesen außerhalb der großen Städte – in einen Industriestaat zu verwandeln. In den vergangenen zwanzig Jahren wanderte jährlich rund 1 Prozent der Bevölkerung, insgesamt etwa eine Viertelmilliarde Menschen, vom Land in die Städte; das entspricht der Bevölkerung der USA. Aus Bauern wurden Industriearbeiter. Dies ist eine Entwicklung, die im Westen über hundert Jahre dauerte und mit vielen sozialen Spannungen, Unruhen, Elend und Tragödien verbunden war. Nicht anders in China. Die entwurzelten Menschen ziehen durch das Land wie Treibgut. Sie haben ihre Heimat verloren, ihre sozialen Strukturen und Sicherheiten. Die Millionen Arbeitslosen unter ihnen bilden in den Städten ein neues Lumpenproletariat. Sie gehören zu den Verlierern der Reformen, und ihre Enttäuschung kann in Hass und Gewalt umschlagen und sie zu einem gefährlichen Unruheherd in der Gesellschaft werden lassen.

Der wachsende Unterschied zwischen Arm und Reich ist eines der drängendsten innenpolitischen Probleme für das kommunistische Regime. »Manche dürfen zuerst reich werden«, hatte Deng Xiaoping zu Beginn der Reformen proklamiert in der Hoffnung, dass der Rest des Landes vom Wohlstand der Vorhut profitieren würde. Doch die Gegensätze werden immer größer. Über ein Drittel der Sparguthaben auf den Konten chinesischer Banken gehören 0,1 Prozent der Bevölkerung. China ist eines der Länder Asiens, in denen der Reichtum am ungerechtesten verteilt ist.

Der zweite große Umbruch ist der Versuch, eine rigide Planwirtschaft durch eine freie Marktwirtschaft zu ersetzen. Damit einher gehen nicht nur völlig neue Anforderungen an die Menschen, an ihre Kreativität, Fantasie und Risikobereitschaft, sondern die Regierung muss binnen weniger Jahre auch Institutionen und einen Rahmen schaffen, auf den das System in keiner Weise vorbereitet ist. Sie muss Steuergesetze entwerfen, ein modernes Bankwesen kreieren, Behörden wie Kartell-, Sozial- und Arbeitsämter gründen, ein soziales Netz knüpfen mit Kranken-, Arbeitslosen- und Rentenversicherung. Und das alles unter großem Zeitdruck und ohne Erfahrung.

Eine weitere Konsequenz aus der Umwandlung der Planwirtschaft ist die sich seuchenartig ausbreitende Korruption. Die

Privatisierung von Volkseigenen Betrieben ist zu einem Selbstbedienungsladen verkommen, in dem die Funktionäre der KP schamlos zugreifen. Zwischen 1987 und 1997 hat der Staat durch Betrug, Unterschlagung und Hinterziehung beim Verkauf von Staatseigentum über 60 Milliarden US-Dollar verloren. Allein 200 Millionen US-Dollar lagen auf Hongkonger Konten des 1997 verhafteten Pekinger KP-Chefs und Politbüromitglieds Chen Xitong. Nichts hat die Glaubwürdigkeit und Autorität der Partei in den vergangenen Jahren schlimmer beschädigt als die Raffgier ihrer Funktionäre.

Der dritte Wandel betrifft das politische System. Dengs Philosophie war es, den Chinesen ökonomische Anreize und Möglichkeiten zu geben, die Wirtschaft zu liberalisieren und gleichzeitig strikte politische Kontrolle auszuüben. Die Alleinherrschaft der KP stand nicht zur Debatte. Das Rezept hat die ersten zwanzig Jahre hervorragend funktioniert, doch nun steht es sich selbst im Wege. Dengs Politik hat eine komplexe, vielschichtige Gesellschaft geschaffen, die mehr und mehr persönliche Freiheiten gewährt. Ein solches Land aber lässt sich nicht mehr durch ein System regieren, das sich auf ein totalitäres, leninistisches Modell beruft. Die »Diktatur des Proletariats« passt schlecht zum Anspruch eines modernen Staates und einer wirtschaftlichen Weltmacht.

Es gibt in der Geschichte der Menschheit kein Beispiel für derlei tiefgreifende, gleichzeitige Veränderungen. Ein Vorbild, dem China folgen, aus dessen Fehlern es seine Lehren ziehen könnte, gibt es nicht. Es ist ein Sich-Vortasten, ein Durch-Irrtümer-Lernen. »Wir überqueren den Fluss und fühlen dabei die Steine«, so beschrieb Deng Xiaoping den Prozess einmal. Doch der Spielraum für Fehler ist gering in einer Nation mit 1,3 Milliarden Einwohnern. Die Einheit eines Landes von der Größe Chinas – mit seinen 31 Provinzen, 160 Präfekturen, 2500 Gemeinden und Städten, seinen geographischen und kulturellen Unterschieden – ist nicht selbstverständlich. Dass es, abgesehen von der blutigen Niederschlagung der Studentenproteste in Peking 1989, bisher zu keinem größeren Blutvergießen, zu keinen gewaltsamen Aufständen kam, ist eine der großen Leistungen Dengs und seiner Nachfolger.

Für mich gibt es kaum eine stärkere und zugleich bedrückendere Metapher für den radikalen Wandel, als das, was die Chinesen ihren Groß- und Kleinstädten antun. China heute, das ist wie ein Europa ohne Paris, ohne Wien, Prag, Rom oder Venedig; ohne Romantische Weinstraße in Deutschland, ohne mittelalterliche Städte in Italien, Frankreich oder Spanien. Alles, was dem vergleichbar gewesen wäre, wurde in China in den vergangenen Jahrzehnten im Namen des Wirtschaftswunders abgerissen. Jeder Gouverneur, jeder Bürgermeister, jeder Provinzfürst will am Boom teilhaben. Sie walzen in ihren Dörfern und Städten die Altbauviertel platt, als gelte es, die Pest zu bekämpfen. Sie schütten Kanäle zu, zerstören jahrhundertealte Bausubstanz und ersetzen sie durch simple Einkaufszentren, spiegelverglaste Bürotürme oder von außen gekachelte Wohnsilos, die überall im Land gleich aussehen. Die Bürokraten messen ihre Leistungen an der Zahl der Neubauten. Jede neue Straße, jede Brücke, jedes neue Haus wird zum Symbol des Fortschritts. Nie kämen sie auf die Idee, eine Schnellstraße unter die Erde zu verlegen – lieber auf Pfeilern quer durch den Ort, damit jeder sieht, wie die Modernisierung voranschreitet. Das Land beraubt sich seiner Vergangenheit. Mir erschienen die sichtbaren Verwüstungen in den Stadtlandschaften oft wie ein Spiegel für die unsichtbaren Verwüstungen in den Seelen ihrer Bewohner.

Die Menschen haben gegen das Tempo der Veränderungen noch nicht revoltiert, weil es ihnen bisher mit jedem Jahr wirtschaftlich besser ging. Für die Steigerung des Lebensstandards in China seit Beginn der Reformen gibt es in der Geschichte der Menschheit keinen Vergleich. Die Wirtschaft wuchs im Schnitt um 9 Prozent im Jahr, und das Pro-Kopf-Einkommen hat sich in dieser Zeit vervierfacht. Nicht ein Privatauto fuhr damals auf Chinas Straßen, jetzt sind es mehr als zwei Millionen. Vor zwanzig Jahren gab es so gut wie keine Privattelefone, heute zählt man über 100 Millionen Telefonkunden. Die Zahl der Fernseher hat sich verhundertfacht, die der Kühlschränke stieg um das Fünfhundertfache. 1978 lebte jeder vierte Chinese in absoluter Armut, heute nur noch jeder zwölfte. In den vergangenen zwei Jahren hat sich das Wirtschaftswachstum erheblich verlangsamt, umso schwerer wiegen heute deshalb die Probleme, die sich nicht in Zahlen ausdrücken und sich nicht mit einem neuen Boom lösen lassen. Es sind die politischen, kulturellen, gesellschaftlichen Probleme, die die Umwälzungen mit sich bringen.

In vielerlei Hinsicht begann erst 1979, mit Dengs Aufstieg zum unumschränkten Machthaber, die zweite Phase der chinesischen Revolution. Sie ist weitreichender als die Revolution von 1949, weil sie das eingemauerte Riesenreich für neue Ideen, Gedanken und Einflüsse öffnet, es aus der selbstgewählten Isolation befreit. Die Maoisten versuchten zwar, das Land in einen kommunistischen Modellstaat umzuwandeln, gleichzeitig aber führten sie viele Traditionen des kaiserlichen China fort. Alte Werte und Verhaltensmuster blieben, trotz anderslautender Propaganda, unangetastet. Der Große Vorsitzende ähnelte in seiner Allmacht den Kaisern vergangener Epochen, die hierarchischen Strukturen glichen denen alter Dynastien. Im traditionellen China wie auch unter den Kommunisten lernten die Menschen, dass sie Untertanen waren, abhängig vom politischen System. Sie hatten keine bürgerlichen Rechte, und sie konnten keine Forderungen stellen. Ihre Einflussmöglichkeiten auf die Politik waren minimal. Die Richtungskämpfe fanden ausschließlich unter den führenden Politikern statt, entweder am Hofe oder später im Politbüro.

Auch der kommunistische Zwang zur Konformität entsprach traditionellen chinesischen Werten, genauso wie die Verachtung des Individualismus und die überragende Bedeutung der Gruppe, der sich der Einzelne unterzuordnen hat. Die große Mauer, die die Chinesen vor Übergriffen und Einflüssen aus dem Westen schützte, ließen die Kommunisten weitgehend intakt. Erst jetzt, am Beginn des 21. Jahrhunderts, bekommt sie

Risse. Risse, die mit jedem Tag größer werden. China öffnet sich dem Westen, steht in einem Handels- und Gedankenaustausch wie selten zuvor in seiner Geschichte. Das Riesenreich ist für sein Wirtschaftswachstum angewiesen auf ausländische Investoren, es braucht die Weltmärkte für seine Produkte und drängt darauf, endlich Mitglied der Welthandelsorganisation zu werden. Das Internet verbindet heute täglich Millionen Chinesen mit dem Rest der Welt. Doch diese Öffnung nach so langer Zeit der freiwilligen Abkehr ist verbunden mit Fragen und Zweifeln. Man weiß, dass man nicht mehr das Zentrum des Universums ist. Aber was ist man dann? China ist auf der Suche nach seiner Identität, seiner Rolle, seinem Platz in der Welt. In den Stolz auf die 5000-jährige Geschichte hat sich Unsicherheit gemischt. Was bedeutet die Geschichte heute noch? Welche Normen und Gewissheiten haben noch ihre Gültigkeit? Welche Art von Gesellschaft soll entstehen, nachdem das sozialistische Modell gescheitert ist?

Viele der Eigenschaften, die ein modernes China von seinen Bürgern fordert, stehen im Widerspruch zu alten Werten, Traditionen und der kommunistischen Ideologie der vergangenen fünfzig Jahre. Konkurrierende Ideen, gegensätzliche wirtschaftliche Interessen und der daraus entstehende Pluralismus sind Bestandteile einer modernen Gesellschaft. In China, mit seinen auf Harmonie bedachten Traditionen und seinem Ein-Parteien-System, sind sie kulturell und politisch eine Bedrohung. In der Volksrepublik gibt es keinen Streit, keine Debatten oder Auseinandersetzungen in der Öffentlichkeit. Öffentliche Kritik ist ein Zeichen von Illoyalität, konstruktive Kritik ein Fremdwort. In der Führung, der Partei und der Gesellschaft soll Harmonie herrschen, zumindest an der Oberfläche. Selbstverständlich prallen Meinungen, Ideen und Interessen trotzdem aufeinander; da aber ein solcher Wettbewerb oder Konkurrenzkampf tabu ist, können gesellschaftliche Konflikte nicht öffentlich anerkannt, in konstruktive Wege geleitet und produktiv genutzt werden.

Im Reich der Mitte gab es keine Renaissance im westlichen

Sinn, keinen Aufstieg der Städte mit verschiedenen Berufen und Zünften, keine Entwicklung einer breiten und einflussreichen Schicht von Händlern, Kleinunternehmern und Selbstständigen. Es existierte auch keine Religion, die das Individuum als eine Schöpfung Gottes pries und damit den Individualismus und ein Recht auf Selbstverwirklichung legitimierte. Das war in China nur der Gruppe erlaubt; wer sein Glück allein versuchen wollte, wurde verstoßen. Individualismus wurde mit Selbstsucht gleichgesetzt, eine der größten Sünden. Nun ist plötzlich Individualismus gefordert. Und Kreativität. In einer Kultur, in der das perfekte Kopieren alter Meister das höchste Ziel der Kunst war, nicht die Schaffung von etwas Neuem. Jetzt sollen Privatunternehmer mit Risikobereitschaft und Eigeninitiative die kollabierende Planwirtschaft ersetzen. Zu erfolgreich dürfen die Menschen allerdings auch nicht werden, denn eine selbstbewusste, unabhängige Mittelschicht aus Unternehmern und Selbstständigen wird irgendwann die Gängelung durch die KP nicht mehr dulden und politische Mitbestimmung fordern. Wie soll es gelingen, diese Widersprüche aufzulösen?

Paradoxerweise liegt in der Krise die beste Überlebenschance für das Ein-Parteien-System und die KP. Die Kommunisten haben zumindest ein unbestrittenes Verdienst, auch in den Augen ihrer Kritiker: Sie haben das Land befreit und wiedervereinigt. Ihr Triumph, die Gründung der Volksrepublik 1949, beendete nicht nur einen vierjährigen Bürgerkrieg, er stoppte auch einen Niedergang, wie ihn die Welt noch nicht gesehen hatte. Zweieinhalb Jahrtausende lang war China die führende Zivilisation gewesen. Noch im 18. Jahrhundert lag sein Anteil an der Weltwirtschaftsproduktion bei einem Drittel, 1952 waren es lediglich noch 5 Prozent. Das Pro-Kopf-Einkommen war, nach Schätzungen des Wirtschaftshistorikers Angus Maddison, erheblich niedriger als im 13. Jahrhundert. Aus einem Reich, das seinesgleichen suchte, war ein schwacher, opiumsüchtiger Riese geworden, mit dem die Imperialmächte machen konnten, was sie wollten. Sie übten die Zollhoheit aus, kontrollierten Häfen und Flüsse mit ihren Kanonenbooten, erzwangen sich Exterritorialität und andere Sonderprivilegien. Es waren Mao Zedong, die KP und ihre Volksbefreiungsarmee, die das Land von diesem Joch befreiten. Sie zogen im September 1949 mit einem Triumphmarsch in Peking ein, und am 1. Oktober verkündete Mao unter dem Jubel von Millionen Menschen: »Das chinesische Volk hat sich erhoben.« Die schmähliche Epoche war vorbei. Und das haben die Menschen ihm und der Partei, trotz aller politischen Kampagnen, Verfolgung und Misswirtschaft, nicht vergessen.

Heute versucht die KP, sich als Garant der nationalen Einheit und Stabilität in extrem schwierigen Zeiten zu präsentieren, und solange ihr das gelingt, ist ihre Macht nicht wirklich in Gefahr. Die Staats- und Parteiführung betont immer wieder, dass gesellschaftliche und politische Stabilität die Voraussetzungen für alle Reformen sind. Die Warnung vor Chaos und Unruhen ist das Hauptargument, mit dem sie demokratische Reformen ablehnt, und es ist mehr als nur die Ausrede eines autoritären Regimes. Chinesen haben eine fast »pathologische Angst vor Instabilität und Unordnung«, schreibt der amerikanische Sinologe Lucian Pye. Die Ursachen liegen in der harmoniesüchtigen Kultur und in leidvollen Erfahrungen. Chinas Geschichte ist gekennzeichnet von Bürgerkriegen, Aufständen, Revolten und Rebellionen, und nur eine starke Regierung garantierte Frieden und Sicherheit. Ein totalitärer Staat hat seine Vorteile; die vielen Chinesen, die noch heute den Großen Vorsitzenden Mao verehren, erinnern daran.

Als ich am letzten Abend meiner Recherchen für dieses Buch in mein Hotelzimmer in Peking kam, machte ich noch einmal kurz den Fernseher an. Mit der Fernbedienung sprang ich von Sender zu Sender. CNN, Bugs Bunny. Ein Spielfilm mit Tom Cruise. Chinesische Oper. Nachrichten des Staatssenders CCTV. Sie zeigten Staats- und Parteichef Jiang Zemin. Er hielt eine Rede auf einer Parteitagung. Hinter ihm hingen rote Fahnen und ein riesiges Hammer-und-Sichel-Emblem. Davor saßen Dutzende von zumeist alten Männern, ernst und regungslos. Sie kamen für die Dauer der Übertragung mit einem Gesicht aus. Zuweilen klatschten sie, steif und mechanisch, als wären sie ferngesteuert. Es wirkte wie absurdes Theater. In der hölzernen Floskelsprache des Apparatschiks sprach Jiang von der »demokratischen Diktatur des Volkes«, warnte vor »dekadentem Denken und Lebensstil«. Er pries die Vorzüge des chinesischen Wegs zum Sozialismus und schloss politische Reformen aus, weil sie nur zu Instabilität und Anarchie führen würden. Über welches Land redete er?

Ich blickte aus dem Fenster. Der Nachthimmel war erleuchtet von roten, gelben und weißen Neonreklamen. Auf der Straße steckten Autos, Fahrräder, Busse und Mopeds in einem unauflöslich scheinenden Knäuel fest. Dazwischen rannten Fußgänger. Vor dem Hotel standen Dutzende von fliegenden Händlern und verkauften Zeitungen, Bücher, gebrannte Maronen oder gegrillte Fleischspieße. Ich musste an meine Gesprächspartner denken. Mit ihrem China hatte diese Ansprache nichts zu tun. Sie wissen aus Erfahrung, wie chaotisch, instabil und anarchisch das Land in Wirklichkeit schon ist. Sie sind in der Lage, daraus Kraft und Hoffnung zu schöpfen, die Spannungen, die durch Widersprüche entstehen, zu nutzen.

»Die grundsätzlichen menschlichen Bedürfnisse«, hat der polnische Philosoph und ehemalige Marxist Leszek Kolakowski einmal bemerkt, »sind Freiheit und Sicherheit, und sie kollidieren miteinander.« Ganz besonders in China zu Beginn des 21. Jahrhunderts. Die Zukunft des Landes hängt davon ab, welches der beiden Bedürfnisse übermächtiger wird – das nach Sicherheit oder das nach Freiheit.

Danksagung

An der Entstehung dieses Buches waren viele Menschen beteiligt. Es ist unmöglich, all die Chinesen aufzuzählen, die mir auf meinen vielen Reisen geholfen haben. Ihre Gastfreundschaft, ihr Vertrauen, ihre Wärme und Offenheit haben meine Faszination für ihr Land nur verstärkt. Viele von ihnen haben erhebliche Mühen in Kauf genommen, manche auch Risiken, um mir zu helfen. Ohne sie gäbe es dieses Buch nicht, und ich kann nur hoffen, dass ich sie nicht enttäusche. Ganz besonderen Dank schulde ich meiner Dolmetscherin Bessie Du, die bei fast allen Interviews dabei war und deren Ruhe, Geduld und schier endlose Konzentrationsfähigkeit viele Gespräche erst ermöglichten. Zhang Dan und Lamy Li haben mich bei anderen Reisen ins Reich der Mitte begleitet, und auch durch sie habe ich viel über China gelernt.

Meine Frau Anna und unser 2-jähriger Sohn Jonathan sind mit mir für die Recherchen drei Monate kreuz und quer durch das Land gefahren; ohne ihre Liebe und Unterstützung hätte ich nicht die Kraft und Ausdauer aufgebracht, die ein solches Projekt erfordert. Anna und mein Freund Johannes Taubert waren mir mit ihren Anregungen und ihrem unermüdlichen Zuspruch eine große Hilfe.

Dem *Stern* möchte ich danken für die vielen Reisen und Recherchen, die ich als Asien-Korrespondent machen konnte, besonders meinen ehemaligen Ressortleitern Jochen Schildt und Hans-Hermann Klare für ihre Ermunterung, Michael Seufert für seine Unterstützung, Thomas Osterkorn für sein Verständnis, Michael Wolf für seine Neugierde und vor allem meinem ehemaligen Chefredakteur Michael Jürgs, der genug Vertrauen in mich hatte, um mich in die Welt zu schicken.

Auf die verschiedenste Art und Weise haben auch Gregg Davis, Barbara Herrmann, Tita Ness, Hans Sendker, Manfred Westerich, Howard Coron, Stan Raiff, Nancy und Chuck Fredericks geholfen.